우리는 다르게 팝니다

우리는 다르게 팝니다

초판 1쇄 발행·2025년 9월 24일
초판 2쇄 발행·2025년 10월 30일

지은이·정김경숙(로이스 김)
발행인·이종원
발행처·(주)도서출판 길벗
브랜드·더퀘스트
출판사 등록일·1990년 12월 24일
주소·서울시 마포구 월드컵로 10길 56(서교동)
대표 전화·02)332-0931 | **팩스**·02)323-0586
홈페이지·www.gilbut.co.kr | **이메일**·gilbut@ gilbut.co.kr

기획 및 책임편집·박윤경(yoon@gilbut.co.kr)
제작·이준호, 손일순, 이진혁 | **마케팅**·정경원, 김진영, 박민주, 류효정 | **유통혁신팀**·한준희
영업관리·김명자, 심선숙, 정경화 | **독자지원**·윤정아

편집진행 및 교정교열·이치영 | **디자인 및 전산편집**·바이텍스트
CTP 출력 및 인쇄·금강인쇄 | **제본**·신정제본

ISBN 979-11-407-1563-3 03320
(길벗 도서번호 070541)

정가 21,000원

우리는 다르게 팝니다

정김경숙(로이스 김) 지음

"팔지 마라, 사게 하라!"

광고 없이 전미 고객만족 1위를 만든,

트레이더 조의 '거꾸로 마케팅'을 해부하다!

고객을 사로잡은 트레이더 조의 리테일 심리학

TRADER JOE'S

더퀘스트

프롤로그

2023년 8월 무더운 여름날, 한국산 냉동 김밥이 모조리 동났다.

제품이 처음 출시되고 2주 만에 500개가 넘는 미국의 모든 트레이더 조 매장에서 김밥 진열장은 텅텅 비었다. 소셜미디어에서는 연신 김밥 포스팅이 올라왔고, 손님들은 매장에 들어오자마자 어설픈 발음으로 '김밥Kimbap'을 외쳤다. 하지만 김밥이 두 달 뒤에나 다시 입고된다는 대답을 듣고 아쉽게 발걸음을 돌릴 수밖에 없었다.

한국에는 매장이 없어 친지들의 귀국 선물로 간간이 이름을 알린 이 슈퍼마켓 이름은 무엇일까? 바로 미국의 트레이더 조Trader Joe's라는 식료품점 체인이다. 한국인들 사이에서 '트조'는 애칭으로 불리며 냉동 김밥 뉴스로 전폭적인 관심을 받기 시작했다. 한편, 한 연예인이 들고 다녔다고 해서 유명해진 에코백이 있다. 미국에서 고작 3불 대에 구입할 수 있는 트레이더 조의 재활용 장바구니 가방인데 우리나라 당근마켓에서 3만 원이 넘는 가격에 팔리기도 했다. 이슈를 몰고 다니는 트레이더 조, 이곳은 대체 무얼 어떻게 파는 곳일까?

흔히 신선식품을 포함하는 슈퍼마켓 비즈니스는 제품의 신선도 유지에 들어가는 운용 비용과 노동집약적 성격, 상대적으로 짧은 제품의 유통기한Shelf life, 그리고 높은 폐기율 때문에 사업 성공에 어려움을 겪는다. 게다가 다른 리테일과 비교해 상대적으로 엄청나게 박한 마진율이 비즈니스를 어렵게 만든다. 그럼에도 트레이더 조는 업계 2위와 비교해 큰 격차로 이윤을 낸다. 그것도 4만여 개 이상의 제품을 취급하는 경쟁사에 비해 1/10밖에 안 되는 4천 개 품목으로 면적당 매출은 훨씬 앞서고 있다. 팬심은 또 어떤가. 스포츠팀 응원단 이상으로 열광하는 열성 고객으로 가득 찬 슈퍼마켓이라니, 이마트Emart가 좋다고 이마트 제품으로 가득 찬 책 한 권 쓴 사람이 있을까? 트레이더 조에는 그런 열성 고객이 있다.

무엇이 이를 가능케 할까? 계산대에 시무룩해 보이는 한 고객이 서 있다. 캐셔는 고객에게 묻는다.

"오늘 하루 어땠나요?" How's everything going today?

고객은 오늘 사업차 만난 파트너 미팅이 어그러지는 바람에 너무 힘들다고 한다. 계산을 마친 캐셔는 갑자기 매장 한 구석에 위치한 꽃이 진열된 곳으로 달려간다. 냉큼 꽃 한다발을 가지고 와서 그 고객에게 전하며 힘내라고 한다. 그 캐셔는 그저 평범한 트레이더 조의 아르바이트 직원이다. 고객은 감동의 눈물을 흘린다. 물론 그 알바생은 사후 매니저에게 힘든 고객에게 꽃을 전달했노라고 이야기하면 모든 상황은 끝난다. 무언가 다른 느낌이지 않은가? 또한, 이곳에 일하는 알바생이 생일을 맞이했을 때는 동료 직원들이 서프라이즈 생일 파티를 해준다. 계산대에서 일하고 있던 알바생에게 촛불을 꽂은 케익을 건네는 동료들, 그리고 고객과 함께 생일 축하 노래를 부르며 함께 감정을 공유하는 모습이 트레이더 조에서는 흔한 광경이다.

고작 그것이 전부냐고 묻는 사람도 있을 것이다. 물론 전부가 아니다. 비즈니스 철학, 제품 기획, 매장 운영, 조직 관리 등 트레이더 조에는 독특한 것이 많다. 반면에 트레이더 조와 함께 경쟁하는 여타 식료품 체인 브랜드들이 그들의 매출 확대와 비용 절감을 위해 시행하고 있는 흔한 경영 및 마케팅 방식이 놀랍게도 없다. 가장 대척점으로 비유되는 온라인 최강자 아마존Amazon과 모든 면에서 완전히 반대의 길로 성공했다. 트레이더 조는 이제 미국 소비자만족도 1위, 브랜드 신뢰도 1위, 리테일 분야 친밀도 1위, 단위면적당 매출액 1위, 구글 평판 1위, 그리고 가장 일하고 싶은 기업으로 구글(6위)를 제치고 2위에 오른 기업이 되었다. 한국에 스타벅스 상권을 비유하는 말로 '스세권'이 있다면, 미국에서는 집 가까이 트레이더 조 매장의 존재 유무가 거주지 선택 중 주요한 요소가 될 정도이다. 한국이었다면 '트세권'이라 이름이 붙었을지도 모른다. 가격은 합리적이고, 서비스는 최고인 트레이더 조의 성공 원칙은 단순한 선순환Virtuous cycle에 있다. 좋은 제품을 저가에 공급해 매출을 높이고, 다시 높은 매출에 따른 규모의 경제로 더 큰 구매력이 발생하여 다시 공급가격을 낮출 수 있는 선순환의 고리를 뜻한다. 이 선순환은 누구나 다 알고 있는 일반적 비즈니스 성공 원칙이지만, 다른 슈퍼마켓이 절대 흉내를 내지 못한다. 특히 트레이더 조의 선순환에는 이를 달성하고자 하는 치열함이 있고, 기꺼이 실패해 보겠다는 도전과 혁신의 정신이 존재한다. 그래서 이를 '용감한 선순환Fearless cycle'이라 부를 만하다.

미국에서 집을 구할 때 걸어갈 수 있는 거리에 트레이더 조 매장이 있다는 사실에 그 집을 바로 계약했던 한 고객. 이 식료품 체인을 지난 3년 이상 매주 2회 이상 고정적으로 방문 했던 단골 고객. 세계 최고 IT 기업의 마케팅과 커뮤니케이션 디렉터였던 그 단골 고객은 도대체 트레이더 조에 대한 열광과 팬심이 어떻게 만들어졌는지 생생한 현장을 보고 싶었다. 그리고 직접 그 매장 알바생이 되었다. 파트타임으로 시작해 6개월 만에 섹선리드로, 또 6개월이 지나 매니저(메이트)가 되었다.

이 책은 마케팅과 커뮤니케이션 전문가로 수억 원의 연봉을 받았던 트레이더 조 슈퍼마켓 단골 손님이 시간당 2만 원대 임금을 받고 알바생이 되어 실제 체험하며 정리한 내용이다. 마우스 클릭 또는 손가락 터치 한 번이면 다른 사이트에서 10원이라도 더 싸게 물건을 구입할 수 있는 시대다. 바쁜 현대인들이 온라인이 아니라 오프라인 매장에서 장바구니를 들고 일부러 시장 보러 나오게 만드는 트레이더 조에는 어떤 매력과 경영 전략이 숨어있을까? 어떤 요소들이 고객을 열광하게 만드는 것일까? 도대체 트레이더 조 기업의 문화와 운영 방법이 얼마나 다르길래 이윤이 박한 식료품 리테일 산업에서 50년이 넘도록 단연 두각을 내는 것일까?

그 비밀은 누구나 다 알고 있을 듯하지만 그 어떤 누구도 쉽게 흉내 내지 못할 무언가에 있다. 용감한 선순환이라 불리는 트레이더 조의 정신은 식료품 유통 산업에만 통하는 것이 아니다. 스타트업이나 대기업 또는 산업 종류를 막론하고 모두 적용이 가능하며 비즈니스를 영위하는 모든 이들에게 큰 배움과 인사이트를 준다.

자, 이제 트레이더 조가 전하는 배움의 여정을 용감하게 떠나보자.

캘리포니아에서

로이스 김 Lois Kim

추천의 말

브랜드 차별화와 고객 경험에 대해 배우고 싶다면 10번의 강의를 듣고 10권의 이론서를 읽는 것보다 트레이더 조에 한 번 가보는 것이 더 나을 것이다. 그리고 여기 트레이더 조의 모든 것을 알려주는 한 권의 책이 있다. 저자의 생생한 경험에 경영 이론이 더해진 이 책은 최고의 '트레이더 조 안내서'라고 부를 만하다. 브랜드에 대해 고민하는 모든 사람에게 이 책을 권하고 싶다.

_연세대학교 교수 김병규(《노 브랜드 시대의 브랜드 전략》, 《플라스틱은 어떻게 브랜드의 무기가 되는가》, 《스파이크》 저자)

이 책은 '트레이더 조'라는 이단적 유통 브랜드가 어떻게 소비자의 마음속 깊은 곳에 자리를 잡았는지, 그 감정의 메커니즘과 마케팅의 철학을 해부하듯 분석한다. 저자는 전통적 마케팅 이론 위에 심리학, 사회학, 그리고 현장 감각을 정교하게 겹쳐놓으며, 우리 시대 소비자와 브랜드가 맺는 관계의 진화를 추적한다. 미국에 살던 시절은 물론이고, 짧은 여행 중에도 트레이더 조를 만나면 반드시 안으로 들어가곤 했는데, 그 알 수 없는 이끌림을 이 책은 명쾌하게 설명해준다. 자못 불친절한 진열, 예측할 수 없는 상품 구성, 디지털 부재라는 마이너한 선택들이 오히려 소비자에게 '친구 같은 브랜드'로 인식되게 만들었던 것이다.

이 책은 한 기업의 성공 사례를 넘어서, '우리는 어떤 브랜드에 왜 끌리는가?'라는 본질적인 질문을 던진다. 단순히 팔고 사는 문제를 넘어서, 신뢰와 정체성, 재미와 감정이 교차하는 공간에서 브랜드는 어떻게 살아남는가에 대해서 말이다. 마케터에게는 전략의 영감을, 소비자에게는 자신의 선택을 돌아보게 하는 렌즈를 제공할 이 책을 트레이더 조를 사랑하는 모든 이에게 권한다.

_정재승(KAIST 뇌인지과학과+융합인재학부 교수)

트레이더 조라는 이름에는 어떤 라이프스타일을 환기하는 힘이 있다. 요컨대, '미국' 하면 연상되는 여러 단어 중 여전히 '선진적인' 느낌을 풍기는 몇 안 되는 브랜드 중 하나다. 흔하디흔한 슈퍼마켓 아이템을 가지고 희소성과 유희, 가치소비라는 개성적이고 세련된 콘텐츠를 만들었기 때문이다. 무엇보다 이를 가지고 소비자와 밀당하며 '있어 보이는' 애착을 만든 건 트레이더 조 브랜딩의 핵심이다. 개인적으로 트레이더 조는 인기 많은 친구 같다고 생각했다. 책을 읽다 보면 정확히 '친구 만나러 가는 기분'이란 표현이 나온다. 휴먼 브랜드로서 엄청난 팬덤을 구축한 이 슈퍼마켓 이야기는 스타일과 경험이라는 아날로그 어법이 디지털 세대에 어떻게 유효하게 가 닿는지 요목조목 매우 알차게 알려준다. 또한, 브랜딩에 관한 이야기이면서도 동시대 소비자를 이해하기에 이 책만큼 좋은 길잡이도 없는 것 같다.

_김성준(시몬스 디자인 스튜디오 대표)

구글에서의 화려한 커리어를 내려놓고, 앞치마를 두른 트레이더 조 크루가 된 저자의 선택에는 호기심과 용기, 그리고 사람을 향한 진심이 있었다. 계산대에서 꽃 한 다발을 건네던 순간, 냉동 김밥이 품절되는 흥분의 시간, 고객과 함께 웃고 울던 이야기들이 이 책 속에 살아서 나 자신도 그대로 현장에 있는 듯한 기분이 든다. 읽는 내내 '장보기'가 이렇게 따뜻할 수 있다는 사실에 미소를 짓게 된다. 이 책은 단순한 리테일 산업에 관한 이야기가 아니라, 사람과 관계, 그리고 삶의 행복을 발견하는 여행 같은 느낌을 선사한다.

_정지훈(Asia2G 캐피탈 창업파트너)

이커머스와 AI 커머스의 파도가 몰아치며 전통 상거래가 뒤집히고 있다. 그 격랑 속에서도 트레이더 조는 흔들리지 않는다. 고객의 '재미'를 북극성으로 삼고, 과감한 큐레이션과 날 선 고정비 통제로, 거대한 기술의 소음을 뚫고 성장의 박자를 만들고 있다. 여기서 바이럴은 전략이 아니라 결과이다. 고객이 스스로 확성기가 된다. 이 책은 현장을 달군 저자의 땀과 치밀한 연구가 만나는 지점에서 리테일의 냉혹한 방정식을 해부하고 있다. 결론은 명료하다. 다르게 팔아야, 다르게 사랑받는다. 기술의 시대일수록 마지막 승부는 인간의 감정과 설계가 가른다. 트레이더 조가 그 증거이다.

_강정수(전 대통령비서실 디지털소통센터장, 현 ㈜블루닷에이아이 연구센터장)

목차

2장

트레이더 조의 성공 비결, 불변하는 마케팅 경영 원칙

3장

트레이더 조, 거꾸로 가는 마케팅 원칙

4장 이 모든 것을 가능케 하는 트레이더 조 시스템

미국 캘리포니아주 몬로비아Monrovia에 위치한
트레이더 조 본사 (*본사 건물에는 로고가 없다.)

트레이더 조 파세디나 1호 매장

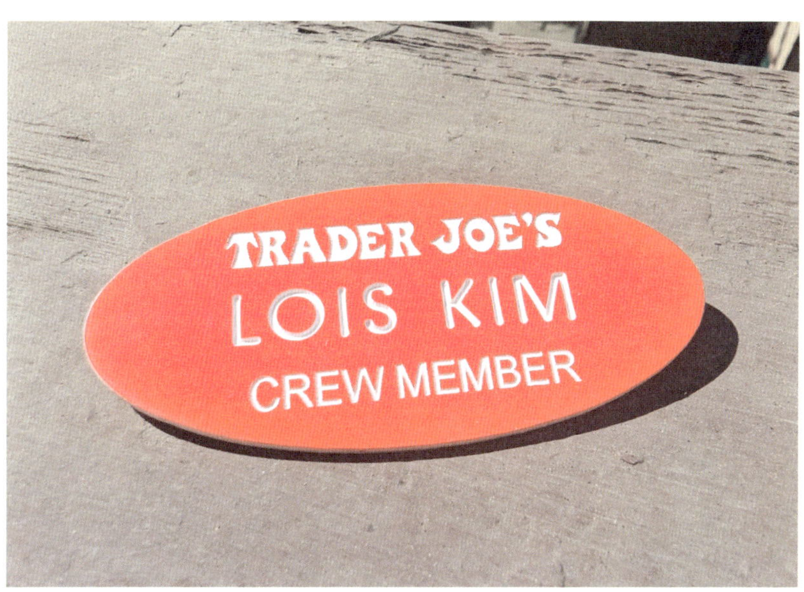

저자 로이스 김의 트레이더 조 이름표

TRADER JOE'S

1장

평범한 장보기를 편Fun한 경험으로 만든 특별한 슈퍼마켓

열렬한 팬덤이 존재하는 특별한 슈퍼마켓

팬덤Fandom이란, 누군가 혹은 사물의 팬이 되는 상태를 뜻한다. 그런데 누구나 매일 이용하는 슈퍼마켓에 '팬덤'이라는 단어를 쉬이 붙일 수 있을까? 특히 미국이라면 아마존Amazon, 코스트코Costco, 월마트Walmart와 같은 쟁쟁한 소매점이 온·오프라인을 가리지 않고 포진해 있는 곳이다. 2024년 기준으로 약 8,734억 달러(한화로 대략 1,200조 원 이상)의 규모를 가진 미국 슈퍼마켓 및 식료품점 시장에서 쟁쟁한 회사들을 제치고 당당히 만족도 조사에서 1등의 기염을 토해낸 회사가 있다.[1] 바로 트레이더 조Trader Joe's이다.

트레이더 조는 1967년에 캘리포니아에서 시작한 미국의 슈퍼마켓이다. 현재 미국에만 있으며 2025년 7월 총 608개의 매장이 42개주와 워싱

1 IBISWorld, <Supermarkets & Grocery Stores in the US - Market Size 2005-2029>, 2024.

턴 D.C.에 문을 열고 장사를 하고 있다.[2] 한 매장의 크기는 미국 대형마트의 1/3~1/4 수준이고, 판매하는 제품 수는 다른 슈퍼마켓 체인에 비해 1/10 수준이다. 즉, 대형 체인에서 40,000~50,000개 품목을 판매한다면, 트레이더 조는 약 4,000개 정도의 제품만 판매하고 있다. 심지어 그곳에서 판매하는 제품의 80%이상은 자체 브랜드Private Brand, 줄여서 PB라고 부르는 제품으로 구성되어 있다. 놀라운 사실은 그뿐만 아니다. 손가락 클릭 한 번으로 로켓배송에 익숙한 이 시대에 온라인 매장이 없을뿐더러 배송 서비스조차 일절 하지 않는다. 할인도 없고, 프로모션도 없다. 월마트처럼 압도적인 물건의 양을 자랑하지도, 홀푸드Whole Foods처럼 고급스럽지도 않은 이 조그마한 동네 슈퍼마켓이 어떻게 팬덤을 만들고 고객의 마음을 사로잡았을까?

테네시 주 채터누가에 위치한 트레이더 조 매장 전경(저작권자_Harrison Keely)

2 ScrapeHero, <Number of Trader Joe's stores in the United States in 2025>, www.scrapehero.com

누구나 일주일에 한 번 이상 하는 시장보기, 그 경험이 재미있으면 얼마나 재미있을까? 물론 도심에 살면서 특별히 할 것 없을 때 눈요기 삼아 슈퍼나 다녀오자며 집을 나선 경우는 종종 있다. 집에서 지루해하는 아이에게 재미를 주려고 함께 가기도 하고, 커플들은 손 붙잡고 늦저녁 한때 쇼핑을 하면서 편안한 여가 시간을 보내기도 한다. 그러나 대부분 사람들에게 장보기는 '반드시 해치워야만 하는' 의무 사항과 유사한 무언가다. 특히, 지금처럼 고물가 시대의 장보기는 일종의 스트레스처럼 다가오기도 한다. 그런데 생각만 해도 장보기가 즐거운 그런 곳이 있다.

매일 오전 11시만 되면 두 살 된 아기 데이브Dave를 데리고 오는 엄마 메리암Mariam은 트레이더 조는 단순한 마트가 아니라고 말한다. 그들 모자에게 이곳은 디즈니랜드와 마찬가지다. 매일 새롭고 지루하지 않다. 하루라도 슈퍼에 안 가는 날엔 데이브의 입은 하루 종일 삐쭉 나온다고 한다. 아이들뿐이 아니다. 이곳에 방문하는 고객 대부분의 체류 시간은 30분 이상이다. 30분 정도로 무엇이 특이하다는 것이냐고 묻는 사람도 있을 것이다. 트레이더 조의 규모는 월마트나 국내 이마트 같은 대형 매

캘리포니아 파세디나에 있는 트레이더 조 1호점

장이 아니라 동네 슈퍼마켓 크기라는 사실을 상기해야 한다. 이미 지나쳐 갔던 통로Aisle를 다시 가보고, 진열대에 놓인 제품 설명표 하나까지 살펴보기 때문이다. 오늘은 어떤 제품이 새롭게 나왔는지 유심히 찾아본다. 마치 보물찾기를 하는 것과 유사하다. 과연 어른들과 아이들 모두에게 트레이더 조는 '슈퍼 업계의 디즈니랜드'라 불릴 만하다.

나의 인생 99%는 구글Google로 채워져 있다. 뼛속까지 구글러로 불리며 구글은 나의 정체성을 만들어준 회사였다. 전 세계 사람들은 구글을 혁신과 독창성의 아이콘으로 여기며 테크Tech 산업의 최전선에 있다는 것을 안다. 사람들은 때때로 자신의 직업으로부터 삶의 정체성이 규정되기도 한다. 즉, 굉장히 혁신적인 집단에서 평생 일하다 보면, 효율과 생산성을 나도 모르게 중요한 가치로 여기듯 나 또한 내가 걸어온 커리어Career의 길에서 얻은 많은 것들이 있다. 그런데 트레이더 조 취업 이후 그들의 경영 전략과 사업 방식은 나의 상식에 매우 큰 충격을 가져다주었다. 이 회사의 성공 방정식은 매우 단순했지만 너무나 파격적이었고, 역설적으로 지금을 살아가는 사람들이 쉽게 도전하기 어려운 전략을 선택했다. 그 전략은 충분히 칭찬받을 만큼 훌륭하고 지금도 여전히 먹히고 있다. 슈퍼마켓 및 식료품 시장뿐만 아니라 다른 리테일Retail에서도 괄목할 성과를 낼 수 있는 방식이다.

이제부터 본격적으로 내가 직접 경험하고 분석한 트레이더 조의 전략을 함께 살펴볼 것이다. 마케팅적인 관점과 브랜딩의 관점 또한 상당히 녹아있다. 그러나 결국 그들의 생존 전략을 배움으로써 '어떻게 팔아야 하는가?'에 관한 근본적인 인사이트를 얻을 수 있을 것이다. 고객이 가장 사랑하는 슈퍼마켓이 된 비밀을 하나씩 풀어보자.

전미 고객만족 1위 슈퍼마켓의 비밀, 진실성

"고객님, 이 사과에 멍이 좀 들었네요. 바꿔 드릴게요."

내가 트레이더 조에 입사하기 전, 손님으로 매장을 방문했던 기억이 있다. 누구나 처음에는 그렇듯 스쳐 지나가며 인식했던 평범한 슈퍼마켓이었다. 그러나 실제 쇼핑 경험은 이곳이 무언가 다르다는 것을 쉽게 알아차리도록 만들었다. 하루는 12개들이 달걀 카톤Carton을 하나 구입했다. 계산하는 직원이 달걀 박스를 열더니 찬찬히 훑어 보는 것이다.

"여기 달걀 하나에 금이 갔네요. 잠시 기다리세요. 다른 것으로 가져다드릴게요."

그러더니 동료를 불렀고 새로운 달걀 박스를 장바구니에 넣어주며 계산을 해주었다. 이 모든 과정이 순식간에 일어났다. 나는 잠시 얼떨떨해서 가만히 있었다. 갑작스러운 경험에 이 일이 무엇인지 생각했다. 나도 평소 달걀을 살 때 깨진 것이 섞여 있는지 꼼꼼하게 보는 편이다. 그날도 어김없이 달걀의 상태가 좋은지 확인했다고 무심결에 생각하고 계산대 직원에게 준 것이었다. 나에게 슈퍼마켓 계산대는 그냥 빠르게 물건의 값을 치르는 단계일 뿐이었다. 캐셔가 제품을 스캔하고, 얼마를 지불해야 한다고 말하면, 나는 그저 카드나 현금으로 계산을 마치는 그런 평범한 장보기 단계일 뿐이었다. 그런데 그 트레이더 조 캐셔는 내가 미처 보지 못한 금이 간 달걀 하나를 발견해 냉큼 바꾸어주는 것이었다.

그 이후에도 자주 이런 일이 있었다. 감자를 두 알을 골라 계산대에 올렸을 때도 마찬가지였다. 캐셔는 감자를 살펴보고 흠집을 찾고선 이걸 보았는지 물었고 다른 감자로 가져다줄지 물었다. 6~7개 사과가 들어 있는 1kg짜리 사과 한 봉지를 집어 왔을 때도 이리저리 사과를 돌려보더니 멍이 심하게 든 사과 하나가 섞인 것을 발견한 것이다. 그러더니 금세 새것으로 가져와 계산해 주었다. 가장 좋은 것을 골라 집어 왔다고 생각했는데, 봉지 안에 있는 것을 미처 다 확인하지 못했던 것이었다.

트레이더 조 캐셔들은 고객인 나보다 더 까다로운 매의 눈으로 제품 하나하나를 살펴 보면서 '우리 고객이 최상의 제품을 갖고 가는지'를 확인했던 것이다. 계산대에서 비슷한 경험을 하는 고객들의 눈에선 그야말로 하트가 절로 그려진다. 고객감동의 순간Moment of truth을 매번 실제로 경험하고, 이것에 감동한 고객들의 인식은 상당히 긍정적 경험으로 자리 잡는다. 이로써 이 마트에서의 장보기를 신뢰하게 되고 트레이더 조가 보여주는 진심과 진실성을 온몸으로 체험하도록 만든다. 이런 경험을 반복적으로 한 고객은 소비자를 넘어 '팬덤'으로 바뀌는 것이다. 이처럼 고객이 직접 느끼는 진실성은 객관적인 고객만족도와 곧장 연결된다. 미국 고객만족도 지수ACSI에 따르면 트레이더 조는 코스트코, 월마트나 세이프웨이Safeway 등을 제치고 최근 10년 이상 미국 슈퍼마켓 서비스 만족도에서 1위를 해왔다.[3] 2024년엔 코스트코와 1, 2위를 근소하게 다투기도 했었다. 코스트코는 5만 원 이상의 유료 멤버십으로 운영되기 때문에 멤버십 구매 단계에서 한번 걸러진 소비자 그룹인 것을 고려 한다면 미국 전국 체인이면서 멤버십 제도가 없는 트레이더 조가 일관되게 보여주는 높

3 American Customer Satisfaction Index(ACSI, 미국 고객만족도 지수) - Supermarkets Report (슈퍼마켓 리포트), 2025

미국 고객만족도 지수(ACSI) 연간 만족도 순위표

년도	1위	점수	2위	점수	3위	점수
2025	공동 1위 트레이더 조	84	공동 1위 퍼블릭스	84	샘스클럽	83
2024	코스트코	83	트레이더 조	82	웨그먼스	80
2023	트레이더 조	86	H-E-B	85	코스트코	83
2022	트레이더 조	87	H-E-B	82	코스트코	81
2021	트레이더 조	86	H-E-B	82	코스트코	81
2020	트레이더 조	85	코스트코	82	H-E-B	81
2019	트레이더 조	85	코스트코	81	H-E-B	81
2018	트레이더 조	85	코스트코	81	H-E-B	80
2017	트레이더 조	84	코스트코	82	H-E-B	80
2016	트레이더 조	84	코스트코	82	H-E-B	79
2015	트레이더 조	84	코스트코	84	H-E-B	81
2014	트레이더 조	84	코스트코	84	H-E-B	81

은 고객만족도 조사 결과는 더욱 높이 평가될 수 있다. 참고로 2025년 공동 1위 퍼블릭스Publix는 미국 남부 지역 8개 주에만 있는 지역 슈퍼마켓이다. 이 외에도 미국 전 산업군에서 선정하는 2025년 액시오스 해리스 폴Axios Harris Poll 조사 결과에서도 트레이더 조는 파타고니아Patagonia와 마이크로소프트Microsoft를 제치고 미국에서 가장 신뢰받는 브랜드 1위로 선정되었다.[4]

4 Sara Fischer, <2025 Axios Harris Poll: America's Most Reputable Brands>, Axios, May 20, 2025

실제로 내가 1년 반 넘게 직원으로 일하면서도 고객만족 인덱스와 동일한 감정을 느꼈다. 트레이더 조는 마트 문을 열기 전 새벽 4시부터 제품 진열을 시작한다. 사과나 감자 등을 예쁘게 피라미드 형태로 세 시간 넘게 진열한다. 실제로 진열하는 일을 할 때면 나도 모르게 상처 난 부분을 뒤로 가게 돌려놓고 싶은 유혹에 빠진다. 예쁜 곳을 고객에게 보이고, 흠집 난 곳이 안 보이도록 진열하고 싶어진다. 그런데 이곳의 직원들은 여지없이 하나하나 직접 살펴보면서 상처가 있는지, 흠이 있는지를 직접 확인하며 진열한다. 흠이 난 제품들은 따로 모아서 진열하지 않는다. 어떨 때는 이렇게 팔아서 수익이 진짜로 날지 의구심도 든다. 농수산물이라는 게 품질이 조금씩 다를 수 있으므로 박스로 들어온 모든 상품을 일일이 검수한다. 게다가 전날 팔고 남아있는 진열대에 있는 농수산물도 모두 하나하나 내려서 다시 들여다본다. 그렇게 해도 캐셔는 고객이 계산할 때 멍든 상품이나 흠집 난 것들을 다시 체크해 고객이 알아채지 못했던 것을 발견해서 바꾸어주는 것이다. 트레이더 조 기업의 제1 가치인 진실성Integrity을 직원에게 다음과 같이 가르친다.

"내가 대접받고 싶은 대로 고객을 대접하라"
"천천히 해도 좋으니 제대로 하라"

내가 장을 보는 것처럼 똑같이 하라는 것이다. 매일 매일 일할 때도 빨리 해라(Do things quickly)가 아닌, 천천히 해도 좋으니 제대로 해라(Do things right)을 강조한다. 파트타임 직원Part-timer의 첫 오리엔테이션에서도 강조하는 이 진실성 가치 때문에 직원 하나하나 내가 장을 직접 본다라는 생각으로 꼼꼼하게 들여다볼 수 있는 것이다. 고객 만족은 회사 가치가 실제로 나타나도록 애쓰는 리더십의 책임성, 그리고 그 가치를 현장에서 실천하는 모든 직원이 직접 만드는 것임이 절실하게 느껴지는 대목이다.

단위면적당 압도적 매출 1위, 전략적 제품의 구성

"밀가루 하나 사러 왔다가 또 장바구니 한가득 샀어요. 오늘도 또 실패했어요!"

트레이더 조 고객의 절반 정도는 늘 재활용 장바구니를 꼭 챙겨서 온다. 그런데 다른 절반은 장바구니를 들고 오지 않는다. 이들은 매번 카트 한가득 물건을 채워 쇼핑하면서도 이렇게 많이 살 계획이 아니었다고 너스레를 떤다. 한두 개 특정 제품만 사러 온 고객이 쇼핑 리스트에 없던 것들을 사가는 현장결정구매Impulse shopping 즉, 충동구매가 이루어지는 것이다. 앞서 말했던 바와 같이 매장 크기는 경쟁사 슈퍼마켓보다 월등히 작고, 취급하는 물품 수도 현저히 적다. 트레이더 조의 평균 매장 사이즈는 12,000~15,000평방피트로 약 400평 정도다. 뉴욕의 맨해튼에 위치한 매장들이 가장 크고 붐비는데 그 면적이 20,000평방피트로 약 560평이다.[5] 상대적으로 미국의 대표 슈퍼마켓 브랜드인 월마트의 평균 매장 사이즈는 182,000평방피트로, 대략 5,100평에 비하면 트레이더 조의 매장 크기는 월마트 매장의 1/10 사이즈보다 작다.[6] 대표적인 또 다른 미국 슈퍼마

5 Nick Garber, <New Upper East Side Trader Joe's Finally Opens: See Inside>, Patch
6 Nicola Bleu, <49+ Walmart Statistics 2025>, EcommerceBonsai

켓인 세이프웨이의 경우 46,000~56,000평방피트로 트레이더 조보다 약 세 배 정도 크다.[7] 트레이더 조는 고객이 매장을 방문했을 때 사방의 벽이 다 보일 정도여야 한다는 원칙을 갖고 있다.[8] 세이프웨이의 취급 물품 수를 말하는 재고관리단위SKU, Stock Keeping Unit는 약 4만 개인데 비해 트레이더 조의 취급 물품 수는 그 10%인 겨우 4천 개일 뿐이다. 이렇게 매장 크기도 작고, 취급하는 품목 수도 적으며, 가격도 굉장히 저렴한 것들이 대부분이지만 면적당 매출은 압도적 1위를 차지한다.

미국 슈퍼마켓 브랜드별 유통 지표 비교

브랜드	SKU(취급 물품 수)	평균매장면적(평방피트)	평방피트 당 연매출 추정액 (US$)
트레이더 조	4,000	12,000~15,000	2,100
홀푸드	30,000	40,000	930
월마트	140,000	182,000	640
세이프웨이	40,000~50,000	46,000~56,000	500
타깃	80,000	130,000	450

7 <Grocery Story: Here's How Safeway Dominates SF>, The Frisc
8 Company Man, <Why They're Successful> sponsored by Policygenius, YouTube

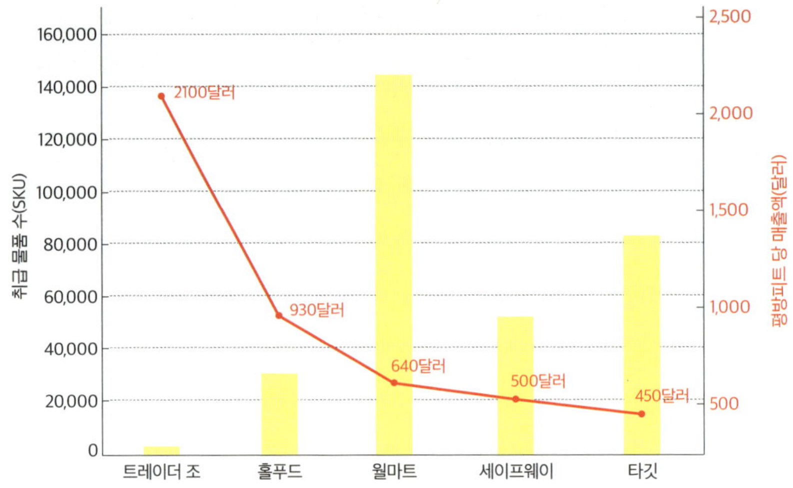

미국 리테일별 취급 물품 수(노란 막대)와 매장 평균 단위면적당 매출액(빨간선)[9]

리테일 및 슈퍼마켓 분석 사이트인 프로그레시브 그로서Progressive Grocer 등의 자료에 따르면,[10] 트레이더 조의 경우, 단위면적, 즉 평방피트Square feet 당 연매출액은 약 2,100달러로 홀푸드의 930달러 보다 두 배 이상, 월마트의 640달러 보다 세 배 정도, 그리고 타깃Target의 약 400달러보다 5배 이상 높다.[11] 회원제로 운영되고 취급하는 제품 단가들이 트레이더 조보다 훨씬 높은 창고형 대형 슈퍼마켓인 코스트코의 경우 평방피트당 매출액이 약 1,200~2,016달러로, 트레이더 조에 겨우 견줄만 하다.[12] 트레이더 조 제품들의 단가들이 대부분 5달러 미만이라는 점을 고려한다면 트레이더 조의 물건이 얼마나 많이 팔리는지를 실감할 수 있다.

눈을 국내로 돌려보면 비교가 쉽다. 한국에서 매장당 가장 많은 매출

9 미국의 대표 리테일 브랜드의 수치를 직접 비교 (연도가 다를 경우 추정치 사용)
10 슈퍼마켓 매출 자료, Progressive Grocer
11 The Wall Street Journal, <How is Trader Joe's So Cheap and Popular?>, YouTube
12 GufuFocus, <Costco Wholesale (COST) Sales per Sqft>, 2025

액을 내는 대형 슈퍼마켓은 양재 농협 하나로마트라고 한다. 2023년 연간 매출액은 3,112억 원으로 월평균 259억 원의 매출을 기록했다.[13] 대한민국 3대 대형마트라 불리는 이마트와 홈플러스, 롯데마트 등의 점포당 월 매출액은 약 50억 5,000만 원으로, 양재 하나로점의 매출 규모가 5배 가까이 크다. 그런데 면적이 6,700평(약 221,400 평방피트) 규모[14]인 이 양재 하나로마트 매장의 단위면적당 매출액을 보면, 평방피트당 매출액은 약 140만 원(약 1천달러)이다. 물가의 차이가 있겠지만 트레이더 조의 단위면적당 매출액이 2배 이상 높다고 할 수 있다.

또한, 2023년 대비 2024년 방문 고객수를 비교해 보았을 때 트레이더 조 방문객 증가률은 6배 이상 높았다. 즉, 2024년 미국 전체 식료품 업계의 방문자 수는 전년 대비 불과 1.0% 증가했지만, 트레이더 조의 방문자 수는 전년 대비 6.2% 증가했다. 월별 방문객 증가율을 보면 학기가 시작되어 전통적인 매출 강세 월인 3월에 트레이더 조는 최대 10.8%를 기록하였고, 이는 식료품 카테고리가 보였던 4.2%의 두 배 이상이었다. 특히, 1월과 4월의 경우 식료품 카테고리 부문이 전년 대비 역성장을 기록했을 때 조차도 트레이더 조는 항상 성장세를 보였다.[15]

13 이나경 기자, <하나로마트 양재점, 365일 과일 맛집으로 소문난 비결요?>, 아주경제
14 양재 농협 하나로마트 공식 블로그
15 Zachary Russell, <Placer.ai: Visits to Trader Joe's outpacing overall grocery category>, Chain Store Age, 2024

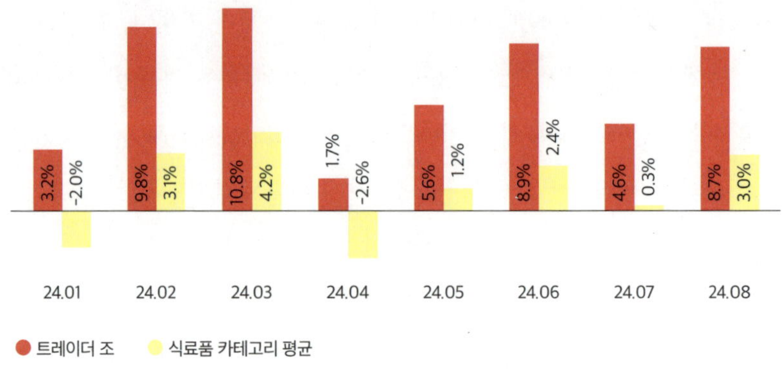

전년 대비 2024년 월별 방문 고객 증가율[16]

이처럼 트레이더 조의 단위면적당 매출액이 높은 이유를 간단히 분석해보면 제품 선별, 제품 진열, 계절성 혹은 한정 판매 전략을 꼽을 수 있다. 트레이더 조는 매달 30개 이상의 새로운 제품을 선보인다. 1년에 최소 300개 이상이다. 제품의 수가 늘어난 만큼 기존 제품 중 반응이 좋지 않은 것들은 칼같이 진열대에서 사라진다. 고객이 자주 찾아 판매량으로 검증된 제품들만이 진열대 자리를 잡게 된다. 두 번째로는 제품 진열 방식이다. 매장이 다른 마트 대비 훨씬 좁아 진열대에 작은 공간만 있으면 세로 클립이란 것으로 진열 제품과 보완제로 사야 하는 것들을 달아놓는다거나, 계산대 근처의 고객 관심을 끌 만한 제품을 진열해 고객이 계획에 없던 제품들을 사도록 하고 있다. 마지막으로는 계절성 혹은 단기성 제품 사이클이다. 고객의 반응이 좋더라도 특정 시즌에만 판매하고 있다. 예를 들어 크랜베리 소스는 겨울에만 판매하기 때문에 크랜베리를 좋아하는 사람은 두고두고 먹으려고 10개씩 사기도 한다. 그래서 트

16 앞의 사이트

2024년 트레이더 조와 상위 10 리테일 매출액 (프로그레시브 그로서 기준)

2023 순위	2024 순위	회사		2024년 최종 매출 (십 억 달러)	전년도 매출 (십 억 달러)	전년대비 % 매출 증감률	매장수
33	29	Trader Joe's Co.	트레이더 조	$19,843	$18,428	7.68%	544
1	1	Walmart U.S.	월마트 (미국)	$462,400	$441,817	4.66%	4,605
2	2	Amazon	홀푸드를 포함한 아마존	$387,497	$352,828	9.83%	587
3	3	Costco (U.S.)	코스트코 (미국)	$184,143	$176,630	4.25%	617
4	4	The Kroger Co.	크로거 그룹	$147,123	$150,039	-1.94%	2,731
5	5	CVS Health (Pharmacy/ Consumer Wellness Segment)	CVS 헬스	$124,500	$116,763	6.63%	9,144
6	6	Walgreens Boots Alliance (U.S Retail)	월그린, 부츠 얼라이언스 (미국)	$115,778	$110,314	4.95%	8,756
7	7	Target Corp.	타깃	$106,566	$105,803	0.72%	1,978
8	8	Sam's Club (U.S.)	샘스클럽	$90,200	$86,179	4.67%	600
9	9	Albertsons Cos. (incl. Safeway)	세이프웨이 포함한 알버슨사	$80,390	$79,237	1.46%	2,273
10	10	Ahold Delhaize USA	Stop & Shop 을 포함한 아홀드 델레이즈 (미국)	$65,300	$58,976	10.72%	2,048

레이더 조에는 일시적으로 제품이 품절되는 현상이 많다. 이러한 사실을 이미 알고 있는 고객들은 본인이 좋아하는 제품이 진열대에 있으면 언제 다시 품절될지 모른다는 생각에 여러 개를 구입하곤 한다. 이러한 방식으로 트레이더 조는 매장 면적당 매출액이 가장 높은 미국 슈퍼마켓이 되었다. 물론 매출액의 비밀은 이러한 것뿐만 아니다. 입체적이고 다양한 브랜드의 매력과 전략이 합쳐져 강력한 매출 파워를 내는 것이다. 프로그레시브 그로서가 발표한 2024년 미국 음식 및 식료품 리테일 매출액 상위 100대 리스트를 보면 트레이더 조는 전년대비 7.68% 매출 증가를 보여 29위에 올랐다. 전년도 대비 순위 변화가 거의 없는 상위 30개 리스트에서 트레이더 조는 유일하게 순위가 올라가, 프로그레시브 그로서에서 눈에 띄는 성장으로 언급이 되었다.[17]

김밥을 한번 얼려 봤어요, 80%가 자체 개발 제품(PB)

"아니, 김밥을 얼렸다고? 그게 맛이 없을 텐데…"

열이면 열, 김밥을 매우 잘 아는 한국 사람들이 트레이더 조에서 냉동 김밥이 출시되었을 때 보인 첫 반응이었다. 어렸을 때 김밥은 엄마가 정성 들여 싸주셨던 소풍날만의 특식이었다. 대학생쯤 되었을 때는 길모퉁이마다 생긴 김밥집 덕분에 하늘나라에서 내려온 편리한 스낵이었다. 그때까지의 김밥은 즉석에서 밥을 올린 뒤 갖가지 속을 척척 넣고 바로 말

17 Progressive Grocer, <PG 100: Top Food & Grocery Retailers by Sales, 2024 Sales per Unit>, 2025

아 썰어 먹는 신선한 김밥이어야 했었다. 그 후 편의점이 등장하고 냉장 삼각김밥이 생긴 후에는 전자렌지에 데워먹는 차디찬 김밥도 제법 익숙해졌었다. 그런데 '냉장' 김밥까지는 이해하더라도 '냉동' 김밥은 전혀 생각지도 못했던 컨셉이었다. 특히 우리 한국 사람에겐 말이다. 아니 김밥을 해동해서 먹겠다는 말이 가당키나 한 것일까? 그런데 이 냉동김밥이 대히트를 쳤다. 출시 첫날부터 폭발적인 반응을 일으켰던 김밥은 2024년 트레이더 조 고객 어워드 제품 4위에 들 정도로 미국 전역에서 인기가 높았다.[18]

트레이더 조에서 판매하고 있는 냉동 김밥

트레이더 조에서 근무할 때였다. 직원용 사내 소식지에는 앞으로 나올 제품들이 소개되어 있었다. 2주 후 정도에 나올 신제품에 대한 설명이 자세히 적혀 있었다. 3.99달러에 출시될 김밥Kimbap이란 제품이 냉동 제품류Frozen에서 나온다고 했다. 나는 그걸 보고 제품 분류가 잘못되었다고 생각했다. 김밥은 샐러드나 부리토 등이 있는 냉장 제품일 텐데 카테고

18 Trader Joe's Homepage, <16th Annual Customer Choice Awards Winners>, 2025

리가 냉동 제품류로 잘못 인쇄되었다고 확신했던 것이다. 2주 후에 김밥 제품 두 박스가 매장에 입고되었다. 깜짝 놀랐다. 냉장 제품이 아니라 땡땡 얼어있는 냉동 제품이었다. 50년간 김밥을 먹어왔던 한국인으로서 해동하여 먹는 김밥의 맛을 도무지 상상할 수 없었다. 전자렌지에 녹혀 데우면 김이 눅눅해지고 풀어질 것이란 생각도 들고, 옆구리가 죄다 터진다는 걱정과 함께 김 비린내가 나서 맛이 없을 것이라 확신했다. 제대로 된 한국산 김밥에 대한 인상만 나쁘게 남길 것 같다는 생각을 하며 냉동 김밥을 진열했다.

그런데 무슨 일인지 아침에 매장 문을 열자마자 김밥 두 박스가 두 시간 만에 동났다. 다음날에는 한 사람당 3개 한정 판매라고 써 붙였는데도 역시 영업 시작 두 시간 만에 모두 팔렸다. 다음 날도, 또 그다음 날도 역시 완판이었다. 날이 갈수록 품절 시간이 빨라지고, 틱톡에 사진이라도 올라온 날이면 영업시간 전부터 줄 서기 시작해 매장 문을 열기 무섭게 냉동고 바닥이 드러났다. 내가 일하던 매장뿐만 아니라 당시 미국 전역의 트레이더 조 매장에서 같은 품절 현상이 벌어졌다. 그 이후 생산이 폭발적 수요를 따라가지 못하는 바람에 김밥 공급이 잠시 중단되어 한동안 김밥은 냉동 칸에서 찾아볼 수가 없었다. 그 이후에도 불규칙적으로 간간히 공급은 이루어지고 있지만, 공급량이 수요를 따라가지 못해 지속적 품절 현상이 아직도 지속되고 있다. 내가 한국 사람인 것을 아는 매장 동료나 고객들은 나에게 김밥의 맛이 어떤지 자주 물었다. 엄마가 신선하게 만들어준 김밥과 비교한다면 당연히 엄마표 김밥이 훨씬 맛있다고 할 수 있다. 그런데 이 트레이더 조의 김밥도 맛이 있다. 뭐랄까, 다른 맛으로 맛있다는 뜻이다. 한 줄을 먹고 멈추기가 어려울 정도다. 달고 짭짤한 맛이 엄마표 김밥 맛과는 다른 듯하면서도 자꾸 더 먹고 싶은 마음이 생기는 그런 '단짠단짠'한 맛이다. 맛도 맛이지만 가격은 더욱 착하다. 한국 식당에 방문해 김밥 한 줄 시켜 먹으면 팁을 포함해 10달러가 넘는다. 하지만 트레이더 조 냉동 김밥은 단돈 3.99달러이다. 햄버거 하나 먹으려 해도 8달러가 훌쩍 넘는 미국에서 5천 원 정도로 한끼를 훌륭하게 때울 수 있는 이런 간식이 또 있겠나 싶다.

착한 가격에 맛도 훌륭한 김밥, 그리고 계속되는 완판. 이 냉동 김밥의 성공 요인은 무엇일까? 많은 사람이 소셜미디어로 촉발된 전형적인 한정판매의 포모FOMO, Fear of Missing Out 즉, 놓치기 싫은 불안함을 그 성공 요인으로 꼽는다. 김밥은 소셜미디어 특히 틱톡TikTok을 통해 급속도로 확산했다. 미국에 거주하는 한국인 모녀가 이 제품을 시식하는 영상은 순식간에 1천만 회 이상의 조회수를 기록할 정도였다. 그러나 본질적으로 이러한 냉동 김밥 대성공의 시작점은 창의적인 제품 아이디어에 있다. 역발상 제품 기획의 승리다. 그 음식이 시작된 곳인 한국에서조차 얼려 먹는다는 생각을 못 했던 김밥. 그것을 얼려본 것이다. 이는 '신선식'이라는 원래 맥락을 벗어나 '냉동식'이라는 새로운 문맥으로 전환한 대표적 탈맥락화한 사례다. 이러한 역발상을 통한 트레이더 조의 창의적 제품개발 핵심 개념 중 하나는 기존 소비 경험의 탈맥락화Decontextualization이다. '탈맥락화'란 특정 문화, 지역, 상황에서 익숙하게 소비되던 제품이나 요소를 새로운 환경에서 전혀 다른 용도로 재해석하는 과정을 말한다. 이는 소비자에게 익숙함 속의 새로움을 제공하며 제품 차별화와 감성적 흥미를 동시에 유도한다. 트레이더 조는 이러한 전략을 제품 개발 전반에 걸쳐 적극적으로 활용하고 있다.

콜리플라워 뇨끼

트레이더 조의 콜리플라워 뇨끼Cauliflower Gnocchi는 전통적인 이탈리아 요리를 현대 소비자들의 건강 지향적 라이프스타일에 맞춰 창의적으로 재해석한 대표적인 사례이다. 정통적 이탈리아 뇨끼는 수제비처럼 감자로 만든 것이다. 그런데 감자 대신 콜리플라워를 주재료로 사용했다. 그 결과 이 제품은 글루텐 프리Gluten-free, 저탄수화물, 식물성 식단 등 다양한 선호에 부합하는 대체식으로 설계되었다. 이는 최근 빠르게 확산하는 '채소 기반 대체식' 트렌드를 반영한 제품 기획의 결과이다. 소비자들에게 이탈리아 고전 요리를 건강 제품으로 즐길 수 있는 새로운 경험을 제공한 것이다. 콜리플라워 뇨끼는 출시 직후 예상 이상의 수요가 몰리며 1인 고객에 한 두 개씩의 판매 수량에 제한이 걸릴 정도로 큰 인기를 끌었다. 소셜미디어에서는 #cauliflowergnocchi 해시태그가 틱톡과 인그타그램Instagram을 중심으로 천만이 넘는 조회수를 기록하며 온라인 바이럴 효과Viral effect를 불러 일으켰다. 이러한 성과는 제품의 영양학적 가치뿐만 아니라 이색적이고 건강한 식품을 찾는 소비자 니즈Customer needs를 정확하게 알았기 때문이었다.

콜리플라워 뇨끼 (출처_트레이더 조 공식 홈페이지)

할라피뇨 라임에이드

트레이더 조에서 출시한 할라피뇨 라임에이드Jalapeño Limeade, 즉 청양 고추가 들어간 에이드 제품을 살펴보자. 청량음료는 달고 시원해야 한다는 소비자의 고정관념을 깨뜨리는 역발상의 산물이다. 다시 말해 주스가 매워도 괜찮다는 생각이다. 일반적인 새콤 달달한 라임에이드에 멕시코 음식에서 자주 사용되는 할라피뇨 고추의 매운 풍미를 결합한 이 제품은 단맛과 산미, 매운맛이 공존하는 감각적 경험을 제공하며 기존의 음료 시장에서 찾아보기 어려운 독특한 포지셔닝을 확보했다. 이 제품은 여름철 홈 칵테일 믹서Home cocktail mixer 혹은 논알콜 무드 드링크Non alcoholic mood drinks로 인기를 끌며 소비자들 사이에서 놀라울 정도로 중독성 있는 맛이라는 평을 받았다. 제품 출시 이후 틱톡 및 인스타그램에서 #jalapenolimeade 해시태그로 확산하며 소비자들이 창작해낸 다양한 레시피와 리뷰 콘텐츠가 폭발적으로 증가하면서 매장마다 재입고가 되면 알려달라는 고객들의 요청도 빗발쳤다. 트레이더 조 내부 팟캐스트에서도 이 제품에 대해 '상상하기 어려운 맛의 조합' 시도라 평가했고 지금은

할라피뇨 라임에이드(출처_트레이더 조 공식 홈페이지)

가장 많이 팔리는 음료 중 하나라고 언급한 바 있다. 2023년 여름 시즌 한정 출시된 이후 음료 부문 판매 1위를 기록하며 높은 소비자 반응을 얻었다. 이 제품은 감각의 자극적 실험을 즐기는 Z세대와 밀레니얼 소비자층의 니즈에 대한 정밀한 분석과, 익숙한 범주의 경계를 넘는 제품 기획 전략의 성과를 보여주는 대표적인 예다.

에브리씽 벗 베이글 참깨 시즈닝 블렌드

에브리씽 벗 베이글 참깨 시즈닝 블렌드Everything But the Bagel Sesame Seasoning Blend는 참깨 등 다양한 양념이 올라가 있는 베이글(빵)에서 그 빵 위에 올라간 참깨, 마늘, 양파, 소금, 검은깨 등의 양념만을 모아서 만든 시즈닝이이다. 이 시즈닝은 베이글 이외에 다양하게 쓰일 수 있는 범용적인 양념이다. 빵 위에 붙어 있는 양념들을 고객들이 좋아한다고 해서 그 양념만을 모아 하나의 제품으로 만든 것이다. 이 제품 개발은 기존의 맛 경험을 새로운 형태로 전환한 대표적인 사례이다. 출시 직후 폭발적인 반응을 얻으며 트레이더 조에서 가장 성공적인 '시즈닝 제품' 중 하나가 되었고, 현재까지도 미국 전역의 다양한 소매점에서 카피 제품이 출시될 만큼 문화적인 영향을 끼친 상품이다. 틱톡이나 레딧Reddit 등에서 #everythingbagel 해시태그는 2억 가까운 조회수를 기록하였으며, 수많은 사용자 생성 콘텐츠UGC, User Generated Content가 레시피, 후기, 해킹 레시피[19] 형태로 등장하였다. 실제로 소비자들은 해당 시즈닝을 계란, 아보카도 토스트, 샐러드, 팝콘, 감자튀김, 심지어 김밥과 같은 이질적 요리에도 적용하며 새로운 요리 레시피를 만들어 내고 있다. 즉, 기존 소비 경험의

19 음식 재료를 창의적으로 사용하거나 결합하여 새로운 요리를 만드는 것 또는 기존 요리를 자유롭게 수정하는 것을 해킹에 비유해 사용하는 단어다.

일반적 특정 형태(예: 베이글)에 국한되던 맛을 범용 조미료로 재구성함으로써 소비자가 각자의 방식으로 활용할 수 있는 확장성까지 창출하고 있다.

에브리씽 벗 베이글 참깨 시즈닝 블렌드

이렇듯 트레이더 조는 소비자들이 가지고 있는 고정관념 깨고 새로운 사용 맥락을 제시함으로써 제품에 대한 기대와 재미, 신선함이라는 감정적, 인지적 반응을 극대화한다. 탈맥락화 전략을 일상 식품 개발에 적용해 어떻게 이런 생각을 할 수 있냐는 놀라운 반응을 이끌어 낸다. 동시에 포모와 바이럴 효과까지 촉진하는 브랜드 전략을 성공적으로 구현하고 있다. 냉동 김밥, 매운 라임에이드, 콜리플라워 뇨끼, 에브리씽 벗 베이글 시즈닝 등의 제품 창의성은 이젠 소비자가 본인만의 음식 레시피 개발을 촉진하도록 하는 고객 창의력의 확장성을 불러 일으켰고 이러한 과정을 통해 고객은 트레이더 조 제품에 대해 감성적 연결고리를 더욱 강화해 나간다. 이것이 바로 진정한 브랜딩이 아닐까?

트레이더 조 토트백 열풍, 리테일 공급의 불연속성

"재활용 쇼핑백이 샤넬백 만큼 인기가 있다고요?"

2024년에 출시되어 수십만 장이 하루 만에 미 전역에서 품절 사태를 불러왔던 트레이더 조 미니 토트백. 2025년에도 2.99달러, 같은 가격으로 돌아왔다. 이전의 빨강색, 감색, 연두색, 주황색의 네 가지 원색 구성과는 달리 핑크색, 연두색, 하늘색, 보라색 네 가지 파스텔 색상으로 나왔다. 첫 출시 후 완판을 한 후 소셜미디어에서 2024년 말에는 다시 나올 것이라는 소문과 2025년 초에는 출시될 것이라는 바람이 섞인 저마다의 예상이 이어졌다. 결국 2025년 4월에 출시되었고 어김없이 미국 전 지역 매장에서 판매 하루 만에 품절되었다. 매장별로 약 2천 장 정도가 공급되었고 한 사람이 구입할 수 있는 수량을 2~4개씩 매장별로 제한했지만, 한 시간 만에 완판되었다. 그리고 지금은 이베이eBay와 아마존에서 원래 정가의 10배 이상으로 재판매가 이루어지고 있다.

2024년 토트백이 첫 출시 되었을 때 소비자들의 뜨거운 반응에 회사도 놀랐다. 트레이더 조에서는 이 가방을 단순한 실용 아이템으로 기획했는데 샤넬백처럼 인기가 폭발했다고 말한다. 제품 담당 임원은 이 작은 가방이 이렇게 큰 반응을 일으킬 줄 몰랐다고 전했다. 회사 내부에서도 이 현상을 흥미롭게 받아들이고 있다며 트레이더 조 팟캐스트에서 밝히기도 했다.[20]

20 Trader Joe's Inside Podcast, <ICYMI: What's Up With Trader Joe's Mini Tote Bags?>, 2024

2024년도 출시된 트레이더 조 미니 토트백(출처_트레이더 조 공식 홈페이지)

미니 토트백의 제원(제품 설명)을 보면 65% 면과 폴리에스테르 35%이 섞여있는 튼튼한 캔버스천으로 만들어진 손잡이가 있는 손가방으로, 크기는 가로 33cm, 세로 28cm, 폭 15cm이다. 제작은 베트남에서 된 것으로 추정된다.

단순한 천 가방의 열풍, 인기의 이유는?

무엇이 이런 품절 열풍을 만들어 내는 것일까?

첫째, 뛰어난 제품 기획력에서 답을 찾을 수 있다. 미니 토트백은 기존 오리지널 대형 캔버스 백을 그대로 축소한 제품이다. 기존 캔버스백이 대형 시장바구니로 소개가 되었지만 그 깔끔하고 세련된 디자인 덕분에 많은 고객들이 장보기용 가방이 아니라 일상생활에서 사용했다. 미니 토트백은 고객들의 사용경험에서 착안해 시장바구니 컨셉이 아닌 실용성과 휴대성을 강조하여 작은 사이즈로 기획해 출시하였다. 이 미니 토트백 위에는 브랜드 로고가 자수로 박혀 있고 가격은 고작 2.99달러다.

이 가격에서 찾아볼 수 없는 고품질의 느낌이 들고, 빨간색과 감색을 사용함으로써 트레이더 조의 브랜드 아이덴티티Brand identity를 활용했다. 다용도 가방이었지만 출시 시기도 멋지게 기획되었다. 학교에 도시락을 싸 다니는 미국 학생들을 위해 엄마들이 눈독들였던 사이즈이기도 했으며, 저렴한 가격 덕분에 다른 선물을 담아주는 선물 주머니 등 다양한 용도로 활용할 수 있는 유연성을 제공했다. 트레이더 조가 미니 토트백 출시를 2024년에는 2월, 9월에 진행했고, 2025년에는 4월 초로 잡은 이유도 미국의 신학기 시기에 딱 맞추기 위한 것이었다. 특히 2025년 봄에 출시된 파스텔 색상 구성은 꽃이 한창 피는 시기였기에 소비자들의 구매 감성을 더욱 자극하였다.

둘째, 불연속성이 만드는 포모, 리테일 전략의 역발상이다. 트레이더 조 창업자인 조 쿨롬Joe Coulombe는 해마다 생산되지만 늘 수량이 한정되어 있어 제품공급이 불연속적일 수밖에 없는 와인 리테일 비즈니스에서 경영 지식과 경험을 축적했다. 불연속적 공급이라는 도전을 와인이 아닌 다른 품목으로 확장하는 것은 당시 리테일 업계에서 절대 있을 수 없는 컨셉이었다. 소비자에게 제공하는 가격을 조금이라도 낮추기 위해 선택했던 대량 및 집중구매 방식은 어쩔 수 없이 불연속적 공급을 낳았지만, 이러한 불연속성과 예측 불가성은 소비들에게 오히려 '있을 때 사야지'라는 희소성 원리와 맞아떨어져 고객의 구매 욕구를 촉진했다. 즉, 소비자들 사이에서 놓칠 수 없다는 심리를 유발하며 제품에 대한 수요를 급격히 증가시킨 것이다. 더군다나 스마트폰과 함께 활성화된 소셜미디어는 고객들에게 필요 이상의 포모를 불러일으켰다. 미국 소비자의 71%

가 소셜미디어 추천을 기반으로 상품을 구입할 가능성이 더 높으며,[21] 고객의 97%가 구매 결정 시 다른 소비자 후기를 고려한다.[22] 이제 고객들에게 소셜미디어 확장은 단순 구매 경험을 뛰어넘어 소유에 대한 자부심과 같은 '소유 경험'이 더 큰 가치를 만들어 낸다. 어렵게 제품을 구매한 고객은 '소유에 대한 자부심'을 느끼게 되며 불연속적 공급은 트레이더 조의 단점이 아닌 아주 큰 마케팅 효과를 가져오고 있다. 이러한 트렌드 속에서 미니 토트백은 트레이더 조의 브랜드 가치를 강화하는 데 있어 매우 효과적인 촉매가 되었다.

셋째, 충성도 높은 브랜드 팬덤과 감정적 연결의 확장을 꼽는다. 트레이더 조의 미니 토트백은 단순한 제품을 넘어 브랜드와 소비자 간의 감정적 연결을 형성하는 매개체로 작용한다. 소비자들은 해당 제품을 소유함으로써 브랜드의 일원이 되었다는 소속감을 느끼며 이는 브랜드에 대한 장기적 충성도로 이어진다. 즉 미니 토트백은 하나의 '소속감 상징'이 된 것이다. 특히 소셜미디어를 통해 제품을 공유하고 자랑하는 문화는 브랜드 커뮤니티를 형성하며 소비자들 간의 상호작용을 촉진한다. 이러한 감정적 연결은 브랜드에 대한 긍정적인 이미지를 강화하고, 장기적인 고객 충성도를 확보하는 데 훌륭히 기여한다. 리테일 업계중에서 가장 먼저 재활용 쇼핑백을 출시했던 트레이더 조는 여러 가지 재활용 쇼핑백과 가방을 다양하게 출시하고 있으며 재활용 가방 사용을 고객에게 지속적으로 장려해왔다. 그래서 재활용 쇼핑백을 갖고 다니는 사람은 그 자

21 SearchEngineWatch, <How social media influence 71% consumer buying decisions>, 2020
22 Dixa Blog, <3 Important Statistics That Show How Customer Reviews Influence Consumers>, 2018

체로 환경과 생태 보호에 개념이 있는 사람이라는 인식을 만들었다.

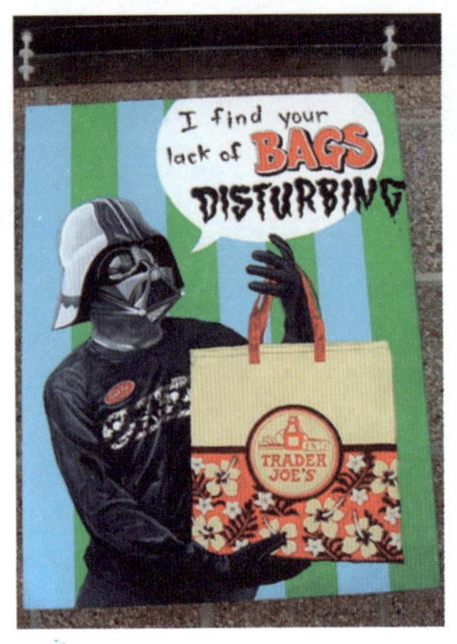

재활용 쇼핑백 사용을 권하는 매장 내 포스터[23]

트레이더 조의 미니 토트백은 제품 기획, 한정판 전략, 고객과의 감정적 연결을 통해 소비자들의 심리를 효과적으로 자극하며 브랜드의 가치를 높이는 데 성공한 사례가 되었다. 미니 토트백은 소비자를 향한 마케팅이 더 이상 제품이나 가격에만 머물지 않음을 보여준다. 감정을 건드리는 맥락 설계, 희소성 전략, 그리고 소셜미디어를 통한 자발적 확산, 이 세 가지가 어우러질 때, 하나의 작은 제품이 전국적인 열풍으로 확산될 수 있음을 증명한 것이다. 또한 '미니 토트백 열풍'은 트레이더 조의 제품 전략이 어떻게 소비자 감정과 문화적 흐름을 타고 브랜드 충성도를 확장했는지도 잘 보여준다. 그리고 무엇보다 중요한 점은 이런 전략이 단순

23 Ashley Reign, <The Best Trader Joe's Signs>, Ranker.com

히 마케팅 기술의 결과가 아니라 오랜 시간 동안 소비자와 쌓아온 신뢰와 브랜드 감성의 산물이라는 사실이다.

지난 1년 반 동안 트레이더 조에서 직접 일하다 보면 트레이더 조가 마케팅을 정말 기가 막히게 잘 한다고 느꼈던 때가 많았다. 냉동 김밥 출시 때나 미니 토트백 출시 때도 마찬가지였다. 사람들의 기대를 맘껏 높여놓고 제품을 한정적으로 공급해서 고객을 안달 나도록 만드는 것이다. 그런데 잠시 곰곰이 생각해 보면 이런 마케팅 전략을 누구나 실행할 수 있는 것은 아니다. 그동안 고객과 쌓아온 신뢰와 교감이 있었기 때문이다. 고객은 트레이더 조가 제품을 안정적으로 또한 충분히 공급하기 위해 애를 쓴다고 믿는다. 다만, 공급가격을 낮추면서 좋은 퀄리티의 제품을 제공하려 애쓰는 과정에서 공급의 불연속성이 나타난 것이지, 고객을 골탕 먹이려고 희소성 전략을 취하는 것이 아니라는 고객의 굳건한 믿음이 존재한다. 냉동 김밥의 경우 트레이더 조에서도 전혀 생각지도 못할 정도로 초기 수요가 폭발적이었다. 김밥을 생산하는 시설이 그만큼의 수요를 따라갈 수가 없었던 것뿐이다. 트레이더 조는 공급처를 무작정 넓히기보다 기존 공급처가 생산시설을 확충할 수 있도록 기다렸고, 충분한 공급량이 모아졌을 때 다시 공급을 재개하는 방법을 선택했다. 기존 공급처와의 파트너십을 꾸준히 지속하면서 퀄리티까지 포기하지 않으려고 하니 공급이 중간중간에 중단될 수밖에 없던 것이다. 이런 내용을 직원들에게 공유하고, 또 직원들은 매장을 직접 방문하고 헛걸음을 하는 고객에게 똑같은 얘기를 한다.

"수요가 너무 많아서 생산시설이 따라갈 수가 없답니다. 김밥이 정말 예상치 못한 인기를 끌었어요! 안정적 공급이 될 때까지 조금만 기다려주세요."

정서적 교감 속에 이루어지는 이런 진심 어린 대화가 있는 것이다. 그래서 한정적 수량 공급에 대해 고객 불만이 크지 않다. 과연 이처럼 쉬워 보이는 마케팅 기법이지만 이를 실제로 따라 할 수 있는 회사는 얼마나 될까? 가장 쉬워 보이지만, 어쩌면 가장 어려운 전략이다. 전략에 의한 전략은 실패한다. 신뢰에 기반한 전략만이 결국 통한다.

디지털 세대의 아날로그, MZ세대의 트세권

"트레이더 조 매장 근처 아파트" (Trader Joe's location apartment)
"트레이더 조 근처 렌트" (Trader Joe's proximity rent)
"트레이더 조 근처 살아보기" (Living near Trader Joe's)

요즘 미국 대학생을 상대로 하는 임대 공지를 보면 위와 같은 제목이 많다. 또한 아래와 같은 게시물을 보면 트레이더 조 근처에 사는 것이 얼마나 중요한지 보여주는 사례다.

"샌디에고에서 방을 렌트했을 때 트레이더 조를 걸어갈 수 있는 거리였어요. 정말 최고였어요. 항상 걸어서 갔었죠. 그 집을 구할 때 중개사무소 직원에게 요청한 중요한 것 중 하나는 트레이더 조와 가까운 곳을 구해달라는 것이었어요."

미국 젊은 친구들에게 한국의 트리플 역세권만큼 중요한 건 바로 '트세권'이다. 우리나라에서도 스타벅스와 가까운 집을 일컬어 '스세권'이라 하는 것처럼 미국에서도 트레이더 조와 가까운 집을 선호하는 현상이 있다는 것이다. 나도 미국에서 룸메이트를 구할 일이 있었다. 렌트 소개 글 중 가장 먼저 내세웠던 것이 '트레이더 조 매장이 도보 5분 거리에 위치'한다는 것이였다. 미국의 MZ세대를 포함한 젊은이들에게는 트레이더 조 매장이 집과 가깝다는 사실 자체만으로도 큰 인기 요소가 되고 있다. 한 산업 연구에 따르면 트레이더 조의 주 고객층은 25~44세 사이라고 한다.[24] 미국의 대표적 슈퍼마켓인 세이프웨이의 주고객층은 45~54세로 나타난다.[25] 월마트의 주고객층이 60~78세라는 사실을 보면, 트레이더 조의 주요 고객이 젊은 층이라는 것은 매우 이례적이다.[26] 특히, 트레이더 조의 주 고객층인 25~44세는 온라인 쇼핑의 대명사인 아마존의 주요 고객층과 비슷하다.[27] 트레이더 조의 주 고객층은 디지털 세대로서 평소에는 온라인 쇼핑이 익숙한 세대이다. 이들이 때때로 주차장도 없는 오프라인 매장만 있는 트레이더 조에 열광한다는 건 일종의 아이러니다.

디지털 환경에서 자란 MZ세대들은 놀이도 온라인, 공부도 온라인, 업무도 온라인 등 모든 부문에서 온라인 활동에 익숙하다. 이들은 클릭 한 번으로 물건을 주문하고, 소셜미디어 알고리즘으로 콘텐츠를 소비하는 데도 매우 능숙하다.[28] 그러나 이들은 동시에 '감각적 결핍 세대Sensory Deprived Generation'이기도 하다. 디지털 환경에서는 촉각, 후각, 대면 대화, 공간 감각 등 인간적 경험 요소들이 없다. MZ세대는 점점 더 '실재하는

24 Nicki Zink, <Trader Joe's Is Always Trending — Who Actually Shops There?>, Morning Consult Pro, 2024
25 Safeway.com Website Analysis for May 2025, similarweb.com
26 Dominick Reuter, <Walmart's average customer is a suburban baby boomer who spent $3,587 there last year>, Business Insider
27 Bradley T.<Amazon Statistics: Key Numbers and Fun Facts>, amzscout.net
28 McKinsey & Company, <The New Experience Economy>, 2022

경험'에 대한 갈망을 갖게 되며, 물리적 공간에서의 쇼핑을 단순 구매가 아닌 자신들을 보여주는 정체성으로 생각한다. 즉, 이들에게 쇼핑과 소비는 무엇을 샀는가 보다는 '어디서, 어떻게 샀는가, 그리고 어떤 경험을 했는가'가 중요해졌다. 그 경험이 나의 어떤 면을 보여주는가의 개념이 더욱 중요하게 작용하는 것이다.[29]

MZ세대에게 오프라인 쇼핑은 단순한 생필품 구매 행위가 아닌, 자신을 표현하고 정체성을 드러내는 하나의 수단이다. 그렇기에 전 과정이 오프라인 중심으로 이루어진 트레이더 조에 더 열광하는 것이다. 이들은 트레이더 조를 방문하면서 다른 곳에서는 만나지 못하는 새로운 맛을 발견한다. 그리고는 그 맛에 관해 정성껏 리뷰를 쓰고 추천한다. 이런 자발적이고 적극적인 소통을 통해 다른 사람으로부터 신뢰를 얻고, 새로운 상품 정보에서 문화적 배경을 이해하며 서로를 가치를 인정한다. 젊은이들이 많이 사용하는 소셜미디어인 틱톡에서 #traderjoes나 #traderjoeshaul 등 해시태그들은 수십억 조회수를 기록하며, 월마트, 홀푸드, 코스트코 등 다른 대형 유통 브랜드보다 높은 언급량을 보인다. 트레이더 조 주요 고객이 많이 사용하는 인스타그램의 경우 사용자 중 65% 이상이 35세 미만이며, 이들은 트레이더 조에서의 쇼핑 경험을 마치 특별한 이벤트처럼 자랑하듯 소셜미디어에 공유한다.[30]

한 연구도 트레이더 조 고객들이 미국 평균 소비자들보다 소셜미디어를 더 자주 사용하고 있다고 설명한다. 조사에 따르면, 트레이더 조의 단골 고객은 미국 성인 평균보다 인스타그램을 사용할 가능성이 22% 포인

29 B. Joseph Pine II and James H. Gilmore, <Welcome to the Experience Economy>, Harvard Business Review (1998)

30 Hootsuite, <What's New in Social Media Demographics? 83 Stats for 2024>, Hootsuite Blog, 2024

트, 틱톡을 사용할 가능성이 19% 포인트 더 높게 나타나고 있다. 트레이더 조의 인기 제품 리뷰, 신제품 소개, 쇼핑, 트레이더 조 제품을 활용한 요리 등의 영상들이 틱톡, 인스타그램, 유튜브, 페이스북 등을 통해 지속적으로 또 적극적으로 만들어지고 공유되는 이유이다.

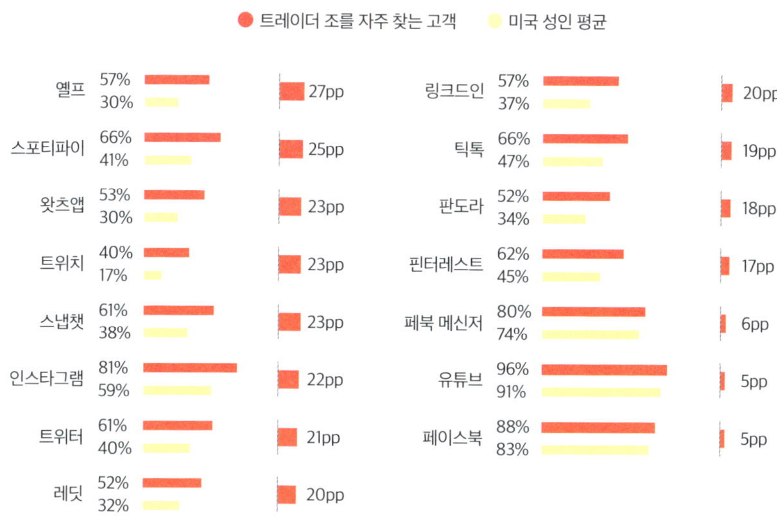

트레이더 조 주요 고객들의 소셜미디어 활용[31]

이처럼 온라인 쇼핑과 소셜미디어 활동을 왕성하게 하는 젊은 층이 트레이더 조에서 쇼핑한다. 같은 연구에 따르면 트레이더 조의 주 고객을 성별로 분석하면 남성이 여성 비중보다 높으며 이들 남성이 주 1회 이상 매장을 방문한 비율이 20% 포인트 더 높은 것으로 나타났다.

31 Nicki Zink, <Who Shops at Trader Joe's?>, Morning Consult, 2024

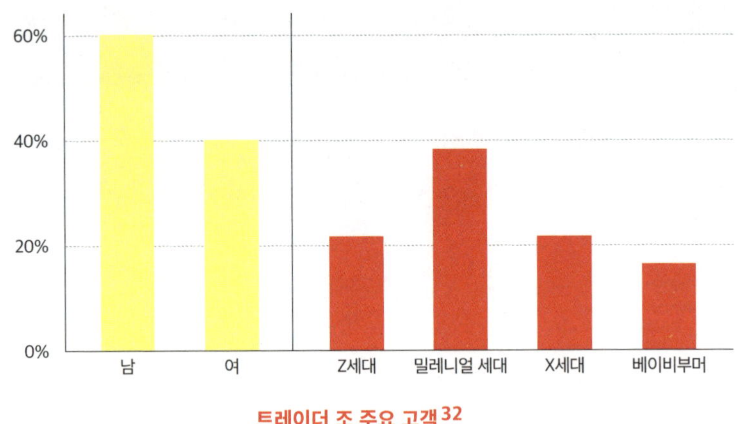

트레이더 조 주요 고객[32]

또 하나의 특징은 라이프스타일에 따른 구매편리성이다. 트레이더 조의 강점인 다양한 냉동 제품과 소량 구매 편리성이 1인 가구들과 MZ세대들이 트레이더 조를 선택하는 주요한 이유가 된다. 냉동 제품은 시간에 쫓기는 젊은 세대에게 요리 편의성과 보관 안정성이 높아 인기가 많다. 젊은 세대일수록 냉동식품과 즉석조리 식품에 니즈가 많다. 실제로 한 연구에 따르면 Z세대들이 밀레이얼 세대보다 냉동 및 전자레인지용 식사를 약 30% 더 자주 소비할 가능성이 높은 것으로 나타났다.[33] 여러 시장 연구와 전문가들에 따르면 트레이더 조의 냉동식품 매출 비중은 전체 매출의 약 20~30%로 이는 미국 전체 식료품 업계의 평균치인 5~15%를 두세 배 이상 상회한다. 또한 트레이더 조의 냉동식품은 팬데믹 기간 동안 23% 급성장을 보이기도 했다.[34]

32 앞의 사이트
33 EAB, <Generation Z is changing the food industry>, EAB.com, 2022
34 Catherine Rickman, <How Trader Joe's Became Royalty In The Frozen Food Market>, Food Republic, 2023

트레이더 조와 미국 전체 식료품 업계 냉동식품 매출 비중(추정치)

항목	냉동식품 매출 비중
트레이더 조	약 20~30%
미국 전체 식료품 업계	약 5~15%

트레이더 조는 소량 구매를 원하는 1인 가구들을 위해 1파운드(lb) 당 가격이 아니라 개당 가격 정책을 편다. 감자, 양파, 사과 등 다양한 야채와 과일을 낱개로 판매한다. 심지어 할라피뇨 고추도 개당 29센트에 판매한다. 중량 기준이 아닌 개당 가격은 투명하고 직관적으로 느껴진다.[35] 또한, 개당 가격 표시는 낱개 구매나 소량 구매를 쉽게 만들고 가격 비교 스트레스도 줄여준다. 이러한 판매 방식은 1인 가구의 욕구를 잘 반영한 결과다. 고객이 필요한 만큼만 구입할 수 있고 그들에게 유리한 구매 환경을 제공한다는 인식을 심어준다. 트레이더 조는 감자 1개 79센트, 양파 1개 39센트 등 하나씩 편리하게 구입할 수 있도록 하여 재료를 남길까 걱정되어 요리를 기피하는 1인 가구를 공략하는 것이다. 미국의 1인 가구 비율은 2024년 기준 전체 가구의 약 29%에 이르고 있으며 꾸준히 증가하고 있다.[36] 곁들어 흥미로운 점은, 개당 가격이라 고객이 늘 가장 큰 것만을 고를 것 같은데도, 반 정도 사이즈를 일부러 고르는 젊은 고객들도 많다. 같은 값에 왜 작은 것을 선택하냐고 물으면 남기기 싫어서라고 답한다.

35 Maurice Morsink, <Understanding the impact of business transparency on consumer trust and buying intention>, University of Twente, 2024
36 U.S. Census Bureau, <Household Trends: 1960-2024>, U.S. Census Bureau, 2024

젊은 세대들에게 트레이더 조는 가고 싶은 슈퍼마켓이 되었으며 이들에게 매장과 가까운 곳에 살고 싶다는 욕구를 불러일으킨다. 2020년 이후 전 세계적으로 온라인 쇼핑이 기본이 되었지만 트레이더 조는 여전히 온라인 판매나 배송 및 배달을 하지 않으며, 도어대쉬Doordash나 인스타카트Instacart 등의 제3자의 장봐주기 플랫폼과도 협업하지 않는 아날로그 전통 유통 전략을 고수하고 있다.[37] 결국 고객이 트레이더 조를 좋아한다면 그 매장을 직접 방문해야하니 가까이에 살 수밖에 없는 것이다. 월마트에 주차장이 없는 것을 상상이나 할까? 서울 양재동에 위치한 하나로 마트에 대중교통을 타고 갈 사람이 얼마나 될까? 동네 마트Neighborhood Grocery Store라는 단어를 슬로건으로 내세우는 트레이더 조는 한 동네의 '생활 반경 내 상점'이 되기를 원한다. 이는 트레이더 조 창업자인 조 쿨롬이 반복적으로 언급한 바와 같이 '매장 자체가 브랜드(The store is the brand)'라는 철학에 기반한 전략이다. 트레이더 조는 고의적으로 매장을 소형화하며, 대형 주차장 확보보다는 도보 접근성 및 대중교통과 근거리 고객 밀도를 중시한다. 주차장이 없고 매장은 비좁아 쇼핑카트를 끌기에는 부담스러워 장바구니를 허리에 끼고 장을 봐야하는 도심 속 뉴욕 매장들과 샌프란시스코 매장들은 600여개 매장 장 중 가장 사람들이 많이 방문하는 매장이다.[38]

태어나면서부터 디지털과 모바일에 익숙한 세대인 MZ세대는 시간 낭비를 혐오하는 세대다. 하지만 그들의 '편리함'은 단지 가까운 위치 혹은 원클릭만을 의미하지 않는다. 일관된 브랜드 경험, 정체성과 일치된 가

37 Trader Joe's Homepage FAQ, <Do you sell online?>
38 David Landsel, <The world's busiest Trader Joe's is right here in NYC — with a 'bizarre' layout and insanely long lines>, New York Post, 2025

치, 감성적 분위기가 함께 제공될 때 물리적 거리의 의미가 극대화된다. MZ세대에게의 트레이더 조의 브랜드 경험은 물리적 거리 이상의 가치로 해석된다. 그래서 트레이더 조와 가까이 거주하는 것은 단순한 입지 조건이 아니라 '삶의 스타일 선언'이 되는 것이다. 트레이더 조는 내가 사는 동네, 혹은 대중교통으로 쉽게 갈 수 있는 거리에 있어야 할 브랜드로 자리매김하고 있는 것이다. 실제로 대부분의 매장은 지하철역 혹은 다세대 주택 밀집 지역 반경 0.5마일(약 800미터) 이내에 위치한다. 이러한 데는 모두 이유가 있다. CNBC 다큐멘터리에 따르면 트레이더 조 매장에서 도보 0.5마일 이내에 거주하는 고객은 주 1.8회 방문하는 반면, 2마일 이상 떨어진 고객은 주 0.8회에 불과했다.[39] 이러한 빈도 차이는 단순한 거리 때문이 아니라, 고객이 '내가 트레이더 조에 속해 있다'는 소속감을 느낄 때 매장 방문이 일상화되기 때문이다.

MZ세대에게 소비나 쇼핑은 자신의 가치관을 드러내는 언어이자 선언이다. 트레이더 조에서 장을 본다는 말은 단순한 쇼핑 습관을 넘어서 나는 비윤리적인 제품을 거부하며, 개념이 있는 사람 혹은 환경을 중요하게 생각하는 선택을 하는 사람이라는 윤리적 소비자 신념과 가치를 표현하는 장이 되었다.[40] 그러니 가치소비의 대명사인 트레이더 조 매장을 방문하는 일이 MZ세대들에게 주요한 의제가 될 수밖에 없다. 이러한 트레이더 조는 소셜미디어 등의 온라인 활동이 미미함에도 불구하고 소비자들이 틱톡이나 유튜브 등에 자발적으로 콘텐츠를 생성하며 브랜드를 확

39 CNBC Make It, <Why You Spend So Much Money At Trader Joe's>, YouTube
40 McKinsey & Company, <True Gen: Generation Z and its implications for companies>, mckinsey.com, 2020

산시키고 있다. 어쩌면 기업 비즈니스에서 온라인 판매와 회원가입 활동을 필수로 생각하는 고정관념을 산산이 부수고 유유히 영업 활동을 하는 독특한 브랜드처럼 느껴진다.

온라인 판매를 일절 하지 않고 매장 내의 경험을 중시하는 아날로그 전략을 고수하는 트레이더 조는 디지털 환경에 익숙한 세대들에게 오히려 신선한 경험을 제공하는 방식을 선택했다. 발견의 기쁨과 직접 체험을 통한 만족감을 더 중시한다. 여기에 더해 쇼핑 경험을 자발적으로 공유하고 가치와 정체성을 표현하며 커뮤니티에서 소속감을 부여한다. 오프라인 매장에서 마주하는 직원의 웃음, 시식 코너에서 나누는 짧지만 밀도 있는 대화 등 온라인 공간이 제공하지 못하는 온기를 한껏 전달한다. 제품 설명들은 또 어떠한가. 스토리텔링을 활용하여 소비자와의 감성적 연결을 강화하고 브랜드 충성도를 높이는데 기여하고 있다.

팬덤이 있는 슈퍼마켓, 트레이더 조 소개

미국 캘리포니아 LA 근교 도시인 몬로비아에 본사를 두고 있는 트레이더 조는 미국의 대표적인 슈퍼마켓 브랜드이다. 트레이더 조는 1967년 미국 캘리포니아 패서디나 지역에서 1호점을 시작한 이래 2025년 7월 현재 미국 42개 주와 워싱턴 D.C. 지역에 600여 개 이상의 매장을 갖고 있으며, 미국 이외의 국가에서는 영업하고 있지 않다. 매장에서의 고객 경험을 가장 중요한 가치라고 여긴다. 창업 이래 온라인 쇼핑몰 없이 100% 오프라인 매장에서 매출을 일으키고 있다. 트레이더 조는 비상장 기업으로, 1979년 독일 유통 재벌 알브레히트Albrecht 가문이 소유한 Aldi Nord에 인수되었지만, 지금까지 독립적인 브랜드 철학과 운영을 유지하고 있다.

트레이더 조는 창업자 조 쿨롬Joe Coulombe에 의해 시작되었다. 쿨롬은 스탠퍼드에서 경제학을 전공하고, 클레어몬트 대학원에서 MBA를 마친 후 소매업에 뛰어든 학구적인 사업가였다. 1958년부터 프론토 마켓Pronto Market이라는 편의점 체인을 소규모로 운영하고 있던 그는 급성장하고 있는 세븐일레븐 편의점 대형 체인과의 경쟁에서 살아남기 위해 차별화된 콘셉트의 식료품점으로 전환을 고민했다. 창업자는 미국 중산층의 문화적 욕망인 여행, 이국적인 경험, 건강한 식생활에 주목했고 이를 식문화로 연결했다.

디즈니랜드의 이국적인 느낌의 폴로네시안 레스토랑이였던 '트레이더 빅Trader Vic's'에서 영감을 받아 트레이더 조Trader Joe's"라고 이름을 지었다. 무역상Trader이란 단어에 전 세계 곳곳을 누비며 새롭고 좋은 제품을 제공하겠다는 비전을 담아, 매장을 단순한 식료품 유통 공간이 아닌 '미식 탐험의 거점'으로 기획했다. 트레이더 조는 단순한 브랜드명이 아닌 하나의 세계관이다. 직원들은 하와이안 셔츠를 입고, 매장 매니저를 '캡틴', 직원들은 '크루'로 불리는 해양 테마 아래 '모험의 공간' 컨셉을 만들었다. 와인, 치즈, 수입 식료품 등 당시엔 드물던 고급 식재료를 합리적인 가격에 제공하며 '미식가를 위한 가성비 매장'이라는 정체성을 구축해 나갔다. 당시 세계에서 가장 많은 캘리포니아 와인을 가진 곳이기도 했다. 트레이더 조에게 와인은 단순한 판매 품목이 아니었다. 그것은 고객의 문화적 삶에 대한 감각을 일깨우고, 브랜드의 가치를 전달하며, 재미와 고급스러움 사이에서 균형을 잡는 툴이기도 했다.

1977년의 5개년 전략을 발표하며 급진적인 구조 개혁을 단행했다. 지금의 트레이더 조의 경영철학이나 방향이 정립된 시점이다. 주요 내용으로는 (1)비식품 카테고리 축소, 식품에 집중, (2)유명 브랜드 대신 자체 브랜드로 전환, (3)매출이 아닌 고객 신뢰를 우선시, (4)SKU(취급 품목 수) 최소화, 회전율 극대화, (5)박스째 진열방식으로 비용 절감과 동네 시장 분위기이다. 트레이더 조는 이 전략을 통해 '적은 품목, 빠른 회전, 높은 품질'이라는 독특한 모델을 정립했다. 트레이더 조는 슈퍼마켓이 평균 보유한 50,000개 품목(SKU) 대신 약 4,000개 내외의 상품만을 선별해 판매했다. 자체 브랜드[PB] 개발에 집중하며 'Trader Joe's'라는 이름을 단 커피, 시리얼, 견과류를 제공하기 시작했다. 이러한 운영 방식은 소비자에게 '결정 피로' 없이 고품질 상품을 제공하고, 회전율을 극대화해 가격 경쟁력을 확보했다. 공급업자에게 매매 대금을 현금으로 지급하며 대량으로 집중구매하는 방식으로 트레이더 조의 가격 경쟁력을 더욱 높일 수 있었다.

이후 1983년부터는 이 모델을 전국적으로 확장해 나간다. 1993년도에 59개, 2001년경에는 200여개, 2013년도에 400여개, 2018년경엔 500여개로 매장을 늘려갔다. 2025년 7월 기준 600여개 매장이 영업 중이다. 팬데믹 이후 연간 30개 정도 신규 매장을 오픈하고 있지만, 그전까지는 브랜드 정체성의 보존과 고객 경험의 일관성을 지키고자 연간 10개 미만의 신규 매장을 신중하게 열었다. 대부분의 트레이더 조 매장은 인구밀도가 높고 고학력층이 거주하는 지역에 입점되고 있다.

트레이더 조의 직원 급여와 복지는 업계에서 높은 수준을 자랑한다. 매장 총 매니저(캡틴)의 연봉은 6자리 수에 이르며, 직원(크루)의 시간당 급여도 타 리테일보다 월등히 높다. 또한 전 직원에게 연간 급여의 약 15%를 퇴직연금으로 추가 적립해 준다. 이러한 보상은 직원의 자발적인 동기 부여와 우수한 고객 경험으로 이어진다. "매장이 곧 브랜드다"라는 철학으로 100% 오프라인 판매 전략을 고수하고 있어, 온라인 쇼핑이 없고, 배달/배송이 안되며, 모바일 앱도 없다. 냉동김밥, 미니토트백, 매운맛 라임에이드 등 트레이더 조에만 살 수 있는 창의적인 제품들과 친절한 매장 직원들의 서비스로 아마존과 같은 온라인 쇼핑과 소셜미디어에 익숙한 MZ세대들까지 열광케하고 있다.

이제 트레이더 조는 단순히 '식료품을 파는 곳'이 아니다. 그것은 브랜드 철학, 문화, 서비스, 커뮤니티 감각이 어우러진 라이프스타일 플랫폼에 가깝다. 소비자는 이곳에서 상품을 고르는 것이 아니라, 트레이더 조가 고른 세계를 경험한다. 지금도 여전히, 매장을 여는 아침마다 줄을 선다.

TRADER JOE'S

2장

트레이더 조의 성공 비결,
불변하는
마케팅 경영 원칙

심리적 STP 접근과 트레이더 조, 고객의 마음을 읽다

전통적 마케팅 전략 중 STP로 일컬어지는 것의 의미는 고객세분화Segmentation-타깃팅Targeting-포지셔닝Positioning을 뜻한다. 마케팅 분야를 조금이라도 공부해 본 사람이라면 누구나 흔히 아는 이론이다. 이는 인구 통계학적, 지리적, 행동적 변수를 기반으로 시장을 세분화하고, 특정 표적 시장을 선정하여 차별화된 포지셔닝을 구축하는 것이다. 필립 코틀러Philip Kotler를 비롯한 마케팅 거장들은 이러한 STP 프레임워크Framework의 중요성을 강조해왔다.[1] 지금의 독특한 모습의 트레이더 조를 만들 수 있게 된 그들만의 STP 전략은 무엇이었을까. MBA 출신인 트레이더 조 창업자 조 쿨롬은 인구 통계학적, 지리학적인 기준으로 소비자를 구분하는 것에 더해 소비자의 의사결정이 정서, 가치관, 자기 정체성 등 좀 더 복잡

1 필립 코틀러, 게리 암스트롱, 《Kotler의 마케팅 원리(Principles of Marketing)》 (김건하 외 역), 시그마프레스, 2021

하고 종합적인 심리적 요인에 의해 좌우되고 있음을 인지하고 창업 초기부터 트레이더 조에 대한 시장 세분화, 타깃, 포지셔닝을 하기 시작했다. 특히, 조 쿨롬 창업자는 당시 경영 철학이나 고객 중심의 마케팅 전략을 짤 때 스탠포드 대학교Stanford university 교수이자 경영학의 대가였던 피터 드러커Peter Drucker로부터 많은 영향을 받았다.[2] 실제로 그는 자서전에서 피터 드러커의 저서를 읽고 깊이 감명받았다고 언급하며, 드러커의 고객 중심주의와 경영의 목적이 '고객을 창출하는 것'이라는 점을 중요하게 언급했다.

필립 코틀러는 시장 세분화를 '제품이나 서비스에 대해 유사한 욕구를 가진 구매자들의 구별되는 집단으로 시장을 나누는 과정'이라고 정의했다.[3] 이런 시장 세분화는 연령, 소득, 교육 수준 등의 인구 통계학적 변수, 거주 지역 등의 지리적 변수, 구매 빈도나 사용량 등의 행동적 변수를 주요 기준으로 활용한다. 이러한 변수들은 비교적 측정하기 쉽고 접근 용이하다는 장점이 있지만, 소비자의 내면적인 동기, 가치관, 라이프 스타일, 개성 등 심리적 요인을 간과할 수 있다는 한계가 있다. 다양하고 복잡한 소비자 니즈를 충족시키기 위해서는 심층적인 소비자 이해가 필수적인 것이다. 트레이더 조는 전통적인 STP 프레임워크를 따르되, 심리적 변수를 중심으로 시장을 세분화하고, 표적 시장을 선정하며 포지셔닝함으로써 경쟁사와 차별화하고 있다. 조 쿨롬은 초기 트레이더 조의 핵심 고객층을 '고학력, 저소득의 캘리포니아 거주자, 즉 돈은 없지만 세계를 여행하고 좋은 음식을 맛보는 것에 관심이 많은 사람들'로 정의했다.[4] 이

2 Joe Coulombe, with Patty Civalleri, 《Becoming Trader Joe's: How I Did Business My Way & Still Beat the Big Guys》, Chapter 4. On the Road to Trader Joe's, HarperCollins, 2021
3 코틀러, 앞의 책
4 Coulombe 앞의 책, Chapter 4. On the Road to Trader Joe's

는 단순히 소득 수준이라는 인구 통계학적 변수뿐만 아니라 '세계 여행에 대한 관심'과 '좋은 음식에 대한 가치 부여'라는 심리적 특성을 핵심적인 세분화 기준으로 삼았음을 시사한다. 조 쿨롬은 이러한 소비자들을 '지적이고 호기심 많은Intelligent and inquisitive' 사람들로 묘사했다. 이들은 새로운 경험에 개방적이고, 가격 대비 가치를 중요하게 생각하며 독특한 상품을 선호하는 경향이 있다고 보았다. 트레이더 조는 대중적인 시장보다 이러한 특정 심리적 특성을 가진 소비자층에 집중함으로써 경쟁력을 확보하고 차별화된 브랜드 이미지를 구축할 수 있었다. 또한, 트레이더 조는 장을 보는 단순한 슈퍼마켓을 넘어 식료품 쇼핑 속에서 고객의 자아를 반영하는 브랜드로 진화하였다. 유기농 스낵, 저탄수화물 피자, 채식주의자를 위한 냉동식품 등은 단지 제품군이 아니라 건강 자체를 중요하게 생각하고, 생태환경을 고민하는 소비자의 라이프 스타일과 아이덴티티Idnentity를 대변한다.

트레이더 조는 아래와 같은 다섯 가지 심리적 요소에 따른 세분화를 통해 고객 만족을 이루고 있다. 심리적 특성을 공유하는 소비자들을 묶어 다양한 라이프 스타일 클러스터Cluster로 세분화하고, 각 클러스터의 니즈에 부합하는 독특한 상품과 경험을 제공하는 데 집중한다.

1. 사회의식이 있는 소비 고객

환경, 생태, 지속가능성 등의 가치를 높게 생각하고 있는 고객들에게 공정무역 초콜릿, 공정무역 커피, 지속 가능한 어업으로 잡은 참치 제품 등을 제공해 윤리적 소비의 만족을 제공한다.

2. 가격 대비 가치 추구 고객

가격에 민감하지만, 저렴한 가격에도 불구하고 높은 품질과 독특한 가치를 제공하는 제품을 추구한다. 이는 '돈은 없지만 좋은 음식을 맛보는 것에 관심이 많은 사람들'의 특성을 반영한다. 합리적인 가격대에 제공되는 캘리포니아산 뿐 아니라 전세계에서 수입한 와인을 포함하여, 한정 수량 특가 제품과 매장 내 샘플링은 실용적 소비자에게 만족감을 준다.

3. 탐험가적 기질 고객

새로운 맛과 경험에 대한 호기심이 강하고 독특하며 이국적인 식재료 및 식품에 대한 선호도가 높다. 이는 창업가 조 쿨롬이 언급한 '세계 여행에 대한 관심'과 연결된다. 대형마트의 획일적인 제품보다는 트레이더 조에서만 찾을 수 있는 독특하고 차별화된 상품을 선호하며, 자신의 개성을 표현하는 소비를 지향한다. 한국의 김밥, 태국식 커리, 프랑스식 치즈 등은 이국 문화를 경험하고자 하는 소비자에게 어필한다. 새로운 제품에 대한 정보를 적극적으로 탐색하고, 자신의 경험을 다른 사람들과 공유하는 데 즐거움을 느낀다. 이는 트레이더 조의 '입소문 마케팅' 효과를 증폭시키는 요인으로 작용한다.

4. 건강 가치 고객

유기농 제품, 방목으로 키운 닭의 달걀, 글루텐 프리 제품, 무가당 과일칩, MSG 및 인공색소 무첨가, 단백질 위주의 스낵은 건강을 중시하는 고객을 겨냥한다.

5. 놀이와 참여 중시 고객

직원의 손글씨로 작성된 POP, 유머러스한 상품 설명, 이벤트성 제품은 놀이와 참여를 중시하는 소비자에게 심리적 만족을 제공한다. 고객들과 직원들이 자연스럽게 스몰 토크하는 뛰어난 직원들의 차별화된 고객 접점 활동은 트레이더 조의 핵심적인 경쟁력 중 하나이다.

트레이더 조는 전통적인 인구 통계학적 요소를 넘어 소비자의 심리적 특성, 특히 새로운 경험에 대한 개방성, 가격 대비 가치 추구, 독특한 상품 선호도 등을 기반으로 시장을 세분화하고, '지적이고 호기심 많은' 소비자층을 핵심 표적 시장으로 설정했다. 그리고 '탐험의 즐거움과 가치를 제공하는 독특한 식료품점'이라는 차별화된 포지셔닝을 통해 강력한 브랜드 충성도를 구축했다. 트레이더 조는 개성적인 소비자들이 증가하는 시장 환경에서 전통적인 STP 접근 방식을 너머, 소비자 심리에 대한 깊이 있는 이해를 바탕으로 혁신적인 마케팅 전략적 접근을 지속하고 있다.

희소성의 원칙과 트레이더 조, 있을 때 구입하라

"내일 9시부터 미니 토트백을 판매한대요! 오전 중에 완판이 확실하니 오픈런하세요!"
"이달 내내 허리케인 여파로 파가 안 들어와요. 언제 들어올지 모른다고 해요."
"동전 모양 초콜릿이 이게 전부예요. 지금 못 사면 연말까지 기다려야 해요."
"참깨 소스가 세관에서 검토 중이라고 하는데 언제 매장에 들어오는지 아시는 분?"
"선크림이 한정 수량 판매라고 해요. 있을 때 쟁여 놓으세요!"

트레이더 조와 관련된 소셜 채널에 올라온 글이다. 이렇듯 고객들은 여러 가지 제품 업데이트와 질문을 수시로 올리고, 서로 몰랐던 정보를 주고받기도 한다. 미국에 달걀 대란이 일어나고 있는 최근 1년 동안은 마지막 제품을 구입하는 데 성공했다라는 환호의 글부터 이미 달걀이 동났다며 아쉬움을 표하는 글이 자주 올라온다. 트레이더 조는 내가 사고 싶은 제품이 늘 있지 않다. 있을 때도 있고, 없을 때도 있다. 트레이더 조의 제품 공급의 특징 중 하나가 불연속성이다. 이 불연속성과 불확실성은 그동안 리테일 업계에서 절대 있을 수가 없는 혹은 발생하면 안 되는 업계 금기였다. 그런데 트레이더 조는 창업 초기부터 제품의 불연속성을 전략으로 가져왔다. 트레이더 조는 제품이 동나는 상황을 전략적으로 두려워하지 않는다. 고객에게 '있을 때While it lasts 사세요'라고 오히려 품절 자체를 마케팅 자산으로 전환한다. 트레이더 조는 매년 365개 이상의 신제품을 출시한다. 이는 평균적으로 매일 하나 이상의 신제품이 등장하는 셈이다.[5] 이처럼 신제품을 출시하기 위해서 기존 제품 중 판매 실적이 저조하거나 생산 비용이 증가한 제품은 과감히 단종한다.[6] 매장 규모가 다른 유통 리테일에 비해 작아 진열 공간이 좁고, 취급 제품수도 대형 리테일 대비 1/10 수준이므로 제품의 우선순위 설정과 집중 전략이 무엇보다 매우 중요해진다.

희소성이 소비자에게 미치는 영향

마케팅 심리학에서 말하는 '희소성 전략'이란 고객에게 제품이나 서비스의 공급이 제한적이라는 인식을 주어 그 제품에 대한 자각된 가치Perceived value를 높여 판매를 높이는 전략을 말한다. 《설득의 심리학》 저서로 유명한 로버트 치알디니Robert Cialdini는 사람들은 얻기 어려운 것을 더 가치 있다고 느끼고, 자신이 소유한 물건에 대해 시장 가격보다 더 높은 가치를 매기는 소유 효과Endowment effect와 결합해 궁극적으로 구매 욕구를 극대화한다고 설명한다.[7] 고객은 희소성있는 제품을 더 구매하고 싶어 하고, 실제로 그 욕구가 구매로 이어지는 것이다. 홈쇼핑이나 온라인 쇼핑에서 흔히 들을 수 있는 '마감 3분 전' 혹은 '재고가 딱 10개 남았습니다'라는 문구는 제한된 시간Time-limited offer이나 제한 수량Limited quantity을 의미한다. 고객들의 소유 효과를 증가시켜 구매라는 행동 유발성을 극대화한

5 Alice Knisley Matthias, <The Real Reason Your Favorite Trader Joe's Product Was Discontinued>, Allrecipes, 2023

6 Trader Joe's Inside Podcast, <ICYMI: Why Did Trader Joe's Discontinue My Favorite Product?>, 2022

7 로버트 치알디니,《설득의 심리학》(황혜숙 역), 21세기북스, 2013

다. 또한, 구매 결정을 미루고 싶은 소비자에게 즉각적 행동을 쉽게 유도하기도 한다.

트레이더 조의 제품 불연속성 전략에 대한 자신감은 창업 초창기에 시작한 와인 비즈니스에서 왔다. 창업자 조 쿨롬은 자서전에서 와인을 취급하면서 진정한 제품 지식을 획득하기 시작했다고 했고, 그때의 배움이 트레이더 조 사업 시작 전 식품 분야에 영향을 미쳤다고 말했다.[8] 와인은 특정 수확기에 특정한 곳에서 생산된 것으로 분류한다. 그러다 보니 같은 해 수확된 포도로 만들었다고 해도 그 종류마다 개별적이고 독특하며 단절된 '불연속적인 제품'이라는 것이 특징이다. '제품이 불연속적이다'라는 말은 사시사철, 작년에도, 올해도, 내년에도 동일한 제품이 공급되지 않는다는 것을 의미한다. 2024년에 만들어진 와인 A의 품질과 2025년에 만들어진 와인 A 품질이 다른 것과 마찬가지인 속성이다. 또한, 고객은 2024년의 와인 A가 더는 공급되지 않는다는 사실을 이상하게 생각하거나 불평하지 않는다. 그 맛이 좋았다면 그저 '더 사놨더라면 좋았겠다'는 생각에 그치며 자신의 구매 의사결정을 되돌아보게 만들 뿐이다. 트레이더 조에서는 와인 뿐만 아니라 전 제품에 이런 불연속성이 적용되고 있다. 그래서 트레이더 조 매장에는 한 가지 특징적인 문구를 찾아볼 수 있다.

> "다시 돌아왔어요!" (It's back!)
> "마지막 찬스예요. 곧 다시 중단될 거예요." (Last chance, Soon to be discontinued.)

고객들은 이런 사인을 보고 '있을 때 사야 한다'라고 느껴 당장 필요한

8 Coulombe 앞의 책, Chapter. 15 From Discrete to Indiscretions

수량보다 서너 개 더 쟁여 놓게 된다. 나도 비슷한 경험이 있다. 한국에서 흔히 선크림이라 불리는 선블럭 로션이 곧 중단된다는 안내문이 붙어 있는 것을 보고 한꺼번에 5개나 구매해서 쟁여놓은 것이다. 나처럼 특별한 기회에 구매한 고객은 자랑스럽게 소셜미디어에 사진을 올리거나, 가까운 지인 혹은 소셜 친구들에게 빨리 매장을 방문해 구매하라고 정보를 나누기도 한다.[9] 이렇게 트레이더 조에서는 한 달에도 몇 번씩 품절 이슈가 화제를 일으키는 경우가 자주 발생한다. 이는 브랜드에 대한 애정을 드러내는 계기가 되며 소셜미디어로의 자발적 확산을 불러일으킨다.

곧 공급이 중단된다는 사인물 (Soon to be Discontinued)[10]

트레이더 조의 모든 제품이 이런 불연속성을 갖고 있다고 해서, 제품 공급을 일부러 중단해서 고객을 골탕 먹이려는 의도가 있는 것은 아니

9 레딧, r/traderjoes
10 Meg Walters, <A Literal Sign That A Trader Joe's Product Has Been Discontinued>, Mashed, 2024

다. 트레이더 조는 최대한 제품의 안정적인 공급이 가능하도록 연속적 제품 전략을 취하지만, 집중 구매나 제작 비용 절감을 위해 발생하는 제품의 불연속성을 두려워하지 않는다는 뜻이다. 실제로 트레이더 조 매장에 있는 와인의 제외한 모든 제품 중 약 80%가 연속적으로 제공되고 있다.[11]

트레이더 조는 창업 초기부터 뉴스레터나 매장 제품 안내 표시, 혹은 매장 직원들과의 직접 대화를 통해 특정 제품의 재입고, 제품의 단종 등에 대한 정보를 적극적으로 나누고 있다.[12] 지금도 이곳의 충성 고객은 자신이 원하는 제품이 다시 돌아올 날을 손꼽아 기다리고 있다. 앞서 이미 언급했던 미니 토트백은 '세상에서 가장 귀여운 백'이라고 동영상에서 소개된 이후 미국 전역에서 삽시간에 품절이 되었고, 한국식 김밥이 트렌디한 퓨전 제품으로 소셜미디어에서 인기를 끌며 틱톡, 레딧, 트위터 등에서 어디서 김밥을 판매하는지 묻는 셀 수 없이 많은 게시물이 올라왔다. 2024년 출시된 미니 보냉백은 한정 수량으로 출고되었으며, 제품이 입고된 그날 미국 전역 550개 모든 매장에서 품절 사태를 만들었다. 재입고 여부를 문의하는 요청이 커뮤니티 사이트에 수백 건 올라오기도 했다. 이처럼 많은 트레이더 조 제품들이 불연속적으로 공급이 되지만 고객들은 불평을 늘어놓는대신 더 높은 브랜드 충성도를 보이고 있다.

11 Coulombe 앞의 책
12 레딧, r/traderjoes

데일리 선스크린 로션의 컴백과 중단 안내 공지(출처_레딧, Diva_stars) [13]

심리적 희소성 프레이밍

이처럼 있을 때 사야 한다는 마음을 갖게 만드는 현상은 '심리적 희소성 프레이밍'을 통해 브랜드 관심과 충성도를 강화하는데 기여한다. 미네소타 대학교University of Minnesota 프라빈 아가왈Praveen Aggarwal 교수는 한정판 제품은 단순한 제품 가치 그 이상으로 고객에게 '획득의 성취감'을 주며, 궁극적으로 이는 브랜드의 독특한 정체성을 강조하게 된다고 말했다. [14] 이런 한정된 수량에 따른 심리적 희소성 프레이밍은 소비자에게 세 가지 모습으로 나타난다.

첫째, 획득의 기쁨과 소유에 대한 기대 강화이다. 한정 수량이라는 메시지는 소비자에게 지금 사지 않으면 다시는 얻지 못할 수 있다는 인식을 주기 때문에 구매 전 심리적 기대감을 제고하고, 구매 후에는 만족감

13 레딧, r/traderjoes
14 Praveen Aggarwal, SY Jun, JH Huh, <Scarcity Messages: A Consumer Competition Perspective>, Journal of Advertising, 2011

의 심리적 증폭으로 이어진다. 둘째, 소속감 유발이다. 희소한 제품을 구매한 소비자는 선택받은 소수로서의 소속감을 느끼고 이를 자랑하거나 공유하려는 욕구로 이어진다. 이는 소셜미디어 공유를 촉진하며 자발적 브랜드 전파 효과를 낳는다. 셋째, 브랜드 가치를 높인다. '최적의 가격으로 공급하기 위해 최선을 다하고 있으니 조금만 기다려 달라'라는 메시지는 오히려 브랜드에 대한 신뢰를 향상하고 내가 믿는 회사가 고른 것이니 믿고 구매한다는 브랜드 프레이밍을 강화한다.

이렇듯 트레이더 조에서는 한정된 제품 수량으로 발생하는 품절이 결코 단점 요소로 작용하지 않는다. 소비자들의 적극적인 바이럴과 함께 전략적 마케팅 활동으로 작동한다. 고객들에게 '자각된 구매의 기쁨'을 주는 트레이더 조의 제품 불연속성은 트레이더 조 브랜드의 독특한 제품 특성으로 자리매김했다. 이는 단순한 물량 통제라기보다 고객 신뢰를 기반으로 한 의도된 심리적 희소성의 연출이다. 트레이더 조는 이러한 전략을 통해 브랜드에 대한 더 나은 신뢰, 제품에 대한 갈망, 그리고 자발적 마케팅 전파를 강화하고 있다.

트레이더 조에서 내가 좋아하는 제품을 단종시키는 이유(Trader Joe's Inside 팟케스트) [15]

2025년에도 여러 인기 제품이 단종되었다. '치킨, 치즈, 그린 칠리 파푸사Chicken, Cheese, and Green Chile Pupusas', '팬케이크 브레드Pancake Bread', '비건 페퍼로니Vegan Pepperoni', '냉동 아티초크 하트Frozen Artichoke Hearts', '전자렌지용 닭가슴살Fully Cooked Boneless Skinless Chicken Breasts' 등이 있다. 이러한 제품 단종 소식을 전해 들을 때마다 고객은 소셜미디어와 온라인 커뮤니티에서 아쉬움을 표현하며 대체 제품이나 재출시를 요청하며 목소리를 높인다. 제품의 단종 소식은 고객의 입장에서 꽤 당혹스럽고 실망스러운 순간일 수 있다. 하지만, 이 제품 단종 결정에는

15 앞의 Trader Joe's Inside Podcast

트레이더 조만의 독특한 경영 원칙이 있다. Trader Joe's Inside 팟캐스트의 제품 단종(Discontinued Products)편에서는 제품 마케팅 총괄이 단종 이유를 직접 설명했다.
판매 부진이 제품 단종의 가장 큰 기준이다. 단종된 제품 대부분은 단순히 판매량이 충분하지 않았다. 트레이더 조는 다른 유통 리테일에 비해 매장 크기가 1/4도 안 될 정도로 작아 진열이 가능한 제품 수가 제한적일 수밖에 없다. 한정된 공간에 가장 인기 있는 제품을 진열해야 하는 까닭에 고객 수요가 부족한 제품은 자연스럽게 퇴출 대상이 된다. 진열의 제한 때문에 제품의 우선 순위를 정할 수밖에 없다. 제품 마케팅 총괄인 매트 슬론Matt Sloan은 "판매 속도가 느리다는 것은 단순히 그 제품을 충분히 많은 고객이 원하지 않았다"는 뜻으로 해석한다고 전한다.
트레이더 조는 대형 유통업체처럼 브랜드 제품 공급 회사들로부터 제품 입점비를 받지 않는다. 즉, 공급업체가 돈을 내고 제품을 진열하는 구조가 아니다. 예를 들어 새로 나온 세제를 특별 공간에 진열해 달라면서 브랜드 공급업체가 비용 지불을 제안해도 트레이더 조는 이를 거부한다. 유명 브랜드로부터 자유롭고 독립적인 구조 속에서 유명 브랜드 제품을 꼭 진열해야 할 이유가 없고, 모든 제품에 대한 진열 여부를 스스로 자유롭게 결정할 수 있다. 또한, 빨리 팔리지 않는 제품을 굳이 제한된 공간에 진열할 이유도 없다.
결국 트레이더 조의 제품 단종 원칙은 한마디로 '인기 없으면 퇴출'로 요약할 수 있다. 트레이더 조는 제품을 감정적으로 유지하거나 단종하지도 않는다. 고객들의 집단적 선택, 즉 '충분한 집단이 제품을 사는 구매력'이 유일한 판단 기준이다.
중요한 것은 트레이더 조에게서 제품 단종은 끝이 아니라 새로운 시작을 말한다. 단종된 제품이 아쉽긴 하지만, 이는 곧 새로운 제품이 들어올 자리를 마련한다는 뜻이기도 하다. 연간 365개 이상의 새로운 제품을 실험하고, 테이스팅 패널을 통해 맛과 품질을 테스트한 뒤 매장에 선보인다. 고객은 매장 한켠에 마련된 신제품 코너에서 늘 새로움을 경험할 수 있다. 팟캐스트 운영자이며 마케팅 임원 타라 밀러Tara Miller는 본인이 좋아했던 제품인 피치 살사가 단종되면서 이를 대체할 수 있는 제품인 파인애플 살사소스를 알게 되었다며 다음과 같이 말했다.

"단종은 동시에 설렘이기도 합니다. 새로운 걸 발견할 수 있는 기회니까요."

제품이 단종된다고 해서 결코 끝이 아니다. 새로운 제품이 탄생하고 그 역시 고객의 선택을 기다린다. 이것이 바로 트레이더 조가 소형 매장임에도 대형 유통 브랜드 이상으로 신뢰받고 사랑받는 이유다.

선택의 역설과 트레이더 조,
고객 대신 큐레이션

미국의 대표적 식료품 리테일인 세이프웨이에 한번 방문해본 사람이라면 시리얼 종류만 100가지 넘게 진열된 구역을 발견할 수 있다. 통로 한 줄이 모두 시리얼이다. 콘플레이크 스타일 시리얼이 넓은 한 칸을 온전히 차지하고 있고, 곡물이 들어간 스타일도 역시 넓은 자리를 차지하고 있다. 이 시리얼 통로에 서 있으면 정말 어떤 것을 선택해야 할지 모른다. 이러한 현상은 너무 많은 선택지가 주는 '결정 마비' 현상이다.

선택의 역설과 소비자 행동

전통적인 마케팅 이론은 선택의 폭이 넓을수록 소비자가 더 큰 만족을 느낀다고 본다. 그런데 2000년 심리학자 시나 아이엔가Sheena Iyengar와 마크 레퍼Mark Lepper 교수는 실증적인 연구를 통해 다수의 선택지가 오히려 소비자의 실제 구매를 저해할 수 있음을 '잼 실험The Jam experiment'을 통해 보여줬다.[16] 이들은 캘리포니아의 한 고급 식료품점에서 잼 제품을 활용해 선택의 범위와 구매 행위 간의 상관관계를 측정하였다. 현장 실험은 두 가지 조건으로 나뉘어 진행되었다. 첫 번째 조건에서는 24가지 종류의 잼이 진열된 테이블을 마련했고, 두 번째 조건에서는 6가지 종류의 잼만을 제공했다. 모든 고객은 잼을 시식할 수 있었으며 시식 후에는 할인 쿠폰을 받았다. 연구진은 고객들의 시식 참여율과 실제 구매율을 모두 측정하였다. 이 실험에서 6종의 잼만 진열된 테이블의 시식 참여율은

16 Sheena S. Iyengar, Mark R. Lepper, <When choice is demotivating: Can one desire too much of a good thing?>, Journal of Personality and Social Psychology, 2000

40%였고, 24종의 잼이 진열된 테이블의 시식 참여율은 60%였다. 다수의 선택지가 있는 잼 테이블이 더 많은 고객의 발길을 잡았고 인기가 있었던 것이었다. 그런데 놀랍게도 구매 전환율에서는 정반대의 결과가 나타났다. 24종의 잼을 제공한 경우 실제로 구매에 이른 고객은 단 3%에 불과한 반면, 6종의 잼만 제공한 조건에서는 무려 30%가 실제 구매로 이어졌다. 이 실험은 다수의 선택지가 오히려 결정 마비Decision paralysis를 유발했고, 나아가 결정 피로Decision fatigue까지 이어질 수 있다는 점을 강하게 시사했다. 즉, 관심은 끌 수 있지만 행동으로 이어지지 않는 선택은 마케팅적으로 효과적인 전략이 아님을 보여주는 실증 실험이었다.

이어 2004년에는 심리학자 배리 슈와츠Barry Schwartz는 선택지가 많은 것이 오히려 부정적인 결과로 이어진다는 《선택의 역설The Paradox of Choice》 이론을 발표했다.[17] 이 이론의 핵심은 자유로운 선택의 증가가 반드시 행복으로 이어지지 않는다는 것이다.

이런 의미에서 트레이더 조의 시리얼 진열대를 보자. 시리얼 진열대는 자칫 초라할 정도로 몇 가지가 선택지가 없다. 플레이크 스타일 2개, 현미와 통곡물 1~2개, 동그란 원형 고리 모양의 시리얼 1~2개 등 예닐곱 정도이다. 다른 식료품점의 100종 시리얼과는 상당히 대비되는 모습이다. 트레이더 조의 이런 제한된 종류의 제품 구색은 마케팅 전략에 기반한 것이다. 즉, 아이엔가와 레퍼 교수의 잼 실험 결과가 보여주듯이 선택지가 적은 것이 고객의 결정을 도와주어 더 높은 구매로 이루어질 수 있으며, 배리 슈와츠의 선택의 역설 이론처럼 많은 선택지가 고객의 만족으로 곧장 이어지지는 않는다는 것에 기반을 두고 있다. 실제로 트레이더

17 Barry Schwartz, 《The paradox of choice: Why more is less (revised edition)》, HarperCollins, 2016

조 창업자 조 쿨롬이 그의 자서전에서 밝혔던 말은 다음과 같다.

"우리는 모든 사람에게 모든 것이 되려고 하지 않았다. 우리는 우리가 최고라고 믿는 것만을 취급했다. …(중략)… 우리의 일은 선택지를 압도적으로 늘리는 것이 아니라, 선별하는 것이었다."[18]

트레이더 조의 선택 제한이 왜 효과적인가?

1. 인지적 부하 감소

인지심리학에서 말하는 인지적 부하란 인간의 단기 기억 용량이 제한적이기 때문에 정보가 많아질수록 처리 효율이 떨어지는 현상을 의미한다.[19] 인지적 부하로 인해 장보기 상황에서 소비자는 정보가 많으면 피로감을 느끼고, 구매를 회피하거나 무작위로 선택하는 경향을 보인다. 몇 가지 시리얼만 놓인 진열대 앞에 있는 고객에 비해 100종이 넘는 씨리얼 통로 앞에 있을 때의 고객이 순간적으로 처리해야 할 방대한 정보량을 생각해 보면 정보처리 효율이 떨어질 것은 자명하다. 결국 이는 잼실험에서 나타난 것처럼 적은 수의 선택지가 구매로 이어진다. 선택지가 적을 때 소비자가 더 쉽게 비교, 평가, 결정할 수 있는 것이다.

18 Coulombe 앞의 책, Chapter 16. Too, Too Solid Store

19 John Sweller, <Cognitive load during problem solving: Effects on learning>, Cognitive Science, 1988

대표적인 식료품 회사와 트레이더 조 제품 비교

카테고리	일반 대형마트	트레이더 조
시리얼	100개 이상 (글루텐 프리, 고단백, 무설탕 등의 세분화)	약 10~15개 (가장 인기 있는 조합으로 선별)
우유	무지방, 저지방, 전지, 오트, 아몬드, 완두, 귀리, 바닐라 등 100가지 이상	약 10개 (전통적 & 트렌디한 옵션을 핵심만 구성)
주스	오렌지 주스만 해도 50가지 이상 (여러 브랜드의 동일한 종류 주스들)	약 5개 내외 (전통적 & 트렌디한 옵션을 핵심만 구성)

2. 제품에 대한 신뢰 증대

선택지가 적을 때 소비자는 오히려 선택하지 않은 것에 대한 후회보다 선택한 것에 대한 이유를 믿는다. 이는 선별된 큐레이션Curation이 소비자에게 신뢰를 부여하는 심리적 메커니즘이다. 고객은 트레이더 조가 이 제품을 판매하기로 한 이유가 있다는 신뢰감을 기반으로 한다. 그래서 트레이더 조 매장은 성실하고 능력 있는 큐레이터들이 만든 일종의 '편집샵' 같은 개념인 것이다. 게다가 제품마다 유쾌한 설명, 원산지 이야기, 문화적 배경을 담아 소개하면서 '이건 우리가 아주 엄격하게 선별하여 선택한 제품이니까 믿을 수 있다'라는 브랜드 신뢰를 형성한다. 트레이더 조가 선택한 예닐곱 가지 시리얼은 유기농 혹은 고섬유질 제품들로 엄격히 골라 기획한 건강에 좋은 제품들로 채워져 있는 것이다. 극단적으로 큐레이션이 된 품목들도 있다. 쌀은 두 가지 종류, 페이퍼 타올은 한 종류, 휴지는 두 종류, 냅킨도 한 종류, 치약 두 종류이다. 이런 제품들에 대해 고객들은 신뢰감을 기반으로 제품을 진열대에서 꺼내어 자신의 쇼핑 카트에 넣게 된다.

3. 회전율과 공급망 최적화

제한된 상품 수를 취급하는 것은 고객에도 좋은 점이 있지만 트레이더 조의 운영에도 큰 도움을 준다. 상품 종류를 줄이면 제품당 판매 회전율이 높아져 물류 및 운영 효율성이 향상된다. 이는 공급망의 안정성을 높이고 재고 관리 비용을 절감하며 유통기한 관리에서도 유리함을 차지한다. 또한, 100종씩 제품을 구매하는 것에 반해 7~8종으로만 구매하게 되면 한 품목당 구매량이 커진다. 이는 곧 구매 파워로 연결되어 최종 소비자 가격을 내릴 수 있게 만드는 긍정적 요인으로 작용한다.

트레이더 조는 평균 약 4,000개의 품목SKU만을 취급한다. 대표적 식료품 리테일 세이프웨이는 트레이더 조와 비교해 10배 정도 더 많은 40,000개의 제품을 취급한다. 약 140,000개의 제품을 취급하는 월마트의 3% 수준에 불과하다. 이처럼 적은 품목으로 고객을 만나지만 트레이더 조의 단위 면적당 수익이 훨씬 높다는 사실은 이미 앞에서 설명한 바 있다.[20] 유통업체의 운영 효율성과 수익성을 평가하는 핵심 지표 중 하나인 제품의 재고 회전율Inventory turns도 다른 유통업계보다 10배 이상 높다. 월마트가 8~10회, 홀푸드가 12~15회, 코스트코가 12~13회인 반면, 더 적은 제품만 취급하고 있는 트레이더 조의 제품 연간 평균 재고 회전율은 60회를 넘긴다.[21] 이 의미는 매장 전 제품이 일주일도 안 되어 다 팔린다는 것을 말한다. 상대적으로 더 적은 제품을 갖고 있지만 각 공급자 별로는 더 많은 주문량을 보이기 때문에 제조업체와의 윈-윈Win-Win 관계 유지가 가능하다. 이는 장기적인 파트너십을 형성하여 안정적인 공급 구조를 형성하는 데 기여한다. 공급자와의 장기적 파트너십에 관하여 창업자 조 쿨

20 슈퍼마켓 매출 자료, Progressive Grocer
21 Trader Joe's Inside Podcast, <Sustainability at Trader Joe's>, 2019

롬은 '협력업체란 단순한 납품자가 아니라 브랜드의 공동 창조자'라고 강조한다.

종합해 보면 트레이더 조 매장이 작고 제품 수가 적다는 점은 결코 약점이 아니다. 단순한 품목 축소 혹은 선택 제한 전략이 아니라, '큐레이션을 통한 소비자 경험 최적화 전략'이다. 큐레이션 전략은 소비자의 선택을 돕고, 브랜드 신뢰감을 형성하며 합리적인 가격과 함께 안정된 공급망을 유지할 수 있도록 도와준다. 그러니 엄선한 큐레이션은 브랜드와 소비자 모두에게 손해가 아닌 '이익'이 된다. 결국 선택을 제한한다는 것은 단순히 '제공하지 않음'이 아니라, 고객을 위해 무엇을 선택할 것인지에 관한 브랜드 철학을 담아낸 자신감의 표현이며 이는 오늘날과 같이 과잉 선택의 시대에서 더욱 빛을 발하는 전략이다.

자기참조효과와 트레이더 조, 고객 정체성 설정

"나 주말에 트레이더 조에서 장 봤어!"

트레이더 조 고객들은 지극히 평범한 장보기를 굳이 소셜미디어에 올린다. 그런데 지난 주말에 월마트에서 장 봤다고 자신의 소식을 공유하는 사람은 적다. 레딧, 틱톡, 인스타그램 등 어딜 비교해도 이런 현상은 일관되게 나타난다. 미국인들이 가장 활발하게 정보를 교환하는 소셜미디어 중 하나인 레딧을 보면 트레이더 조[r/traderjoes] 회원은 47만 명, 월마트[r/walmart]가 35만 명 정도다. 트레이더 조와 비슷한 매장 수를 가진 홀푸드r/wholefoods의 경우 2만 7천명 정도에 불과하다.

소비자들이 어떤 슈퍼마켓을 방문하는가를 결정하는 요소에는 단순한 기능적 만족뿐만 아니라 제품과 브랜드를 통해 자신의 가치, 신념, 정체성을 드러내는 요소들도 크게 작용한다. 이러한 '비기능적 요소'들은 소셜미디어를 통해 자신의 활동을 쉽고 폭넓게 공유하기 시작하면서 그 중요도가 점점 높아지고 있다. 이런 면에서 소비자가 자신의 경험, 감정, 가치와 관련된 정보에 더 높은 주의력을 기울이고 더 오래 기억한다는 자기참조효과Self-reference effect를 통한 접근이 마케팅 전략에서 점점 더 중요한 역할을 하고 있다.[22] 1970년대 후반 인지심리학 연구자들이 처음으로 소개한 이 이론은 소비자가 자신과 관련된 정보에 더 잘 반응하고 기억하는 현상을 말한다.[23] 이는 소비자 행동에도 그대로 적용된다. 쉽게 말하면, 소비자가 자신과 관련이 있다고 느끼는 제품이나 메시지에 더 강하게 반응하고 구매 확률도 높아진다는 뜻이다. 예를 들어, '나는 환경을 보호하는 사람'이라는 자기 정체성을 가진 소비자는 '재활용 소재 100%'라는 제품 라벨에 더 민감하게 반응하며 해당 브랜드에 긍정적 태도를 형성한다. 또한, 자기참조효과는 단순한 환경이나 건강 등 공공적 가치를 넘어 미적 감각, 생활의 디테일, 취향 등의 개인 정체성에도 깊이 관련된다. 트레이더 조는 창업 초기부터 타깃 고객을 '교육을 많이 받은, 그러나 급여 수준이 그만큼 되지 못하는 고객'을 주소비자층으로 삼았다.[24] 그리고 이들이 구체적으로 어떤 정보와 가치를 중요하게 여기는지를 늘 중

22 Jennifer Edson Escalas, <Narrative processing: Building consumer connections to brands>, Journal of Consumer Psychology, 2004

23 T. B. Rogers, N. A.Kuiper, W. S. Kirker, <Self-reference and the encoding of personal information>, Journal of Personality and Social Psychology, 1977

24 Coulombe 앞의 책, Chapter 6. Good Time Charley

요하게 생각했다. 이를 파악하기 위해 의학 뉴스를 활용하고 생태학적 접근을 시도하며 미식가를 의도적으로 겨냥하기도 했다.[25]

트레이더 조로 장 보러 가는 많은 고객은 이미 자신의 정체성과 트레이더 조를 연결하는 요소들을 갖고 있다. 생태와 환경을 생각하는 소비자, 교육받은 까다로운 소비자, 건강을 중요하게 여기는 소비자, 멋을 아는 소비자, 가치소비 하는 소비자 등 다섯 가지 정도로 나눌 수 있다.

"나는 생태 보호에 관심 있는 사람이야"

현대 소비자 중 상당수는 환경 보호, 동물 복지, 탄소 배출 저감 등과 같은 생태적 가치를 자신의 소비 기준으로 삼는다. 이러한 고객에게 트레이더 조는 유기농 인증 제품Organic Certified Products, 지속가능한 방식으로 조달된 해산물Sustainably Sourced Seafood 등으로 응답한다. 이 정체성을 가진 소비자들은 관련된 메시지에 높은 반응을 보인다. 예컨대 '유기농 방목 달걀Organic Free Range Eggs' 또는 '지속가능한 방식으로 잡은 자연산 홍연어Sustainably Caught Wild Sockeye Salmon' 등의 환경 메시지를 연상하도록 만드는 제품명을 포장에 명확히 드러낸다. 이는 소비자가 자신의 '윤리적 소비'로서의 정체성을 강화하는 데 분명한 도움을 준다.[26] 또한, '동물실험 하지 않았음Never tested on animals'이라는 문구를 명시함으로써 환경 감수성이 높은 소비자들의 자기참조 인지를 자극한다. 이런 제품을 구매하는 행위 자체가 곧 '나는 책임 있는 소비자'라는 자기 확인의 수단이 된다.

25 Coulombe 앞의 책, Chapter 14. Private Label Product

26 Kristian Chandra, Rowlan Takaya, Abdul Haeba Ramli, <The Effects of Green Brand Positioning, Green Brand Knowledge, and Attitude Towards Green Brand on Green Products Purchase Intention>, International Journal of Business and Management Invention (IJBMI), 2019

유기농 방목 달걀

트레이더 조는 1970년대 재활용 쇼핑백을 가장 먼저 소개한 리테일이었다.[27] 그 이후에도 트레이더 조는 각종 다양한 재활용 쇼핑백과 보냉백을 선보이고 있다. 이 재활용 쇼핑백은 주[州]별로 독특한 디자인을 갖고 있어 미국 전역의 트레이더 조 매장의 쇼핑백을 모으는 고객도 있다. 1년에 한 번 출시하는 '미스터리 백' 제품은 포장 안을 들여다볼 수 없도록 만들어졌다. 이 가방 안에는 무작위로 세 개 주의 각기 다른 재활용 쇼핑백이 들어 있다. 이 상품이 출시되면 각종 소셜미디어에서 포스팅이 올라오며, 며칠 만에 곧장 품절된다.[28] '100% 재활용 종이로 만든 페이퍼타월', '국제삼림관리협의회[FSC] 인증 제품', '플라스틱 포장 최소화' 등의 요소를 강조하는 것도 이들의 자기참조를 유도한다. 특히 2024년 출시된 슬림사이즈 페이퍼 타올[Slim Size Paper Towels]은 80% 이상 재활용 소재를 사용하였다는 점을 부각하며 환경 의식 소비자들의 긍정적 반응을 얻었다.[29]

27 Lena Beck, <Reusable Bags Have Been At Trader Joe's Longer Than You May Expect> Tasting Table, 2023
28 Georgina Jedikovska, <Trader Joe's Beloved Mystery Bags Are Officially Back On Shelves>, Yahoo! Life, 2024
29 Trader Joe's Homepage

재활용 쇼핑백

"나는 먹거리를 까다롭게 고르는 똑똑한 사람이야"

자신을 건강에 신경 쓰는 사람health-conscious으로 인식하거나 제품에 포함된 성분을 요목조목 따지는 사람으로 여기는 소비자는 영양 정보, 첨가물 여부, 식이 제한 여부를 구매 기준으로 삼는다. 식품 안전, 원산지, 식재료의 질에 민감한 소비자들은 자연주의, 무첨가, 유기농 키워드에 주목한다. 트레이더 조는 제품 포장에 '인공 색소와 인공 향료 무첨가', '유기농 통밀' 등의 문구를 사용하여 유기농 먹거리 등을 까다롭게 찾는 소비자들의 자기참조 반응을 유도한다. 특히 트레이더 조 자체 브랜드 제품은 8무無이다. 인공 향료, 인공 색소, 대부분의 인공 방부제(일부 건조 과일에 사용되는 이산화황 및 소르빈산칼륨은 예외), 글루탐산나트륨MSG, 유전자 변형 생물GMO 성분, 트랜스 지방, 표백된 밀가루, 재조합 소 성장 호르몬rBST이 없다. 먹거리를 까다롭게 고르는 사람들은 매장 전체 제품의 80~85%를 차지하고 있는 트레이더 조의 자체 브랜드 제품을 구매하러 온다. 트레이더 조 매장에는 무설탕 아몬드 버터, 글루텐프리 조조 쿠키, 라이트 칼로리 맥앤치즈 등 제품 이름에서 무설탕, 글루텐프리 등이 강조된 제품 사인들이 즐비하다. 먹거리를 까다롭게 고르는 소비자들은 콜리플라워로 만든 뇨끼Cauliflower Gnocchi, 프로틴 머핀Protein Muffins, 저당 유기농 주스Reduced Sugar Organic Juice 등 다양한 제품들을 구매하며 건강식에 관심 있는 본인들의 자기참조효과를 일으킨다. 실제로 많은 소비자 후기를 통해 '매일 아침 챙겨 먹는 건강 루틴의 일부'라고 표현한다. 소비자들은 이러한 소셜 포스팅을 통해 트레이더 제품이 단순히 먹는 것을 넘어 '건강한 나'를 표현하는 매개로 기능하고 있음을 보여준다.[30]

채소와 과일 구역

"나는 윤리적이고 가치소비를 하는 사람이야"

윤리적 소비자들은 제품의 생산 방식, 노동 착취와 동물실험 여부 등에 민감하다. 이들은 제품의 가격이나 기능보다 그 제품이 어떤 가치를 담고 있는지도 중요하게 여긴다. 이를테면 '공정한 대가를 지불하는 사람' 혹은 '기업의 철학에 동의하는 사람'이라는 자기 정체성이 이에 해당한다. 트레이더 조는 대기업 브랜드 제품을 배제하고 자체 브랜드 중심의 선택을 제공함으로써 거대 자본에 휘둘리지 않는 독립적 소비자가 되

30 M. Joseph Sirgy, <Self-concept in consumer behavior: A critical review>, Journal of Consumer Research, 1982

었다는 뿌듯함을 느끼게 해준다. 이렇게 윤리적 소비자의 자기참조적 사고를 자극하면서 소비자가 트레이더 조 제품 구매를 통해 자기 정체성을 윤리적으로 표현하도록 한다.[31] 공정무역 유기농 볼리비안 커피Fair Trade Organic Bolivian Coffee 또는 공정무역 코코아로 만든 초콜렛 우유Chocolate Milk made with Fair Trade Cocoa과 같은 제품은 단지 품질 좋은 식품을 넘어 '나는 세상을 바꾸는 방식으로 소비한다'는 자기인식과 연결된다. 이는 가치소비 지향 소비자에게 강한 자기참조효과를 제공하며, 결국 반복 구매로 이어진다.[32]

"나는 멋을 아는 사람이야"

소비자 중에는 자신을 미적 감각이 뛰어난 사람, 취향 있는 사람, 혹은 세련된 라이프 스타일을 추구하는 사람의 유형으로 인식하는 이들이 존재한다. 이들은 전통적인 부유층은 아닐 수 있으나, 고급문화와 트렌드 감수성이 높은 계층으로, 품위 있는 소비를 추구하되 가격 대비 가치를 중시하는 경향을 보인다. 조 쿨롬 창업자는 '교육 수준은 높지만, 경제적 여유가 적은 소비자층'을 핵심 타깃으로 삼았다고 말한다.[33] 즉, 멋지고 여유로운 삶에 대한 요구가 높지만 그만큼 수입이 따라가지 못하는 고객들에게 그 멋을 제공하고 싶었다. 그래서 트레이더 조는 이러한 소비자들에게 와인과 치즈 제품군에서 합리적인 가격으로 다양한 선택을 제공하여 자기참조적 소비 경험을 제공한다.

31 Michael G. Luchs, Rebecca W. Naylor, Julie R. Irwin, Rajagopal Raghunathan, <The sustainability liability: Potential negative effects of ethicality on product preference>, Journal of Marketing, 2010
32 Deirdre Shaw, Edward Shiu <Ethics in consumer choice: A multivariate modelling approach>, European Journal of Marketing, 2003
33 Coulombe 앞의 책, Chapter 7. Uncorked!

와인 셀렉션 코너

2달러Two Buck Chuck 와인(현재는 3.49달러로 상승)으로 알려진 찰스 샤 와인Charles Shaw Wine 시리즈는 고품질 와인을 저렴한 가격에 제공함으로써 '와인의 품질을 알고 즐길 줄 아는 사람'이라는 자기정체성을 만족시킨다. 또한, 다양하고 개성 있는 치즈 제품군도 5~7달러 정도로 제공하면서 치즈 하나로도 테이블의 품격을 높일 수 있다는 감각적 정체성과 연결된다. 이런 멋을 아는 소비자 정체성과 연결되어 있는 또다른 제품군은 꽃과 식물이다. 트레이더 조의 꽃 가격은 가장 저렴한 코스트코나 월마트의 절반 수준이다. 12개 한 다발 장미꽃이 10불이 채 안 되며, 3달러 대의 꽃다발을 구입할 수 있는 유일한 장소다. 소비자들은 '계절의 아름다움을 집 안에 들이는 멋을 아는 사람'이라는 자기참조적 동기를 유발해 식사와는 무관한 품목에도 쉽게 지갑을 연다.

"나는 트렌디하고 개성있는 사람이야"

레딧, 틱톡이나 유튜브를 보면서 트렌디한 정보를 얻는 MZ세대 소비자들은 '자신을 남들과는 다른 선택하는, 감각적이고 창의적인, 트렌디한 소비자'로 인식한다. 트레이더 조는 자주 제품을 교체하고 한정판 혹은 지역 한정 특이상품을 출시함으로써 이러한 정체성과의 접점을 확보한다. 이들은 희소성 혹은 한정판에 민감하고 소셜미디어 인증과 연관된 소비를 즐기며 패키지 디자인 등 시각적 요소가 중요하다. 남들이 갖지 않는 것을 소유하는 것에 큰 만족을 느끼며 남들보다 빠르게 소유하는 것을 자랑하고 싶어 한다. 이들은 트레이더 조의 제품을 리뷰하거나 하울[Houl] 영상(구매한 물건들을 보여주며 제품에 대한 정보를 제공하고 구매 경험을 공유하는 영상)으로 소개하는 콘텐츠는 단순한 정보 전달을 넘어 자신의 라이프 스타일을 표현하는 수단으로 생각한다. 이때 자기참조효과는 개인의 정체성, 소비 경험, 사회적 공유를 결합한 강력한 기억 트리거로 작동한다.[34] 보통 슈퍼마켓에는 젊은 친구 고객들이 없다. 그런데 트레이더 조 매장에는 10대들이 상대적으로 많다. 부모님과 같이 오는 경우도 자주 본다. 매장에서 일하다 보면 틱톡에서 봤다는 제품을 사러 왔다는 고객이 많다. 다행히 품절 전에 제품 구매에 성공한 고객들은 바로 현장에서 인증샷을 올리는 모습도 자주 본다. 찾던 제품이 품절된 상황도 자주 보게 된다. 어떤 고객은 다른 매장 서너 군데를 이미 들려서 왔다고도 한다. 이들은 새로운 제품을 가장 먼저 구매하고 친구들에게 자랑하면서 본인이 트렌디하다는 것을 보이고 싶은 것이다. 이들에게 트레이더 조의 제품을 소개하는 콘텐츠는 단순한 정보 전달을 뛰어넘는다. 결국, 자신의 라이프 스타일을 표현하는 강력한 수단이다.

34 Russell W. Belk, <Possessions and the extended self>, Journal of Consumer Research, 1988

자기참조효과를 정교하게 설계한 마케팅 전략은 브랜드가 단지 소비의 대상이 아니라 소비자의 자기 정의와 삶의 서사에 참여할 수 있도록 만들어준다. 이는 현대 소비사회에서 점점 더 중요해지는 '정체성의 브랜딩Branding of identity' 전략과도 관통한다. 많은 회사가 브랜드와 제품을 이야기할 때 감정적인 연결고리가 있을 수 있도록 스토리텔링 방식을 선택하는 이유이기도 하다. 트레이더 조는 생태와 환경을 생각하는 소비자, 가치소비를 하는 소비자, 똑똑하고 까다로운 소비자, 멋을 아는 소비자, 트렌디한 소비자들에게 단순히 제품만 판매하는 것이 아니라 이들에게 '자신을 반영하고 정의할 수 있는 정체성 플랫폼Identity platform'을 제공하고 있다. 이런 자기참조효과를 통해 소비자 기억 속에서 더욱 강하게 자리 잡는 브랜드를 만들며, 이는 충성도와 재구매율을 높이는 결과로 나타난다. 이렇게 트레이더 조는 단순히 그 이름만 기억되는 브랜드가 아니라 종국에 소비자 자신의 일부가 되고 있다.

브랜드 의인화와 트레이더 조,
친구 만나러 가는 기분

캐셔 : (고객의 쇼핑 카트를 계산대로 당긴다.) 안녕하세요! 제가 계산을 도와드릴게요. 오늘 비가 오니 파스타를 구매하는 사람이 엄청 많네요. 오늘 저녁은 다들 파스타 만드나 봐요. 오, 링귀니를 가져오셨네요. 무슨 소스로 만들 거예요?

고객 : 할머니가 전수해 준 미트볼 토마토 소스를 만들어볼까 해요.

캐셔 : 와! 대단해요. 저는 매번 기성 소스만 사서 만들었거든요. 소스를 처음부터 직접 만들어본 적이 없어요. 할머니의 레시피가 궁금하네요.

고객 : 저도 이번에 혼자서 만들어보는 건 처음인데요, 잘 만들게 되면 다음에 알려드릴게요. (이름표를 보고) 로렌 님.

전국 어느 매장을 가더라도 트레이더 조 계산대에서는 들을 수 있는 고객과 캐셔의 스몰 토크Small talk다. 물품을 계산하는 비교적 짧은 시간 동안 고객과 직원의 살아있는 대화가 이어진다. 레시피를 공유하고 품절 제품이 언제 들어올지 얘기하고, 앞 동네 전기가 나갔다는 소식도 나눈다. 장 보러오는 트레이더 조 고객들은 필요한 물건을 살 뿐 아니라 브랜드와 매장 직원들과 소통하며 교감을 함께 즐긴다.

일반적으로 소비자는 제품 구매만 하지 않는다. 브랜드를 느끼고 교감한다. 이때 브랜드는 오프라인 매장, 혹은 상표나 로고로만 인식되지 않는다. 요즘 소비자들은 브랜드를 마치 '인격적 존재'처럼 지각하며, 브랜드와의 상호작용에서 인간적 특성과 감정적 교류를 기대한다. 수잔 퍼니어Susan Fournier 마케팅학 교수는 '브랜드 의인화Human brand' 혹은 '인격화된 브랜드'라는 개념으로 정의했다. 이는 브랜드가 소비자와의 관계에서 일방적 메시지 전달자가 아닌, 감정적 교류의 주체로 기능할 수 있음을 시사 한다. 인격화된 브랜드는 신뢰, 친근함, 유머, 공감 등 인간 고유의 정서적 속성을 지닌 브랜드로 소비자에게 인식될 때 형성된다. 이와 같은 상호작용은 감정적 연결Emotional Connection 이론으로도 설명된다.[35] 감정적 연결은 소비자가 브랜드와 개인적 관계를 형성하며, 단순히 제품이나 서비스를 넘어서 정서적 만족을 추구하는 현상이다. 소비자는 브랜드와의 관계에서 신뢰감, 친밀감, 그리고 감정적 공감을 중시하며 이는 브랜드 충성도와 재구매 의도에 강력한 영향을 미친다. 트레이더 조는 이 인격화된 브랜드 이론을 일관되게 구현한 브랜드로 평가받을 수 있다. 트레이더 조는 고객과의 감정적 교감을 강화하기 위해 브랜드와 직원 간의 상호작용을 사람 중심으로 설계하고 있다. 매장 내에서 고객은 브랜드를 단순히 구매처가 아니라 '친근하고 감정적으로 연결된 존재'로 인식하게 된다.

트레이더 조의 매장 직원들은 고객 응대에 있어 정형화된 매뉴얼이나 스크립트에 의존하기보다는 자율적이고 자유로운 대화, 즉, 비정형적 스몰 토크를 하도록 권장받는다. 계산대의 캐셔는 마치 친구에게 얘기하듯 본인의 경험과 의견을 솔직하게 개진하면서 고객마다 각기 다른 대화를 이러 나간다.

"이 김밥은 요즘 제 냉동실 필수 아이템이에요. 서너 개는 꼭 쟁여 있습니다."

35 Matthew Thomson, Deborah J. MacInnis, C. Whan Park, <The Ties That Bind: Measuring the Strength of Consumers' Emotional Attachments to Brands>, Journal of Consumer Psychology, 2005

"레몬 사셨네요. 레몬 남으면 저는 레몬물을 만들어 먹어요. 특히 이런 더운 날에는 스파클링 워터에 레몬 하나 다 짜 넣고 얼음 섞어서 먹으면 에너지 펄펄 납니다."

"이 크랜베리 소스는 지금 진열대 있는 게 마지막 분량이에요. 이제 내년 이맘때가 되어야 다시 들어와요. 더 필요하시면 이번에 많이 사두세요. 저도 일단 두 개 사 놓았어요."

트레이더 조의 매장 직원들은 브랜드의 일관된 정체성을 인간적 차원에서 실현하는 주요 매개체이다. 직원의 비정형적 커뮤니케이션과 자율성은 브랜드를 사람처럼 느껴지게 만들며, 이는 단기적 만족도를 넘어 장기적 브랜드 충성도를 구축하는 핵심 전략이다. 이런 인격적 브랜드가 녹아 있는 트레이더 조는 감정적 유대에 기반한 차별화된 고객 경험을 제공하고 있다. 트레이더 조에서는 직원과 고객 간의 상호작용이 단순한 거래 행위를 넘어 감정적 교감과 인간적 연결의 순간으로 확장한다.

직원뿐만 아니라 트레이더 조를 '사람 냄새'가 나는 곳으로 만드는 요소 중의 하나는 '손으로 쓴 제품 설명 라벨'이다. 매장 내 제품 라벨과 사인물에는 손글씨를 활용하여 제품에 관한 정보를 제공하고, 고객과의 감정적 연결을 강화하고 있다. 손글씨는 기계적으로 인쇄된 글씨와 달리 인간의 손길이 느껴지는 시각적 요소로 소비자에게 따뜻함과 진정성을 전달한다. 한 연구에 따르면 손글씨를 활용한 시각적 디자인은 소비자에게 브랜드의 인간적인 면모를 강조하며 감정적 유대를 강화하는 데 효과적이라고 한다.[36] 트레이더 조는 손글씨를 적극 활용하여 고객과의 감정적 연결을 강화하고 있다. 예를 들어 제품 설명 라벨에 "이 제품은 프렌치 토스트랑 같이 먹으면 맛있어요.", "이 피타를 먹어보지 않는 사람을 불쌍하게 봅니다I PITA the fool who does not try."와 같은 친근하고 유머러스한 손글씨 설명은 고객들이 매장을 방문할 때마다 새로운 발견과 즐거움을 느끼게 하며, 브랜드에 대한 충성도를 높이는 데 기여한다.

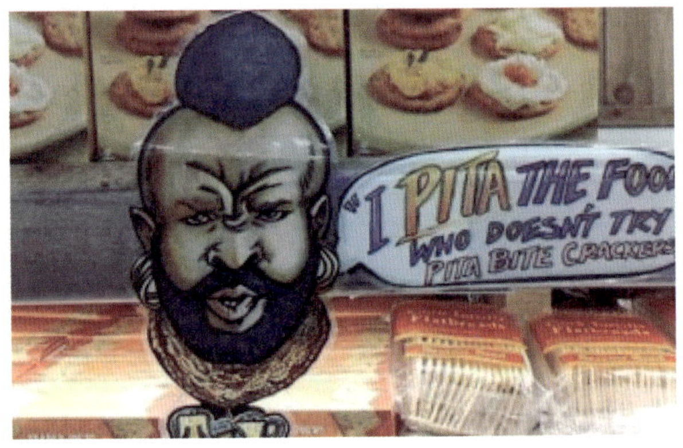

PITA 크래커를 설명한 손글씨[37]

브랜드와의 이런 감정적 연결 경험은 브랜드에 대한 소비자의 지각Perception에 중요한 영향을 미친다. 고객은 매장을 떠난 후에도 특정 제품 자체보다는 직원과 나눈 대화, 추천에 담긴 인간적 진정성, 당시 느꼈던 감정적 따뜻함을 더 선명하게 기억한다. 이러한 정서적 상호작용은 트레이더 조 브랜드가 단순한 식료품 유통업체가 아닌, '사람처럼 친근하고

36 Yongrui Guo, Xiaotian Cui, Yuzong Zhao, <Handwritten typeface effect of souvenirs: The influence of human presence, perceived authenticity, product types, and consumption goals>, Journal of Hospitality and Tourism Management. 2024

37 Ashley Reign, <The Best Trader Joe's Signs>, Ranker, ranker.com

이야기 나누고 싶은 존재'로 인식되도록 만든다. 실제로 고객들은 트레이더 조 브랜드에 대해 '친구 만나러 가는 느낌'이라고 표현하는 경우가 많으며, 이는 인격적 브랜드에 대한 정서적 몰입이 이루어진다.

이런 정서적 몰입과 연결은 소비자-브랜드 관계의 질적 수준을 높이는 데에도 기여한다. 더 나아가 아커Aaker, 퍼니어Fournier, 브라셀Brasel의 연구에 따르면 인격적 속성을 지닌 브랜드가 더 높은 고객 충성도와 반복 구매 의도를 유발한다고 말했다.[38] 2020년부터 시작된 코로나 팬데믹은 전 세계 소비자들의 구매 행동에 큰 변화를 만들었다. 많은 소비자는 컨택리스Contactless 구매가 가능한 온라인 쇼핑으로 이동했다. 그런데 신기하게도 코로나 기간에 트레이더 조 매장 앞에는 고객들이 언제나 길이 길게 늘어서서 있었다. 내가 사는 캘리포니아 마운틴뷰 매장에는 대기 줄이 건물을 뺑 둘러 있어서 늘 30분~1시간 이상 기다렸다가 장을 볼 수 있었다. 바로 1분 거리 안에 월마트, 타깃, 세이프웨이, 홀푸드가 있지만 그 매장에는 대기 줄이 하나도 없었고, 트레이더 조 매장에만 충성 고객들의 대기 줄이 존재했다. 실제로 일반 슈퍼마켓의 재구매율이 55%정도일 때, 트레이더 조의 재구매율은 75%로 높게 나타났다.[39] 결국 정서적 교감이 이루어낸 인격적 브랜드가 매출 증가라는 결과물로 나타나는 것이다.

38 Jennifer Aaker, Susan Fournier, S. Adam Brasel, <When Good Brands Do Bad>, Journal of Consumer Research, 2004

39 AInvest, <Trader Joe's Memorial Day Strategy: A Blueprint for Retail Resilience and Long-Term Value>, 2025

포모FOMO와 트레이더 조, 놓칠까 봐 불안한 마음

#traderjoes

#traderjoeshaul

#traderjoesmusthaves

#traderjoesfinds

#traderjoesobsessed

#kimbap

#minitotebag

…

레딧, 틱톡 등 소셜미디어에 트레이더 조와 관련된 해시태그는 셀 수 없을 정도로 많다. 이런 트레이더 조 관련 인기 해시태그들이 달린 동영상이 수천만부터 수백만 조회수를 기록했다는 소식은 새로운 제품이 출시될 때마다 등장한다. 최근에도 많은 파워 유저들은 새로 나온 제품을 리뷰하며 늘 품절을 기록하는 김밥을 운 좋게 확보했다는 포스팅을 올리며 자랑스럽게 해시태그(#kimbap, #traderjoes)를 달아놓는다. 그런데 소셜미디어 여기저기에서 이런 해시태그를 맞닥뜨리는 사람들이 느끼는 것은 혹시 '혹시 나만 아직 안 먹어봤나, 나만 모르는 건가'하는 불안감이다. '나만 놓쳤을까 하는 불안감, 즉 포모Fear of Missing Out; FOMO'이다. 이는 다른 사람이 누리는 경험이나 기회를 자신만 놓치고 있다는 불안감에서 비롯되는 심리다. 이 포모 감정은 디지털 미디어가 우리 삶에 영향을 미치고 있는 현대 사회에서 대부분 소비자에게 점점 더 큰 영향을 미치고 있다. 특히, 스마트폰의 대중화 이후 모든 연령대의 소비자들은 타인의 소비를 실시간으로 접하고,[40] 이를 통해 자신의 선택을 조정하거나 특정 제품에 관심을 형성하는 현상이 강화되었다. 김밥이나 미니 토트백과 같은 트레이더 조의 한정판 상품들은 소셜미디어에서 정보를 보고 즉각적인 반응을 일으키는 소비자들에게 포모FOMO를 지속적으로, 또 성공적으로 유발하고 있다.

포모FOMO와 현대 소비자: 세대 초월적 심리 메커니즘

과거에는 유명 브랜드나 광고를 통해 소비 결정이 이뤄졌다면, 오늘날 소비자들은 타인의 리뷰, 사용 후기, 하울 영상을 통해 제품의 가치와 유행 여부를 판단한다. 이 과정에서 소외되기 싫은 심리가 작동하며, 제품 자체의 필요나 품질보다 '지금 사지 않으면 나만 가지지 못한다' 또는 '이것을 구매하지 않으면 트렌드에 뒤처질지 모른다' 등의 불안한 감정인 '포모'가 구매를 유도한다. 포모는 사람들이 평소 같으면 하지 않았을 행동이나 구매결정을 유발한다. 또한 이 포모 현상은 틱톡, 유튜브, 인스타그램, 페이스북 같은 소셜미디어 플랫폼을 통해 언제든지 다른 사람들이 무엇을 하고 있는지를 쉽게 볼 수 있기 때문에 더욱 보편적으로 나타나고 있다. 이런 현상은 MZ세대에 더욱 두드러지게 나타나는데, MZ세대는 기존 세대에 비해 '소유'보다 '경험' 중심의 소비를 선호하며, 집단 내 소속감과 유사성을 소비를 통해 표현하는 경향이 강하기 때문이다.[41] 자료에 따르면 포모가 젠지와 밀레니얼 세대인 젊은 세대뿐 아니라 베이비

40 Jordan Neve, <Go Where Your Consumers Live: Unlocking Social Media as a Real-World Market Research Laboratory>, 2025

41 DIY Investing Hub, <Why Millennials and Gen Z Are Prioritizing Experiences Over Ownership>, 2025

부머까지 전세대에 걸쳐 일관되게 구매행동에 영향을 미치고 있다는 것이다.[42]

- 60%의 일반 사람들이 포모 때문에 구매를 하며, 그 구매행동은 즉각적일 정도로 대부분이 24시간 이내 일어난다.
- 69%의 밀레니얼 세대는 포모를 경험했으며, 60%는 이벤트를 놓치지 않기 위해 충동적인 소비를 한다.
- 73%의 밀레니얼 세대는 포모로 인해 여유 자금이 없음에도 불구하고 소비를 한다.
- 밀레니얼의 30%는 친구들과의 소비 수준을 맞추기 위해 빚을 질 의향도 있다.

앞서 언급한 대로 이런 포모의 형성에는 소셜미디어가 많은 영향을 주고 있다. 소셜미디어 사용자 중 56%가 포모를 경험하며, 48%는 소셜미디어가 자신이 어떤 경험을 놓치고 있다는 느낌을 들게 한다고 답을 했으며, 포모를 경험하는 사람들 중 45%는 12시간 이상 소셜미디어를 확인하지 않고는 견디기 어렵다고 응답했다.[43] 또한, 퓨 리서치 센터Pew Research Center에 따르면 X세대의 33%, 베이비부머의 24%도 소셜미디어의 글이나 인플루언서를 따라 구매했던 경험이 있었다.[44] 이제 포모는 특정 세대가 아닌 플랫폼 중심 사회에서 소비자가 겪는 보편적인 심리 현상으로 해석된다. 이제 포모는 현대 사회, 특히 소셜미디어로 연결된 플랫폼 중심 사회의 모든 소비자에게 세대 초월적으로 영향을 미치는 확실한 심

42 TrustPulse Marketing Blog, <21 FOMO Statistics: Understanding the Fear of Missing Out>, Trustpulse.com, 2023
43 TrustPulse 앞의 사이트
44 Pew Research Center, <For shopping, phones are common and influencers have become a factor — especially for young adults>, 2022

리-구매 메커니즘이 되었다.

포모가 일으킨 김밥, 미니 토트백, 미니 보냉백 품절 사태

트레이더 조는 한정 수량 공급, 계절성 공급 등 '의도적이거나 비의도적으로 이루어지는' 불연속적이고 불확실한 공급 정책으로 소비자들 사이에서 정보 공유 욕구와 소유 욕구를 동시에 자극한다. 대표적인 예가 2024년 초 처음 출시된 3.99달러의 냉동 김밥이다.[45] 이 제품은 틱톡을 중심으로 입소문이 퍼지며, 출시 첫 주에만 1천만 뷰 이상의 관련 먹방과 리뷰 영상이 업로드되었고, 일부 매장에서는 입고 후 5시간 내 완판되었다.[46] 실제 구매자들은 "어디서 샀냐"는 댓글과 함께 사진을 소셜미디어에 게시하며 제품 경험을 공유했고, 구매는 하나의 '자랑스런 소셜 이벤트'가 되었다. 출시한 지 1년이 넘었지만 김밥에 대한 고객 열기는 식지 않아, 매장에 따라 고객별 2~3개 구매수량 제한을 걸어놓지만, 매일 들어오는 제품이 오전에 완판이 되고 있다.

2024년에 처음 선을 보였던 2.99달러의 캔버스 소재로 만든 미니 토트백은 귀여운 디자인과 한정판이라는 희소성은 소셜미디어에서 빠르게 입소문을 타며 '나만 없는 굿즈'라는 인식을 형성, 강력한 포모 심리를 유발했다. 그후 소셜미디어 확산 후 이베이 등에서 평균 10배 이상 높은 가격에 판매가 되었다. 네 가지 색상으로 출시된 미니 노트백에 대한 틱톡[Tiktok] 글은 순식간에 3백만 조회수와 17만개의 좋아요를 기록하기도 했으며, 소셜미디어 확산 후 이베이 등 재판매 쇼핑사이트에는 네 가지 색상

45 Brianna Ruback, <8 Coveted Trader Joe's Items Shoppers are Going Crazy for This Year>, EatThis, eatthis.com, 2024
46 Tiktok, Reddit 글

셋트가 1119.99달러(한화로 약 150만원)에, 한개에 280달러에 올라오기도 했다.[47] 1년이 지난 2025년에는 색상만 달리해서 출시를 했고 이도 미국 전역 매장에서 출시 오전에 동이 났다. 이베이에는 출시 당일부터 10배가 넘는 가격으로 중고거래라 이루어졌다.[48]

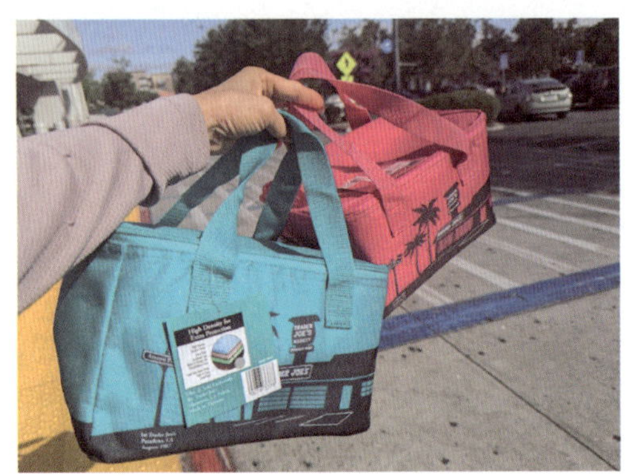

미니 보냉백

2024년 파격적인 가격인 3.99달러에 출시된 미니 보냉백에도 전형적인 포모 폭풍이 불었다.[49] '피크닉 필수템'이라는 긍정적 프레임과 함께 다양한 색상의 미니 보냉백을 소유한 사람들의 콘텐츠는 "나도 피크닉 가서 자랑하고 싶다"는 포모 심리를 자극했다. 동시에, 특정 색상 품절 정보가 공유되면서 "지금 아니면 못 산다"는 긴급성을 더해 즉각적인 구매도 유도했다. 내가 일했던 시기에도 영업시간 세 시간 전부터 미니 보냉백을 사려는 고객들이 길게 줄이 매장 건물을 둘러싸고 있었다. 줄 서

47 Anna Gordon, <Trader Joe's Mini Tote Bags Are TikTok's Newest Obsession. Here's What to Know>, Time, 2024
48 브런치 스토리, <트레이더 조 가방이 뭐길래>, 2025
49 레딧, r/traderjoes

는 것을 도와주면서 이들 고객들과 얘기하니 대부분이 소셜미디어를 보고 왔고 일찍 안 오면 제품이 품절 될 것 같아서 아침 일찍 왔다고 했다. 포모는 '얻는 것보다 잃는 것에 더 민감하며, 손해를 피하려는 경향이 강하다'는 손실회피 성향Loss Aversion 과도 연결되어 있다.[50] 즉 인간은 동일한 가치의 이득보다 손실을 약 2배 더 크게 인식하는 경향이 있다. 제품을 못살 때의 고통은 제품을 얻었을 때의 기쁨보다 두 배 이상 크게 느껴진다는 뜻이다.

트레이더 조의 경영 전략은 전통적인 유통업계의 '안정적이고 연속적 제품 공급'이라는 보편적인 접근법과는 정반대이다. 이런 제품 희소성과 공급의 불연속성의 제품 전략은 디지털 시대의 포모를 유기적으로 결합하여 소비자의 감정적 반응과 구매를 유도하는 점에서 트레이더 조는 가히 독보적이다. 스마트폰과 소셜미디어의 대중화가 전 연령층의 소비자에게 타인의 소비 경험을 실시간으로 인지하게 만들며, 이는 개별 소비자의 정보 탐색 과정뿐만 아니라 구매 의사결정 자체에도 깊은 영향을 미치고 있다. 특히 김밥, 미니 토트백, 미니 인설레이션 백 등 제한된 수량과 특정 시즌에만 판매되는 상품들은 단순한 제품을 넘어 '사회적 경험'의 매개체로 기능하고 있다. 고객들은 해당 제품을 구매함으로써 트렌드를 따르고 있다는 공감을 형성하며, 이는 자기 정체성의 확장, 혹은 소속감을 강화하는 방향으로 작용한다. 포모는 단순한 결핍의 감정에서 출발하지만, 디지털 플랫폼 상에서는 실시간 콘텐츠 소비와 비교, 타인의 구매 경험 노출 등을 통해 증폭되어 나타난다. 트레이더 조는 제품의 가치를 기능적 효용이 아닌 '시간과 참여의 한정성'으로 전환시키고 있는

50 Amos Tversky, Daniel Kahneman, <Loss Aversion in Riskless Choice: A Reference-Dependent Model>, The Quarterly Journal of Economics, 1991

것이다. 그렇게 트레이더 조는 제품만 제공하는 것을 너머 '소유 경험'을 제공하는 특별한 리테일이 되었다.

탈맥락화와 트레이더 조, 경계를 허무는 제품들

"매운맛이 나는 주스 처음이지? 그런데 먹어보면 반할걸!"
→ 오가닉 할라피뇨 라임에이드Organic Jalapeno Limeade

"아이스크림 맨 아래 초콜릿 꼭지만 먹고 싶어? 그럼 그것만 모아서 한 봉지에 넣어줄께!"
→ 홀드 더 콘 팁스Hold the Cone Tips

"빵 위에 올라간 양념이 맛있다고? 그럼 그 양념만 모아줄게!"
→ 에브리씽 벗 베이글 시즈닝 블랜드Everything But the Bagle Sesame Seasoning Blend

"치즈, 그냥 먹으면 심심하지. 초콜릿과 섞어봤어!"
→ 초콜릿 체다 치즈Chocolate Cheddar Cheese

"햄버거도 먹고 싶고 피자도 먹고 싶다고? 치즈버거 피자가 딱이야!"
→ 치즈 버거 피자Meatless Cheese-burger Pizza

"파인애플이랑 망고는 말려 먹잖아. 수박도 한번 말려볼까?"
→ 워터멜론 저키Watermelon Jerky

"감자뇨끼가 칼로리 폭탄? 그럼 콜리플라워로 만들어줄게!"
→ 콜리플라워 뇨끼Cauliflower Gnocchi

너무 어색한 맛의 조합, 들어봐도 어울리지 않을 재료의 조합들, 전혀 다른 용도로서의 재해석, 전통적인 레서피의 경계를 허물고 있는 제품이다. 이런 제품들이 트레이더 조를 이색적이고 독창적이고 재미있는 곳으로 만든다. 물론 지루하고 때로는 고된 장보는 일을 즐겁게 만들기도 한다. 현대 소비자는 단순한 제품이 아닌 새롭고도 개인적인 경험을 추구한다. 이에 따라 브랜드는 익숙함 속에서 참신함을 끌어낼 전략을 고민하게 되며, 이러한 점에서 탈맥락화Decontextualization는 창의적 제품개발의 핵심 도구로 주목받고 있다. 탈맥락화란 특정 문화나 사용 환경에서 익숙했던 제품 요소를 해체하고, 전혀 다른 기능적 혹은 문화적 문맥에 재배치하는 전략이다.[51] 즉, 주스에 매운맛 고추를 넣어본다는 것처럼 누구도 쉽게 생각하지 못했던 새로운 것에 도전해보는 것이다. 이러한 접근을 통해 단순한 기능적 혁신을 뛰어 넘어 소비자의 정체성과 감성에 호소하는 문화적 혁신을 실현하고 있다. 소비자들은 기존의 기대를 깨뜨리는 동시에 심리적 낯섦을 주는 이런 제품으로부터 신선함과 재미, 그리고 기대감을 경험하게 된다.

할라피뇨 라임에이드

51 Theo van Leeuwen, <Discourse and Practice: New Tools for Critical Discourse Analysis>, Oxford University Press, 2008

자체 브랜드 제품이 80~85%를 차지하고 있는 트레이더 조는 탈맥락화를 가장 탁월하게 활용하는 브랜드다.[52] 소비자의 일상적인 식품 소비문화를 낯설게 재해석하면서도 불편함을 주지 않는 방식으로 새로운 경험을 제공한다. 트레이더 조의 대표적인 시즈닝 제품인 에브리씽 벗 베이글 시즈닝은 대표적인 탈맥락화 사례이다. 이 제품은 뉴욕 스타일의 베이글 위에 뿌려지던 토핑 시즈닝(참깨, 양파, 마늘, 소금 등)에 착안해 그 토핑 시즈닝만 따로 만들어낸 제품이다. 제품 이름도 '모든 것이 다 있지만 베이글만 없는'이라고 위트를 첨가했다. 아무도 생각지 못한 발상이었다. 빵 위에 올라간 시즈닝만 모아서 따로 제품을 만들어 판다는 생각을 하기란 쉽지 않다. 이는 단일한 제품의 맥락(베이글 위 토핑용 시즈닝)을 해체하고, 이를 달걀, 샐러드, 심지어 볶음밥까지 다양한 음식에 범용적으로 사용되는 시즈닝이라는 새로운 맥락으로 확장한 것이다. 이런 뜻밖의 접근은 소비자의 요리 상상력을 자극하고 브랜드에 대한 '재미있다'라는 감정적 연결을 형성하게 만든다. 앞서 설명한 할라피뇨 에이드도 마찬가지다. 청양고추가 들어간 주스 개념이다. 할라피뇨는 '매움'과 '강렬함'의 상징이지만, 트레이더 조는 이를 라임 주스와 결합하여 '매콤한 상큼함'이라는 전혀 다른 감각적 경험을 창출하였다. 이렇듯 트레이더 조가 선보이는 매운맛과 청량음료와 조합, 수박과 말린 요리법과 조합, 햄버거와 피자 맛의 조합, 치즈와 초콜릿이라는 짭짤함과 달콤함과의 조합 등 전혀 생각지도 못했던 조합을 소개함으로써 소비자가 그동안 생각해 왔던 지식과 정보를 해체하고 재구성하게 했다.[53]

트레이더 조는 자체 브랜드를 만들때 공급처(제조사)들이 이미 판매하

52 KCRW, <Today, approximately 85% of Trader Joe's inventory is private label brands>, 2024
53 레딧, r/traderjoes

는 기성 제품을 그대로 갖고 오지 않고 제품개발에 강도 높은 개입을 한다.[54] 트레이더 조가 말하는 '구매'는 단순히 있는 제품을 그대로 놓고 협상하는 것이 아니다. 새로운 제품을 까다롭게 기획하고 테스트를 한다. 예를 들어 1960년대 선을 보였던 트레이더 조의 피넛버터(땅콩잼)는 기존 마켓에서 판매되고 있던 피넛버터에 들어 있던 설탕 등 모든 첨가물을 뺐다. 100% 땅콩만을 갈아서 만든 것이다. 잼이란 건 달아야만 했던 것이 당시 모든 사람들의 생각이었다. 트레이더 조 제품 개발팀은 그전까지 아무도 상상하지도 또 생각하지 못했던 제조 레시피로 잼이지만 설탕 무첨가 땅콩잼을 만들어낸 것이다.

이러한 전략은 마케팅 심리학에서 말하는 스키마 부조화 이론Schema Incongruity Theory과도 밀접한 관련이 있다.[55] 이 이론에 따르면 소비자는 기존의 지식구조(스키마) 즉, 예상되는 틀에서 벗어난 자극이나 새로운 정보를 접할 때 더 높은 주의와 인지적 처리를 하게 되며, 이는 브랜드 기억 및 태도 형성에 긍정적인 영향을 미친다. 즉, 트레이더 조 제품의 이질적인 조합을 통해 새로운 반응을 유도하고, 그 놀라움은 곧 브랜드에 대한 호기심과 애착으로 연결된다. 이와 같은 '뜬금없는' 조합은 소비자의 호기심과 흥미를 저절로 자극한다. 이러한 전략은 단순히 잘 팔리는 제품을 만드는 차원이 아니라, 소비자 경험 전체를 설계하고 장기적인 고객 충성도 브랜딩을 만들어내는 고차원적인 제품 전략이자 마케팅 전략이라 볼 수 있다.

54 Coulombe 앞의 책, Chapter. 12. Intensive Buying
55 Joan Meyers-Levy, Alice M. Tybout, <Schema congruity as a basis for product evaluation>, Journal of Consumer Research, 1989

다양한 피넛버터(땅콩잼)

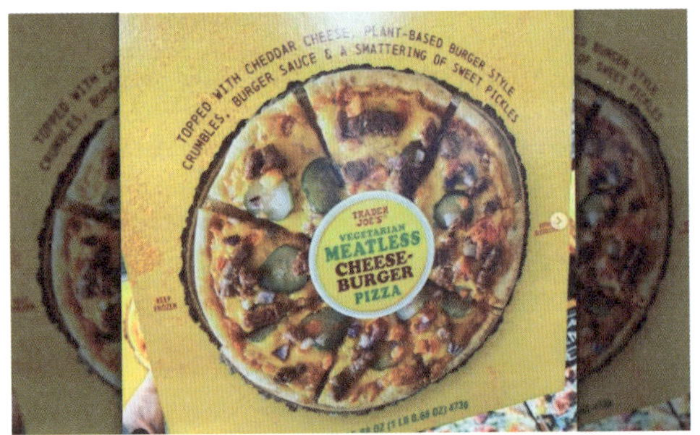

비건용 치즈버거 피자 (출처-sporked.com)

노력 정당화와 트레이더 조, 주차장이 없어도 간다

"주차는 힘들지만, 여기 제품은 정말 최고예요."

"버스 타고 오느라 팔 빠지는 줄 알았어요. 그래도 가득 차 있는 냉장고를 보니 성적 A 받았을 때보다 더 뿌듯해요."

"오늘도 사람 만나러 트레이더 조 갑니다."

'불편한데, 최고'라는 참 아이러니한 댓글이다. 이렇게 소셜미디어에는 트레이더 조에서 장보기가 얼마나 불편한지 토로하면서도 트레이더 조가 너무 좋다는 리뷰가 늘 가득 차 있다. 트레이더 조 매장 중에서 가장 매출액이 높은 지점 중 하나인 뉴욕 맨해튼 매장은 주차장이 없다. 많은 사람들이 지하철을 두세 번 갈아타고 장 보러 온다. 올 땐 맨손이라 그나마 괜찮지만, 갈 땐 양손 무거운 쇼핑백을 들고 만원의 지하철과 버스를 탄다. 대도시에 있는 트레이더 조 매장 근처에서 자주 보는 광경이다. 다행히도 내가 살고 있는 지역 매장들이나 내가 일했던 트레이더 조 매장은 주차장이 있지만 근처 대학교 기숙사에 사는 학생들의 경우 대부분은 자전거를 타고 오거나 버스를 타고 왔다. 남녀노소를 불문하고 트레이더 조의 모든 고객은 매장에 와서 직접 보고, 제품을 고르고 현장에서 계산한다. 대부분 매장이 쇼핑몰 밀집 지역이나 주택가와 가까운 소규모 매장으로 설계되어 있어 주차장이 없거나 있어도 협소하고 복잡하다. 고객은 이를 감수하고 기꺼이 매장을 방문한다. 바로 가까이에 더 크고 유명한 식료품점들이 있는데 이들은 왜 이런 불편함을 감수하면서 충성스럽게 트레이더 조 매장을 방문할까?

트레이더 조의 창립자 조 쿨롬은 자서전에서 회사 설립 목적을 고객에게 '재미있고 모험적인 쇼핑 경험'을 제공하는 것이라고 했다. 그러면서 그는 고객에게 단순히 식료품을 파는 것이 아니라, 일종의 '탐험'을 제공하고 싶다고 말했다. 새로운 맛, 예상치 못한 발견, 그리고 합리적인 가격을 통해 고객들이 쇼핑 자체를 즐기도록 만드는 것이 우리의 목표라고 한다.[56] 그의 말대로 트레이더 조 매장은 실제로 '재미있고 모험적인 쇼핑 경험'을 제공한다. 매주 출시되는 새로운 아이디어 제품들이 주는 기대감과 신선함, 또 친구 대하듯 진심으로 고객들을 대하는 직원들의 친절함이 있다. 그런데 이런 재미있는 경험을 하려면 '불편함의 대가'가 필요하다. 이곳에는 세 가지 불편함이 있다. 온라인 쇼핑 안 됨, 배송도 안 됨, 주차장 없음이다. 쇼핑 카트 한가득 물건을 구매하는 소비자들의 쇼핑 문화를 볼 때, 이 3무[無]는 리테일 매장의 사형선고와 같다. 그런데 이곳은 고객 편의성 제공 없이도 고객을 잘 유치하고 있다. 그것도 아주 충성도가 높은 고객들을 말이다.

불편함이 고객 충성도를 유발한다는 주장은 언뜻 보기엔 모순처럼 보인다. 일반적인 마케팅 상식에 따르면 브랜드는 고객의 편의를 높이고 진입 장벽을 낮춰야 한다. 그러나 트레이더 조의 사례는 이 통념에 반기를 든다. 불편함을 느끼는 고객들은 매장을 꾸준히 찾고 심지어 브랜드에 대한 강한 애착을 표출한다. 이러한 현상은 사회심리학 이론인 노력 정당화 이론Justification of Effort이 설명해준다. 사람이 어떤 대상이나 목표를 얻기 위해 많은 노력을 기울일수록 그것의 가치를 높게 평가한다는 것이다. 1957년 레온 페스팅거Leon Festinger에 따르면 사람은 자신의 행동과 태

56 Coulombe 앞의 책, Chapter. 4. On the Road to Trader Joe's

도 간에 불일치가 발생할 경우, 이를 해소하기 위해 자신의 태도를 조정하는 경향을 보인다.[57] 예컨대, 트레이더 조의 고객은 '내가 이렇게 불편함을 감수하면서까지 트레이더 조를 찾는 이유는 분명 그만한 특별한 가치가 있기 때문이야'라는 내적 합리화 과정을 거치게 된다. 이어 그 고객은 브랜드의 가치를 더 높게 평가하게 된다. 이는 제품이나 서비스의 실제 품질과는 별개로, 노력 자체가 심리적 투자로 인식되어 소비자 만족도와 애착도를 높이는 결과를 낳는다. 즉, 구매 후 만족감을 높이고, 브랜드에 대한 긍정적 감정을 강화한다. 결과적으로 고객은 다른 대형 유통 브랜드가 제공하지 못하는 독특한 '경험'을 통해 트레이더 조에 더 깊이 애착을 가지게 되는 것이다.

노력 정당화 이론과 함께 작동하는 또 다른 심리적 메커니즘은 '이케아 효과IKEA Effect'이다. 이케아IKEA는 조립 가구를 전문적으로 판매하는 창고형 가구 리테일이다. 노튼Norton과 아리엘리Ariely 등의 연구를 살펴보면 고객이 어떤 상품이나 과정에 직접 참여하거나 노력을 들일수록 그것을 더 가치 있게 평가하고 더 강한 소유감을 느끼는 경향이 있다는 것이다.[58] 이케아 소비자들은 직접 조립해야 하는 번거로움에도 불구하고 그곳의 제품을 꾸준히 구매하며, 또 본인이 어렵게 조립을 한 것이라 제품에 대해 높은 애착과 만족도를 보인다. 고객이 불편을 감수하면서도 높은 만족을 느끼는 이유는 이케아 제품을 직접 선택하고 조립하는 과정에서 소비자가 쇼핑에 주체적으로 참여하며, 그 경험에 깊이 몰입하게 되기 때문이라고 한다. 이는 고객들이 트레이더 조에서 겪는 약간의 불편함

57 Leon Festinger, 《A Theory of Cognitive Dissonance》, Stanford University Press, 1957
58 Michael I. Norton, Daniel Mochon, Dan Ariely, <The IKEA Effect: When Labor Leads to Love>, Journal of Consumer Psychology, 2012

이 독특한 상품과 즐거운 경험을 발견하는 과정의 일부로 인식될 수 있음을 시사한다. 마치 이케아 가구를 조립하는 과정의 어려움이 완성된 제품에 대한 애착을 증가시키듯이 트레이더 조에서의 쇼핑 과정에서 발생하는 작은 불편함은 특별한 가치를 얻기 위한 일종의 '투자'로 여겨질 수 있는 것이다.

불편한 쇼핑 경험이 애착을 낳는다

트레이더 조에서의 쇼핑은 단순히 제품을 구매하는 것이 아니라, 매장 곳곳을 돌아다니며 새로운 상품을 발견하고, 시식해 보고, 때로는 한정 수량의 제품을 놓치지 않기 위해 전략적으로 움직이는 참여적 경험이다. 이런 '능동적 수고'는 고객이 브랜드에 감정적으로 관여하게 만드는 요소가 되었다. 또한, 불편을 감수하고 원하는 제품을 손에 넣은 고객은 그 경험을 통해 소위 '인싸Insider'가 된 것 같은 정체성을 형성하게 된다. 트레이더 조의 매장은 '나만 아는 비밀스런 보물 창고' 같은 감각을 불러 일으키며, 이는 브랜드에 대한 감정적 충성도를 더욱 강화한다. 그래서 고객들은 '이 불편을 감수하면서도 여길 오는 나만의 이유가 있다'라는 표현을 자주 한다. 이처럼 노력 → 정당화 → 감정적 귀속 → 충성도로 이어지는 심리적 구조는 트레이더 조가 굳이 편리함을 추구하지 않고도 강력한 고객 기반을 유지할 수 있는 심리적 토대를 제공한다. 혹시라도 아직 트레이더 조의 온라인 쇼핑이나 배송서비스를 기대하는 고객이 있다면 그 '꿈의 실현'은 요원해 보인다. 앞으로도 이런 부분을 개선할 생각은 없어 보이기 때문이다. 트레이더 조는 고객이 매장을 직접 방문해서 장을 봐야 하는 이유, 즉 100% 오프라인 판매만을 고집하는 이유를 창업자 자서전, 2018년 팟캐스트, 최근 2025년 팟캐스트에서 한결같이 강조해오고 있

다.[59]

트레이더 조가 100% 오프라인에서 판매하는 이유

첫째, 고객과의 직접적인 상호작용. 매장 내에서 고객과 직원 간의 상호작용을 통해 신뢰와 유대감을 형성하며, 이는 브랜드 충성도를 높이는 데 기여한다.

둘째, 제품 발견의 즐거움. 고객이 매장을 탐색하면서 새로운 제품을 발견하는 '보물찾기' 같은 경험을 온라인 쇼핑에서는 제공하기 어렵다.

셋째, 운영 효율성. 온라인 판매는 별도의 물류 시스템과 추가 비용이 필요하며, 이는 트레이더 조의 저렴한 가격 정책과 상충할 수 있다.

고객 노력의 가치를 보상하고 차별화된 가치를 제공

반드시 기억해야 할 중요한 것은 고객의 노력을 당연하게 여기는 것이 아니라는 점이다. 그 노력을 보상하고 정당화할 만한 차별화된 가치를 제공함으로써 충성도를 강화한다는 것이다. 트레이더 조가 창업 이래 지속적으로 고객에서 제공하고 있는 차별화된 가치는 한결같으며, 결코 그 퀄리티를 희생하는 타협을 하지 않는다.

첫째, 독특하고 매력적인 자체 브랜드 상품. 트레이더 조에서만 구매할 수 있는 혁신적이고 고품질의 자체 브랜드 상품은 고객에게 특별한 가치를 제공하며, 탐색하고 구매하는 노력을 보상한다. 둘째, 친근하고 활기찬 매장 분위기와 직원. 긍정적이고 활기찬 직원들의 응대는 쇼핑 과정을 즐겁게 만들고, 고객이 매장을 방문하는 노력을 긍정적인 경험으로 전환한다. 셋째, 스토리텔링과 사회적 가치가 담긴 의미 있는 소비다. 각 제품이 가진 흥미로운 이야기는 고객의 관심을 유발하고, 환경 및 생

59 Trader Joe's Inside Podcast, <The Store is Our Brand>(2018), <Does Trader Joe's Do Retail Media?>(2025)

태, 그리고 건강을 강조하는 트레이더 조 제품들은 구매를 위한 노력을 더욱 가치 있게 만든다. 오늘도 트레이더 조 매장 문 앞에는 9시 영업을 시작하기도 전부터 줄을 길게 서 있는 고객이 있다. 그들은 노력의 가치를 보상받을 준비가 되어있다.

조 쿨롬 창업자는 매장을 단순한 유통 공간이 아니라, 고객이 브랜드를 '직접 느끼는' 공간으로 설계했다. 그가 고집한 소규모 매장, 독창적인 손글씨 제품 설명, 직원들의 적극적인 소통은 모두 '불편하지만 고객 참여 경험'을 극대화하기 위한 전략이었다. 이런 경험은 결국 소비자가 브랜드에 대해 '내가 직접 발견하고 만들어가는 이야기'라고 느끼게 만든다. 이 두 이론은 소비자가 경험하는 '불편함'이 오히려 브랜드에 대한 애착과 충성도를 강화하는 메커니즘을 설명한다.

스토리와 트레이더 조, 이야기를 팔다

이젠 어떤 제품이나 브랜드를 인식할 때 스토리텔링이 중요하단 사실을 모르는 사람은 없다. 다만 브랜드 전략을 고민하는 사람들은 어떻게 스토리를 효과적으로 활용할 것인지 어려움을 느낀다. 트레이더 조의 스토리텔링 활용법은 이야기를 찾는 전략가에게 훌륭한 예시가 될 수 있다. 서울의 경우 한 블록 안에서도 여러 개의 편의점과 슈퍼마켓이 자리 잡은 것을 자주 본다. 제품들도 비슷해져 차별점이 없고, 슈퍼마켓 간의 차별성은 더더욱 없다. 어느 마트를 가더라도 진열대에 제품이 넘쳐난다. 이런 비차별적인 제품 시장에서 어떻게 소비자의 주목을 끌 수 있을까?

오래전부터 스토리텔링이 그 방법의 하나로 제시되고 있다. 《스틱![Made to Stick]》에서 칩 히쓰[Chip Heath]와 댄 히쓰[Dan Heath]는 스토리텔링이 아이디어의 기억 지속성과 행동 유도에 중요한 역할을 한다고 강조한다.[60] 그는 "제대로 된 스토리가 사람의 마음을 움직여 행동하게 한다(The right stories make people act)."며 스토리의 강력함을 설파한다. 다양한 데이터를 찾아보면 이야기를 통해 전달된 정보는 단순한 사실보다 기억에 더 오래 남고, 소비자의 행동 유도에 효과적이며 소비자와의 정서적 연결을 강화하여 브랜드 충성도를 높인다고 한다.

《하버드비즈니스리뷰[Harvard Business Review]》에 실린 <왜 우리의 뇌는 좋은 스토리를 원하는가>라는 제목의 논문에서 폴 잭[Paul J. Zak]은 인간의 뇌는 자연적으로 스토리에 더 쏠리게 되어있으며 단순한 내용 공유보다 스토리텔링 방식에 더 잘 반응한다고 말했다.[61] 스탠포드 경영대학원[Stanford Graduate School of Business]의 행동연구 학자인 제니퍼 아커[Jennifer Aaker] 박사도 스토리가 단순한 사실보다 최대 22배 더 기억에 남는다라고 밝혔으며[62], 더브랜드샵[The Brand Shop] 블로그에서는 68%의 소비자가 브랜드의 이야기가 구매 결정에 영향을 미치며, 강력한 브랜드 스토리를 가진 기업은 고객 충성도가 20% 증가한다고 말한다.[63]

이렇게 중요한 제품의 스토리텔링을 트레이더 조는 어떻게 할까? 트레이더 조 제품 설명을 읽다 보면 스토리의 재미, 그리고 내용의 디테일과 정확도에 깜짝 놀랄 때가 많다. 예를 들어, 한국산 떡볶이[Tteok Bok Ki]에 대한

60 칩 히스, 댄 히스, 《스틱! Made to Stick》(안진환 외 역), 웅진지식하우스, 2022
61 Paul J. Zak, <Why Your Brain Loves Good Storytelling>, Harvard Business Review, 2014
62 Jennifer Aaker, <Harnessing the Power of Stories>, Standford VMware Women's Leadership Innovation Lab, 2019
63 The Brand Shop, <Brand Storytelling in 2024: The Latest Statistics and Trends>, 2025

제품 소개를 살펴보면 단순히 고추장 양념에 떡을 볶은 것이라는 것 이상으로 자세히 안내한다.[64] 홈페이지에 있는 제품 설명은 한국 사람으로서 감탄스러울 정도로 흥미있게 잘 정리되어 있다.

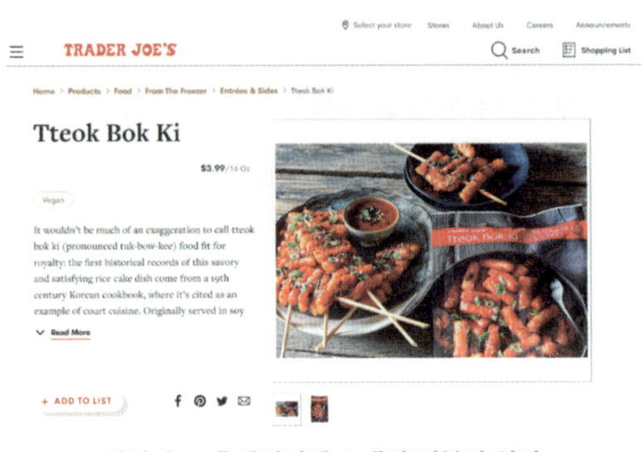

트레이더 조 홈페이지에 소개된 떡볶이 설명

트레이더 조에서 소개하는 떡볶이 제품 상세 내용

떡볶이(tteok bok ki, 발음은 떡-복-끼)는 가히 왕족을 위한 음식이라고 불러도 거짓말이 아니다. 이 매콤한 떡 요리에 대한 최초의 역사적 기록은 19세기 한국 요리책에서 찾아볼 수 있으며, 궁중 요리의 한 예로 소개되어 있다. 원래는 간장 양념으로 조리되었으나 20세기 중반 한 요리사가 고추장을 사용하면서 오늘날과 같은 빨간색의 달고 매콤한 맛의 조합을 갖게 되었다. 지금의 떡볶이는 전 세계에 있는 한국 바비큐 애호가들과 한국 길거리 음식 마니아들이 좋아하는 메뉴가 되었다. 그리고 이제 왕실의 기원을 지닌 이 풍부하고 매콤한 별미 음식이 새로운 무대를 맞이하였다. 바로 트레이더 조 냉동식품 코너에서 만나보게 되는 떡볶이다.
트레이더 조 떡볶이는 한국의 한 공급업체가 제조하였으며 한 팩에는 한입 크기의 떡과 매콤한 고추장 양념 소스가 함께 들어 있다. 달걀 프라이나 갓 구운 LA식 갈비를 곁들이면 훌륭한 에피타이저, 간식, 또는 한끼 식사로 손색이 없다. 전통적인 방식으로 물에 떡을 넣어 끓여 소스를 넣고 걸쭉해질 때까지 졸이는 방법도 좋지만, 팬이나 에어프라이어에 떡을 한 번 구워 겉을 바삭하게 만든 뒤 소스를 더하는 방식도 인기 있다. 어떤 방식이든 쫄깃쫄깃하고 모찌와도 같은 떡 식감에 알싸한 매운맛이 더해져, 차가운 소주나 시원한 라거 맥주와도 잘 어울린다.

64 Trader Joe's Homepage

이 떡볶이에 얽힌 이야기를 읽는 사람은 냉동 떡볶이를 먹으며 궁중 요리의 하나였던 것을 기억하게 될 것이고 한국 황실들의 밥상을 상상하게 된다. 또한, 한국의 소주와 같이 먹어보고 싶다는 생각도 한다.

다음은 출시된 후 아직도 반나절이면 동나는 트레이더 조 냉동 김밥에 관한 이야기이다. 김밥보다 스시를 더 잘 알고 있는 사람들에게 그 차이를 설명하는 부분과 더 맛있게 먹을 수 있는 요리 방식이 제품 설명에 들어가 있다. 한국인으로 자부심이 느껴지는 대목이다. 김밥을 자주 먹는 한국인도 제품 설명처럼 팬에 기름을 두르고 살짝 튀기듯 구워 먹어보라는 레시피 조언은 한번 해보고 싶다.

트레이더 조에서 소개하는 김밥 제품 상세 내용

한국에서는 김밥으로 알려진 이 음식은 '김Seaweed', '밥Cooked rice'을 뜻하는 말에서 유래되었다. 한국의 김밥은 일본식 스시와 비슷하면서도 분명히 다른 점이 있다. 스시는 보통 식초로 간을 한 밥을 사용하고 하나의 속 재료(예: 한 가지 채소나 생선)로 만들지만, 한국의 김밥은 참기름으로 비빈 밥에 여러 가지 다양한 속 재료들을 활용해 다채로운 버전으로 만들 수 있다. 트레이더 조의 김밥은 채소가 많이 들어간다. 한국에 있는 김밥 전문 공급업체는 김 한 장에 밥을 펼쳐 담고 가운데에 볶은 채소, 아삭한 노란 무와 우엉, 상큼한 오이, 양념 된 유부 등의 속 재료를 그 중심에 넣고 롤처럼 만다. 그것을 한입 크기로 썰어낸다. 김밥의 단면을 보면 다채로운 재료들이 모자이크처럼 보인다.
냉동 상태에서 전자레인지로 단 2분만 조리해 먹을 수 있다. 뜨겁게 데워 먹을 수도 있고 해동만 해서 즐길 수도 있다. 메인 요리, 사이드 메뉴나 간식으로도 훌륭하다. 그냥 먹어도 좋지만 고추장, 간장, 스리라차 소스에 찍어 먹어도 좋다. 식감의 만족도를 좀 더 높이고 싶다면 김밥을 팬에 살짝 튀기듯 구워볼 것을 추천한다. 한 면당 약 2분 정도 뜨거운 기름에 구우면 바삭바삭한 식감과 맛이 확 살아난다.

음식은 스토리를 만들어내기 쉽다고 해도 페이퍼 타올이나 치약과 같은 공산품에도 과연 스토리를 만들 수 있을까? 트레이더 조의 페이퍼 타올에 대한 이색적인 제품 설명에도 이야기가 있다.

트레이더 조 슬림사이즈 페이퍼 타올

우리 문명은 고대 메소포타미아 시대부터 더럽고 지저분함과 같이 해왔다. 트레이더 조의 페이퍼 타올은 우리 문명만큼 역시가 긴 제품은 아니지만 앞으로도 계속해서 그 더러움을 깨끗게 처리하는 데 도움을 줄 것이다. 이제는 더욱 편리한 슬림 사이즈(이전 제품의 절반 크기)로 새롭게 출시된 트레이더 조 페이퍼 타올은 자잘한 더러움을 닦는 것부터 와인이나 기름병을 엎는 등의 대규모 주방의 재앙을 신속하게 처리하는 다양한 용도로 활용될 수 있다. 페이퍼 타올은 100% 재활용 소재로 만들어졌으며 염소 표백제를 사용하지 않았다. 크기는 11인치 x 5.5인치(즉, 프린터 용지보다 약간 작은 크기)로 스테이크를 구운 후 철제 팬을 청소하거나, 각종 튀김 요리를 받쳐주는 기름 종이로 사용해도 좋다. 또한, 급할 때는 피크닉이나 바베큐에서 훌륭한 냅킨 역할도 한다.

트레이더 조 불소 무첨가 페퍼민트 치약

"그 일이 끝났다고 울지 마라. 그 일이 일어났음에 웃어라(Don't cry because it's over, smile because it happened)"는 말은 일반적으로 졸업식이나 이별 같은 감성적인 순간에 쓰는 수스 박사Dr. Seuss의 명언으로 알려져 있다. 하지만 오늘은 이 재치 있는 명언을 트레이더 조의 불소 무첨가 페퍼민트 치약을 다 쓰고 난 후의 느낌을 표현하는 데 사용하려 한다. 왜냐하면 이 치약 한 통을 끝까지 다 쓴다는 것은 충치, 구취, 착색 치아와의 싸움에서 당신이 정말 잘 싸웠다는 증거이기 때문이다. 제품명 그대로 이 치약은 불소가 들어 있지 않다. 대신, 칼슘 하이드록시아파타이트Calcium Hydroxyapatite를 주성분으로 사용한다. 화학 수업을 들을 필요는 없지만 궁금한 사람들을 위해 설명하자면, HAp는 인체의 뼈와 치아에 자연적으로 존재하는 미네랄이다. 이 성분과 함께 수화 실리카(부드러운 연마제), 자일리톨(충치 예방 및 플라크 감소 성분) 같은 성분들이 치아 표면 착색을 제거하고, 치아 에나멜을 건강하게 유지 및 복원하는 데 도움을 준다. 그래서 트레이더 조의 이 치약을 마지막 한 방울까지 짜내는 순간이 조금 아쉽더라도, 당신은 미소 지을 수 있다. 매일의 루틴 속에서 상쾌한 동반자였고 장바구니 안에서 믿기 힘든 가성비를 자랑한 제품이었으니 말이다.

슬림 사이즈 페이퍼 타올과 불소 무첨가 페퍼민트 치약 (출처-트레이더 조 홈페이지)

어디서나 볼 수 있고, 살 수 있는 평범한 페이퍼 타올에 관한 제품 설명을 이처럼 예쁘고 귀엽게 할 수 있을까? 타올의 포장에는 19세기 귀족 이미지를 담으며 '이 제품을 사용하는 것이 이제 트렌드야'라는 문구도 써놓았다. 페퍼민트 맛 치약은 또 어떤가. 이런 치약 이야기가 뇌리에 팍팍 꽂히지 않는가? 이처럼 이야기에 기반한 제품 스토리텔링 방식을 사용하면 제품 가치도 상승한다는 비네이 코쉬Vinay Koshy 마케팅 전략가의 연구 결과가 있다. 이 보고서에 따르면 스토리텔링을 통해 제품의 가치를 최대 2,706%까지 높일 수 있다.[65] 이 연구 실험에서 두 명의 작가는 중고품 가게에서 낡은 나무 쟁반 따위의 사소한 물건들을 총 129달러에 구입했다. 그 다음 흥미로운 스토리를 만든 후 이베이에 판매해 총 3,612달러 수익을 냈다. 결국 사람들 기억에 남는 것은 숫자나 통계가 아니다. 이야기가 남는 것이다.

이러한 관점에서 트레이더 조의 마케팅 전략은 주목할 만하다. 제품에 역사적 배경이나 문화적 이야기를 담아내며, 소비자에게 감성적 연결을 제공한다. 마케팅 학문에서도 스토리텔링의 효과는 입증되어 있다. 각종 연구에 따르면 이야기를 통해 전달된 정보는 단순한 사실보다 기억에 더 오래 남고, 소비자의 행동을 유도하는 데 효과적이다. 나아가 스토리텔링 기법은 브랜드 인식 제고와 제품 판매에 긍정적인 영향을 미친다. 트레이더 조의 다른 제품들도 이러한 스토리텔링 전략을 적극 활용하고 있다. 일부 제품은 특정 문화나 지역의 전통을 반영한 설명을 통해 소비자에게 새로운 경험을 제공한다. 이와 같은 접근 방식은 제품에 대한 흥미를 유발하

65 Vinay Koshy, <The Power of Storytelling to Increase ROI: How to increase online conversions by 4 times>, Sprout Worth, sproutworth.com, 2019

고, 브랜드에 대한 긍정적인 이미지를 형성하는 데 충분한 기여를 한다.

가치소비 연대와 트레이더 조, 함께 하는 착한 일

마케팅학 대가인 필립 코틀러가 소비자는 단순히 제품을 구매하는 존재가 아니며 자신이 지지하는 사회적·윤리적 가치를 브랜드를 통해 실현하고자 하는 존재라고 말했다. 코틀러 박사는 10여 년 전 마케팅 3.0을 '인간 중심Human-centric 마케팅'으로 정의했다. 가치소비는 단순히 제품의 가격 대비 효용만을 고려하는 효율적 소비가 아니라, 소비자가 자신의 윤리적 신념, 사회적 가치, 환경적 책임 등을 고려하여 브랜드나 제품을 선택하는 소비 행위를 뜻한다.[66] 이런 소비자들의 가치소비는 현대 기업들의 핵심적인 경영 전략 중 하나이다.[67]

파타고니아Patagonia는 소비자들에게 '덜 사라(Buy Less)'는 메시지를 전하며 중고 제품 리셀과 수선 서비스를 제공한다. 스타벅스Starbucks는 커피 찌꺼기를 고객들에게 무료로 제공해 화분 비료 등으로 재활용할 수 있도록 한다. 또한 이케아는 가구 회수 프로그램과 친환경 소재 사용을 통해 윤리적 소비를 장려하고 있다. 이처럼 브랜드는 이제 단순한 제품 판매자가 아닌 소비자와 가치를 공유하고 실천하는 윤리적 파트너로 기능하고 있다. 이때 가치 창출의 파트너로서 고객들은 해당 브랜드에 대한 애정과 충성심이 높아지고, 나아가 반복 구매까지 이어진다.

66 Jagdish N. Sheth, Bruce I. Newman, Barbara L. Gross, <Why we buy what we buy: A theory of consumption values>, Journal of Business Research, 1991

67 Philip Kotler, Hermawan Kartajaya, Iwan Setiawan, 《Marketing 3.0: From Products to Customers to the Human Spirit》, John Wiley & Sons, 2010

트레이더 조에 있어서 이러한 가치, 윤리적 소비 개념은 필립 코틀러의 마케팅 3.0이 나왔던 2010년대 훨씬 이전인 1960~70년대인 창업 초기부터 형성이 되었다. 이는 당시 자극적인 전단지 프로모션과 출혈적 가격 중심 경쟁, 무한대로 늘어가는 제품 종류 수SKU가 주요 전략이었던 대형마트들과의 의미 없는 경쟁을 않겠다는 창업자의 의지와 전략에서 시작되었다. 트레이더 조는 일관되게 가치소비를 실현하는 소비자들과의 '신뢰 기반 관계 구축'을 상당히 중요하게 생각했다. 즉, 환경, 건강, 공동체라는 가치를 바탕으로 브랜드를 설계함으로써 고객의 제품 구매를 통해 자신의 신념을 표현할 수 있게 했다. 가치소비를 연구한 세스 박사에 따르면 윤리적 가치Ethical Value가 소비자의 구매 결정에 점점 더 큰 영향을 미치고 있다.[68] 이 개념은 이전 장에서의 자기참조효과에서 언급한 것처럼 소비자의 자아정체성과 사회적 정체성Self-identity & Social identity을 브랜드에 투영하는 과정에서 발생하며, '나는 무엇을 소비하는가'가 곧 '나는 누구인가'를 말해주는 시대에 더욱 중요해지고 있다는 뜻이다. 이러한 가치소비 측면에서 트레이더 조에서 쇼핑하는 소비자들에게 "나는 환경을 생각하고, 동물권을 생각하고, 인권을 생각하는 의식 있는 사람이야"라는 신념을 심어준다. 트레이더 조에 방문하는 고객의 대부분이 재활용백을 갖고 온다. 장바구니 가방을 깜박한 고객이나 생각보다 더 많은 물건을 구입하게 되어 가지고 온 백에 다 담지 못할 때 고객들이 캐셔에게 엄청 미안해한다. 트레이더 조 고객들 대부분은 이미 가치 소비 중심에 들어와 있다. 트레이더 조가 사회적 책임 개념이 있는 고객들의 가치 소비를 돕는 방법들은 다양하다.

첫째, 재활용백을 도입하고 사회 문화로 확대해 나가고 있다.

68 Jagdish N. Sheth, Bruce I. Newman, Barbara L. Gross 앞의 저널

트레이더 조는 1977년에 '나무를 살리자Save a Tree'라는 슬로건이 적힌 헝겊 재사용백을 도입하여 미국 내 최초로 재사용 가능한 쇼핑백을 판매한 슈퍼마켓 중 하나로 알려져 있다. 당시에는 재사용 쇼핑백이 일반적이지 않았지만, 트레이더 조는 환경 보호를 위한 선도적인 조치를 했다.[69] 그후 트레이더 조의 재활용백은 더욱 일반화되었다. 다양한 사이즈와 재질로 그 종류가 열 가지도 넘는다. 가장 대표적인 재활용백은 주별로 각기 다른 독특한 디자인으로 되어있어 소비자들이 미국 전역을 여행 다니며 백을 모으는 소비자도 흔하다.[70] 샌프란시스코San Francisco가 있는 북캘리포니아California 지역 쇼핑백은 금문교가 그려져 있고, 워싱턴 D.C.Washington D.C. 쇼핑백은 국회의사당이, 재즈로 유명한 루이지애나Louisiana 지역 쇼핑백은 색소폰 이미지가 각각 인쇄되어 있다. 재활용백과 재미를 결합해 트레이더 조에서는 매년 '미스터리백Reusable Surprise Bag'이란 이름으로 제품을 출시한다.[71] 뜯어보지 못하는 마분지 커버 속에 세 개씩 각기 다른 주의 디자인 재활용백이 들어가 있다. 가격은 3달러이며 개당 1달러 정도로 아주 저렴하다. 다른 주의 디자인이 있는 재활용백을 갖고자하는 많은 고객들에 의해 이 미스터리백 제품은 나오자마자 늘 품절된다. 재미 요소를 결합한 재활용백 사용을 장려하는 환경 보호 활동이다. 사실 이 제품 아이디어는 2023년 재고로 남은 에코백들을 무작위로 묶어 판매하는 미스터리백 이벤트를 하면서 시작했다. 이 미스터리백 아이디어를 통해 재고 낭비를 줄이는 동시에 고객의 기대감과 환경

69 Lena Beck, <Reusable Bags Have Been At Trader Joe's Longer Than You May Expect>, Tasting Table, 2023

70 레딧, r/traderjoes

71 Angel Albring, <Trader Joe's Fan-Favorite Limited-Edition Mystery Bags Are Back and Shoppers Are Buying 5 at a Time>, Yahoo Life, 2024

책임을 결합한 소비 경험을 제공했다. 그 후 매년 1회 진행되는 미스터리 백 출시는 레딧과 인스타그램에서 폭발적인 반응을 불러일으키며 브랜드의 독창적이고 윤리적인 면모를 강화하고 있다.[72] 또한, 트레이더 조 재활용백은 디자인도 좋아 많은 고객이 캔버스천으로 만들어진 토트백이나 미니 토트백은 소비자가 일상용 가방으로도 사용한다. 국내에서도 트레이더 조 캔버스 토트백은 인기가 많아 일상용 가방으로들 사용하는 사람을 종종 찾아 볼 수 있다. 특히, 미니 토트백은 출시될 때마다 영업시간 전부터 줄을 길게 서는 일이 일어나고 한두 시간 안에 수천 개가 완판되는 현상을 낳았다.

재활용백을 모으는 사람이 소셜미디어에 올린 사진 (출처-레딧, u/lisa_moo)

72 레딧, r/traderjoes

1년에 한 번 출시하는 트레이더 조의 미스터리백

이 이외에도 트레이더 조는 2019년에 과일 및 채소에 사용되던 플라스틱 망사 포장을 제거하거는 한편, 플라스틱 박스 형태 대신 퇴비화 가능한 소재로 만들어진 받침 형태로 대체하는 친환경 포장 정책을 확대해 나가고 있다. 스티로폼 트레이는 재활용 가능한 팻PET 재질을 사용하고 분해가 가능한 받침으로 바꿨다. 또한, 포장재 내 유해 화학물질(BPA, PFAS, 프탈레이트 등)의 사용도 제한하고 있으며, 고객이 포장재를 올바르게 처리할 수 있도록 재활용 및 퇴비화 가능 여부에 대한 정보도 함께 제공하고 있다.[73]

둘째, 담배와 선정적인 잡지 판매 중단이다.

일견 쉬워 보이는 결정이라고 생각할 수 있다. 그러나 잡지와 담배는 소비자를 재방문하게 하는 아주 확실한 제품이라 이 제품 판매를 중단하는 결정은 리테일 유통에서는 아주 어렵고 힘든 결단이다. 트레이더 조

73 Trader Joe's Inside Podcast, <Episode 11: Sustainability>, 2019

는 1970년 초부터 매장에서 담배와 선정적인 판매를 중단하며 '가족 친화적 공간'으로 탈바꿈했다. 창업자의 자서전에서 "우리는 초기에 담배를 팔지 않기로 결정했다. 우리는 매장이 단지 잘 팔리는 것만을 반영하는 것이 아니라, 우리가 믿는 가치를 반영하길 바랐다(We decided early on not to sell cigarettes. We wanted our stores to reflect the values we believed in, not just what sold well.)"[74] 라고 말하며 윤리 경영을 직접 실천했다. 그는 담배를 통해 경쟁력을 갖고 싶지 않았다고 하면서 담배 판매를 중단한 날을 그의 인생에서 가장 만족스러운 날이라고 말하기도 했다. 당시 트레이더 조의 담배 판매 중단은 당시 TV 뉴스에서도 다뤄질 만큼 화제를 불러일으켰고 상당한 파급력이 있었다. 비흡연자뿐 아니라 흡연자들에게도 큰 호응을 받았다고 조 쿨롬 창업자는 자랑스럽게 회고했다.[75]

셋째, 지역사회 지원이다.

트레이더 조 창업 초기에 조 쿨롬 창업자는 지역사회를 돕기 위해 종이 쇼핑백에 비영리기관 광고를 인쇄해 주었다. 이러한 지역사회 지원 정신은 음식 기부로 이어져 지금까지 실천하고 있다. 트레이더 조는 여전히 안전하게 섭취가 가능하지만 유통기한이 조금 남아있는 제품을 동네 푸드뱅크Food Bank나 지역 사회 단체에 정기적으로 기부하고 있다. 이는 식품 폐기를 줄이는 동시에 지역사회 내의 식량 불균형 해소에 기여하는 윤리적 실천 사례이다. 매일 저녁 6시에는 매장의 세 구역에서 크루들이 제품에 찍힌 유통기한을 확인을 한다. 빵류, 고기류, 샐러드류 등 유통기한 날짜가 곧 돌아오는 제품은 매장 디스플레이에서 내려가고 기부

74 Coulombe 앞의 책, Chapter 19. Demand Side Retailing
75 Coulombe 앞의 책

제품 창고로 들어간다. 트레이더 조 홈페이지 자료에 따르면 2024년 한 해 동안 590개 매장에서 약 5만 톤 이상의 식품을 푸드뱅크와 지역 커뮤니티 기관에 기부했다. 이 양은 한 끼 500g 기준으로 약 1억 명이 먹을 수 있는 정도이다.[76] 지역사회 식품 기부가 가져다주는 또 다른 장점은 고객에게 최고의 제품을 제공하는 것과도 연결이 되어있다. 캐셔는 사과에 조금 흠이 난 제품을 보면 고객에게 새로운 제품으로 바꿔줄지 묻는다. 고객에게 더 좋은 것으로 바꿔준다고 해서 흠이 조금 있는 제품을 버리는 게 아니라 기부하게 되니 교환에 인색하지 않게 된다. 오히려 더 적극적으로 흠이 있는지 없는지 살펴보게 되는 식이다.

그 이외에도 트레이더 조는 윤리적인 제품을 개발하려고 애쓴다. 모든 자체 브랜드 제품을 독자적으로 개발·검증하며, 아동노동, 잔혹한 동물 실험, 환경 파괴가 우려되는 생산 방식을 철저히 배제한다. 비록 브랜드가 공공연한 캠페인을 벌이진 않지만, 제품 큐레이션에 담긴 철학은 '선택된 것만 판다'는 믿음을 형성한다. 또한, 커피, 초콜릿, 바나나 등 일부 제품군에 대해 공정무역[Fair Trade] 인증 제품을 선별적으로 도입하여, 생산지 노동자와의 공정한 거래를 보장하려는 노력을 기울이고 있다. 이는 단순히 품질의 문제가 아니라 소비자에게 윤리적 구매의 기회를 제공하는 선택인 것이다. 일례로 트레이더 조에는 공정무역으로 생산된 커피, 코코아, 설탕 등이 사용된 제품이 수십 종이다.

이렇게 트레이더 조는 소비자와 윤리적 파트너십 관계를 형성한다. 이러한 가치소비를 기반으로 한 브랜드는 단기적인 혜택보다 '장기적 정체

76 Trader Joe's Homepage, Donations and Sponsorships

공정무역 유기농 수마트라 커피콩 (출처_트레이더 조 공식 홈페이지)

성 일치'를 통해 고객과의 유대감을 형성한다. 즉, 트레이더 조는 낮은 가격보다 공감이 가능한 선택, 스토리가 있는 소비를 제공하며 고객의 신념과 브랜드의 가치가 일치하는 접점을 확립한다. 옥스퍼드 대학교Oxford university 마케팅학 더글라스 홀트Douglas B. Holt 교수에 따르면 소비자들은 자신들이 동경하는 이상을 형상화한 브랜드, 즉 자신이 되고 싶은 사람을 표현하는 데 도움을 주는 브랜드로 몰려간다. 그리고 브랜드가 문화적 상징Cultural symbol으로 기능할 때, 소비자는 그 브랜드를 통해 자아를 표현하며 타인과의 관계를 설정한다.[77] 트레이더 조에서 쇼핑한 내용을 소셜 미디어에 올리는 일도 이런 가치소비를 타인에게 표현하는 동기부여인 것이다. 브랜드의 윤리적 일관성과 소비자의 가치 기반 선택이 만난 결과물인 트레이더 조는 이제 단순한 마켓이 아니다. 오히려 '나는 무책임하게 소비하지 않는다'라는 가치소비를 직접 증명하고 사회적 자아 정체성을 실현하는 가치관의 커뮤니티이자 문화적 실천의 공간이 되었다.

77 Douglas B. Holt, <Why do brands cause trouble? A dialectical theory of consumer culture and branding>, Journal of Consumer Research, 2002

브랜드 자산 이론으로 본 트레이더 조

"트레이더 조를 우리 동네에도 오픈해 주세요!"

하와이주에 트레이더 조 매장을 열어달라는 청원[78]에 참여한 사람은 벌써 3천 명을 넘어섰고 아이오와주 작은 도시의 청원[79] 참여자는 1만 5천 명을 넘어섰다. 이렇게 페이스북에는 트레이더 조 매장을 우리 동네에 열어달라는 커뮤니티 사이트가 수십 개에 달한다. 트레이더 조 홈페이지에도 '우리 동네 트레이더 조 요청하기Request a Trader Joe's in My City' 신청 페이지[80]가 있을 정도이다. 한 소비자의 인스타그램인 나의 트레이더 조 리스트My Trader Joe's List[81] 팔로워는 2백만 명에 육박하며, 페이스북의 '트레이더 조의 팬들Trader Joe's Fans' 커뮤니티 사이트[82]는 6만 명이 넘는 회원을 보유한다. 이 외에도 유튜브, 틱톡, 레딧 등 다양한 소셜 사이트에는 소비자들이 실시간으로 올리는 트레이더 조의 제품 리뷰나 매장 소식들로 가득 차 있다. 한국인 소비자들 사이에서도 '트조는 사랑이죠'라는 말이 유행할 정도다.

미국에는 코스트코, 월마트, 세이프웨이, 타깃 등 많은 리테일이 있지만, 이들 브랜드에 대해 소비자들은 환호하지 않는다. 매일 리테일 매장을 지나거나 방문하지만, 그들의 감정을 회사에 이입하지 않는다. 즉, 소

78 Facebook, Hawaii Needs Trader Joe's NOW!
79 Facebook, Bring Trader Joe's to the Quad Cities
80 Trader Joe's Homepage, Request a Trader Joe's in My City
81 Instagram, My Trader Joe's List
82 Facebook, Trader Joe's Fans Community

비자는 있지만 '팬fans'은 없다. 그런데 트레이더 조는 다르다. 이 식료품 브랜드에는 '팬덤fandom'이 있다. 소비자들과의 친숙한 브랜드 교감은 미국 슈퍼마켓 부문 고객만족 지수 1위라는 결과로 나타나고 있다.[83]

브랜드 자산 분야의 권위자인 데이비드 아커David A. Aaker는 그의 저서 《브랜드 자산 관리》에서 브랜드는 단순히 제품이나 서비스를 식별하는 명칭이나 상징을 넘어 기업의 가치에 긍정적 또는 부정적인 영향을 미치는 자산이자 부채의 집합이라고 말했다. 또한, 강력한 브랜드 자산은 기업에게 지속적인 경쟁 우위를 제공하는 핵심 요소라고 강조하며 브랜드 자산 평가 기준으로 브랜드 인지도Brand Awareness, 자각된 브랜드 퀄리티 Perceived Brand Quality, 브랜드 연상Brand Associations, 브랜드 충성도Brand Loyalty 네 가지를 제시했다.[84] 이 네 가지 브랜드 평가 기준으로 트레이더 조를 한번 살펴보자.

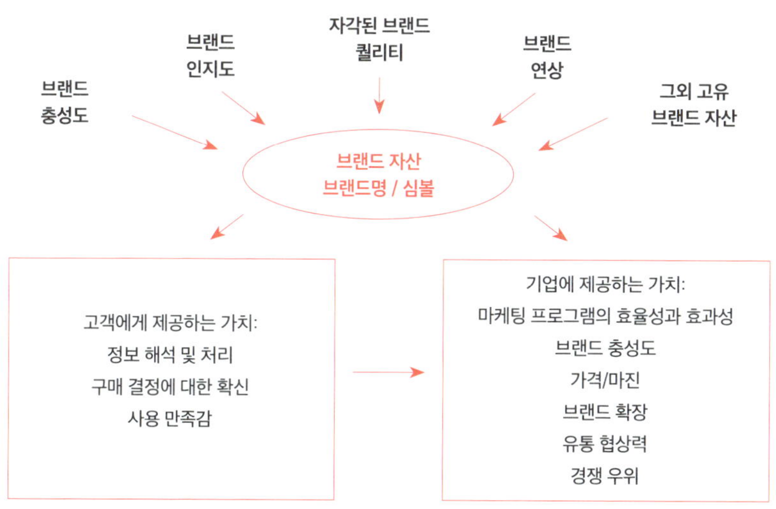

브랜드 자산 구성요소[85]

1. 브랜드 인지도Brand Awareness

아커에 따르면 브랜드 인지도는 '소비자가 특정 제품 카테고리 내에서 특정 브랜드를 기억하고 인식하는 정도'를 의미한다.[86] 높은 브랜드 인지도는 소비자의 구매 고려 단계에서 유리한 위치를 점하게 하며, 친숙함과 신뢰감을 형성하여 구매 가능성을 높인다. 특히 휴지나 생수 등과 같은 저관여 제품의 경우 브랜드 인지도는 소비자의 습관적인 구매 행동에 직접적인 영향을 미칠 수 있다. 높은 브랜드 인지도는 신제품 출시 시 초기 시장 진입 장벽을 낮추기도 하고, 마케팅 캠페인의 효과를 증대시켜 더 적은 비용으로 더 많은 소비자에게 도달하고 매출을 증가시킬 수 있다.[87]

트레이더 조는 브랜드 인지도를 높이기 위해 창업 초기부터 전통적인 광고나 대규모의 프로모션을 하지 않는 것으로 유명하다. 초창기 때는 라디오 광고 정도만 했고, 지금은 종이 뉴스레터인 '피어리스 플라이어Fearless Flyer'가 소비자들에게 제품을 알리는 주요 채널이다. 유튜브와 인스타그램과 같은 소셜미디어도 코로나 기간이었던 2019년에나 되어 시작했다.[88] 트레이더 조가 사람들에게 널리 알려지는 데는 창업 초기부터 일관되게 유지한 스토어의 톡특한 포지셔닝, 이에 따르는 제품과 고객 경험이 불러온 입소문이다. 온라인 커뮤니티나 소셜미디어에서 트레이더 조의 특이한 상품이나 쇼핑 경험에 대한 자발적인 언급과 공유는

83 American Customer Satisfaction Index (ACSI, 미국 고객만족도 지수)
84 David A. Aaker, 《Managing Brand Equity: Capitalizing on the Value of a Brand Name》, New
85 Aaker 위의 책
86 Aaker 위의 책
87 Forbes Business Council, <What Does Brand Awareness Mean for Consumers?>, Forbes, 2023
88 Trader Joe's YouTube Channel, YouTube

자연스러운 입소문 효과를 창출하여 강력한 브랜드를 만든다. 새로운 제품에 대한 글이 올라오면 많은 사람들이 댓글에 "그거 진짜 맛있어" 혹은 "나도 먹어봤는데 정말 좋았어" 등의 후기들을 많이 찾아볼 수 있다. 이는 트레이더 조에 대한 높은 브랜드 인지도를 구성하는 브랜드 회상 수준을 보여준다.

2. 자각된 브랜드 퀄리티Perceived Brand Quality

트레이더 조의 냉동 김밥은 3.99달러이다. 거의 동일한 냉동 김밥이 아시아 마트나 한국마트에서 2.99불로 더 저렴하게 판매되고 있다. 트레이더 조의 냉동 김밥은 오전만 지나면 완판된다. 하지만 다른 마트에서는 진열대에 김밥이 가득 남아 있다. 객관적으로는 비슷한 제품과 퀄리티일 수 있겠지만 트레이더 조 김밥이 더 맛있다고 생각하거나 1달러 더 비싸도 기꺼이 먹겠다고 하는 소비자들이 존재하기 때문이다. 이들은 트레이더 조의 브랜드 퀄리티를 더 높게 보기에 1달러를 기꺼이 더 지불할 의사가 있다.

이렇게 소비자가 브랜드를 어떻게 자각하는가를 아커는 '자각된 브랜드 퀄리티'라고 부르며 이는 '소비자가 브랜드에 대해 전반적으로 느끼는 우수성이나 탁월함에 대한 인식'이라고 정의한다.[89] 이는 객관적인 품질과는 다를 수 있지만 소비자의 만족도, 브랜드 충성도, 그리고 가격 프리미엄에 대한 의지에 중요한 영향을 미친다. 아커에 따르면 긍정적으로 지각된 품질은 고객 만족도를 높이고, 프리미엄 가격 책정을 가능하게 하며 브랜드 확장의 용이성을 제공한다. 또한 소비자는 일반적으로 높은

89 Aaker 앞의 책

지각된 품질을 가진 브랜드를 신뢰하고 위험 회피 심리 때문에 해당 브랜드를 선택하는 경향을 보인다.[90] 아커는 소비자가 높은 품질이라고 인식하는 브랜드에 대해 더 높은 가격을 지불할 의향이 있고, 긍정적으로 지각된 브랜드 퀄리티는 브랜드의 경쟁 우위를 확보하여 수익성을 향상시키는 데 결정적인 요소가 된다고 말하고 있다. 최근 Salsify의 2025 소비자 조사Consumer Research 보고서에 따르면 87%의 소비자는 신뢰하는 브랜드의 제품에 대해 더 높은 가격을 지불할 의향이 있다고 응답했다.[91]

트레이더 조는 전체 상품의 상당 부분을 자체 브랜드Private Label 상품으로 구성하고, 상품 기획 단계부터 생산, 유통 단계에서 이들 상품에 대해 엄격한 품질 관리를 시행한다. 예를 들어 트레이더 조의 유기농 제품 라인이나 수입 스낵류는 경쟁사의 유사 제품 대비 높은 품질과 독특한 맛으로 소비자들에게 인정받고 있다. 트레이더 조 냉동 망고는 다른 상품보다 훨씬 달고 신선하다든지, 이곳의 유기농 치킨은 저렴하고 건강에도 좋다는 소비자들의 평가는 트레이더 조 자체 브랜드 상품에 대한 높은 지각된 품질을 반영한다. 이러한 높은 품질 인식은 트레이더 조가 월마트가 지닌 싸구려 슈퍼마켓 이미지보다 '가치 있는 상품을 합리적인 가격에 제공하는 곳'이라는 독특한 포지셔닝을 가능하게 만든다.

3. 브랜드 연상Brand Associations

아커는 브랜드 연상을 '소비자의 기억 속에 브랜드와 연결된 모든 생각, 느낌, 이미지, 경험 등'이라고 정의한다.[92] 아커에 따르면 긍정적이고

90 Aaker 앞의 책
91 Salsify, <2025 Consumer Research>, 2025
92 Aaker 앞의 책

독특한 브랜드 연상은 브랜드 차별화를 촉진하고 소비자의 구매 결정에 강력한 영향을 미친다. 브랜드 연상은 브랜드 이미지와 밀접하게 관련되어 있으며, 브랜드의 개성과 가치를 소비자에게 전달하는 중요한 역할을 한다고 말한다. 이럴 때 강력하고 호의적인 브랜드 연상은 소비자가 특정 브랜드를 선택하는 이유가 되며, 브랜드 확장의 성공 가능성을 높이는 데 기여한다고 강조한다.

조 쿨롬 창업가가 계획한 대로 트레이더 조라는 브랜드는 '재미있는, 독특한, 이색적인, 가치 있는, 친절한' 등의 브랜드 이미지와 느낌으로 여타 슈퍼마켓으로부터 차별화된 브랜드 연상을 성공적으로 구축했다. 트레이더 조의 하와이풍 매장 분위기와 유머러스한 상품명(예: This Strawberry walks into a bar ; 딸기가 바로 걸어 들어간다), 친절하고 활기찬 직원들은 '재미있는 쇼핑 경험'이라는 독특한 브랜드 연상을 형성해 왔다. 또한, 전 세계의 다양한 식재료와 트레이더 조만의 개성을 담은 자체 브랜드 상품들은 '독특하고 특별한 제품을 판매하는 곳'이라는 인식을 심어준다. 더불어 높은 품질의 상품을 합리적인 가격에 제공한다는 경험은 '가치 있는 브랜드'라는 긍정적인 연상으로도 이어진다. 고객에게 먼저 다가가 말을 걸고 시식을 권하는 직원들의 모습은 '친절한 브랜드' 이미지를 강화한다. 이러한 다채롭고 긍정적인 브랜드 연상은 트레이더 조를 단순한 식료품점이 아닌, 특별한 쇼핑 경험을 제공하는 브랜드로 인식하게 만들고, 경쟁 브랜드와의 차별성을 확보하는 데 핵심적인 역할을 해왔다.

4. 브랜드 충성도 Brand Loyalty

아커는 브랜드 충성도를 '특정 브랜드를 선호하여 반복적으로 구매하려는 소비자의 경향'이라고 정의한다.[93] 높은 브랜드 충성도는 기업에게 안정적인 수익원을 제공하고 경쟁사의 마케팅 활동에 대한 방어력을 높이며 긍정적인 입소문 효과를 창출하는 데 기여한다. 또한, 브랜드 충성도는 소비자와 브랜드 간의 감정적 연결고리를 반영하며 습관적 구매, 전환 비용, 만족도, 그리고 브랜드에 대한 애착 등 다양한 요인에 의해 형성된다. 글로벌 브랜드 컨설팅 전문기업인 MBLM의 2022년 브랜드 친밀도 연구를 살펴보면 트레이더 조는 리테일 부문에서 1위를 차지했으며, 실제로 고객의 50% 이상이 브랜드와 감정적인 연결을 맺고 있는 것으로 나타났다.[94]

높은 브랜드 충성도를 가진 고객은 가격 변화에 덜 민감하게 반응하고 새로운 제품이나 서비스에 대한 수용도가 높으며, 주변 사람들에게 브랜드를 추천하는 경향이 있다. 트레이더 조의 고객들은 신제품 출시 소식에 민감하게 반응하고 온라인 커뮤니티나 소셜미디어를 통해 자신의 구매 경험과 추천 제품을 적극적으로 공유한다. "이번에 새로 나온 사람 모양의 진저쿠키 진짜 맛있어요! 꼭 드셔보세요!"와 같은 자발적인 추천과 열정적인 팬덤도 트레이더 조의 강력한 브랜드 충성도를 보여주는 예이다.[95]

결론적으로 트레이더 조는 데이비드 아커의 브랜드 자산 이론의 네 가지 핵심 요소인 브랜드 인지도, 자각된 브랜드 퀄리티, 브랜드 충성도, 그리고 브랜드 연상에서 모두 강력한 경쟁력을 확보하고 있다. 독특한 콘셉트와 고객 중심적인 전략을 통해 구축된 이러한 강력한 브랜드 자산은

93 Aaker 앞의 책
94 MBLM, <Brand Intimacy Study>, 2022
95 레딧, r/traderjoes

트레이더 조가 경쟁이 치열한 식료품 리테일 시장에서 지속적인 성공을 거두는 중요한 원동력이라고 할 수 있다.

실제로 1년 반 동안 트레이더 조 매장에서 일하며 마주치는 단골 손님을 보면 '어떻게 이렇게 충성스러울 수가 있나' 싶을 정도라 느꼈다. 품절이 자주 일어나서 고객들은 그 제품이 다시 입고될 날까지 기다려야 하는 경우가 자주 있다. 다른 슈퍼마켓에 가면 바로 살 수 있을 터인데, 굳이 2~3주를 기다렸다가 그 제품이 다시 입고될 때 매장에 직접 나와 사가는 고객들이 많다. 매장에 일하면서 가장 질문을 많이 받는 것이 "xx제품 언제 다시 들어와요?"였다. 나는 "재고 시스템을 확인해 보고 알려 드릴게요."라며 답하고 컴퓨터 쪽으로 달려가려고 하면, 바로 옆에 서 있던 고객이 "아 그거 다다음 주 목요일에 들어온대요."라고 나 대신 대답을 해주는 경우도 종종 있을 정도이다. 많은 고객이 품절된 제품에 불평하기보다 오랜 시간 기다리면서도 해당 제품을 사고야 만다면 그 브랜드 자산 가치는 이미 말할 필요가 없다.

TRADER JOE'S

3장

트레이더 조, 거꾸로 가는 마케팅 원칙

매장이 곧 브랜드,
온라인 쇼핑을 거부한다

"우리 슈퍼마켓은 온라인 쇼핑을 지원하지 않습니다."

"우리 슈퍼마켓은 배송, 배달을 하지 않습니다."

"우리 슈퍼마켓은 제3자 장보기 서비스를 제공하지 않습니다."

"우리 슈퍼마켓은 고객 회원정보에 관심이 없습니다."

"우리 슈퍼마켓은 앞으로도 온라인 쇼핑을 지원할 계획이 없습니다."

이런 리테일 서비스에 미래가 있을까? 이런 불편한 리테일 비즈니스에 투자하려는 사람이 있을까? 결론부터 말하자면 트레이더 조가 바로 그런 회사다. 클릭 한 번으로 물건을 구입하는 시대에 온라인 쇼핑도, 배송도, 대리 장보기도 모두 안 된다. 모든 일은 오프라인 매장에서 일어나고 디지털 트랜스액션Digitial transaction 기반 고객 정보를 모으지도 않는다. 물론 앞으로도 할 계획이 없다고 한다. 왜 이런 극단적인 선택을 할까? 트레이더 조는 모든 고객이 직접 매장을 와서 직접 장을 봐야 한다고 생각하기 때문이다. 고객이 매장을 방문하는 일만이 트레이더 조가 고객을 위해 준비한 모든 가치를 제대로 느낄 수 있는 유일한 방법이라 답한다. 그런데 아이러니하게도 이러한 극단적 방법이 오히려 트레이더 조의 강점이 되어, '매장이 곧 브랜드'가 되는 전환이 자연스럽게 이루어지고 있다. 트레이더 조 상품을 사려면 매장에 직접 방문할 수밖에 없고, 이는 곧 매장 밖에는 트레이더 조가 없다는 뜻이다. 트레이더 조를 100% 만끽할 수 있는 유일한 수단은 방문이며, 이러한 경험 전체에서 제품 구매 자체는 그중 일부분에 불과하다고 여긴다. 즉, 고객과 직원의 접점인 공간에서 냄새를 맡고, 눈으로 보고, 손으로 만져보는 물리적인 매장과의 상호작용 전체가 트레이더 조의 상품인 것이다. 그래서 배송, 배달을 하지 않고 또 미국의 인스타카트Instacart와 같은 제3자 장 보기 서비스도 연결하지 않는 이유다.[1] 트레이더 조 제품을 이베이나 아마존에서 더러 찾아볼 수 있다. 이는 개인이 올린 비공식 거래들이다. 가격은 매장에서 판매하는 가격 대비 3배 이상, 혹은 10배 이상 비싼 것도 존재한다. 트레이더 조는 이러한 판매가 공식적인 것이 아니라고 명확히 밝히며, 매장에서의 제품 구매를 당부하고 있다. 한편으론 고객이 자신의 두 발로 매장에 방문할 것을 요구하는 전략은 현재 유통업계의 주된 흐름과 완전히 반대의 길이다. 특히, 아마존 온라인 쇼핑이 폭발적으로 증가하면서 대형 백화점들조차 줄줄이 문을 닫고 있는 시기에, 매장 방문을 고수하는 전략은 넌센스에 가까운 것처럼 보인다. 한국처럼 집 앞에 각종 편의시설이 있는 것도 아닌 미국에서 손수 운전을 해서 방문하거나 드물게 왕래하는 대중교

1 Trader Joe's Homepage FAQ

통을 타고 나와 장보는 일이 얼마나 불편한 일인지 상상하기 어렵다. 게다가 고객의 많은 시간까지도 기꺼이 사용하게 만든다.

창업자 조 쿨롬은 매장의 중요성을 아래와 같이 표현했다.

"나는 고객이 매장을 찾는 것 자체가 브랜드와의 접촉이고, 그것이 전부라고 생각했다."[2]

비즈니스를 시작했을 때부터 창업자는 트레이더 조를 단순히 상품을 판매하는 장소가 아니라, 고객이 탐험하고 발견하며 즐기는 공간으로 정의했다. 그러니 이러한 공간 경험은 온라인 쇼핑으로 절대 대체될 수 없다고 본 것이다. 이는 단순한 유통 채널의 선택 문제가 아니다. 앞선 장에서 언급했듯이 '매장이 곧 브랜드'라는 철학적 신념에 기반한 전략적 결정이다.

트레이더 조의 고객 경험은 매장 직원과의 상호작용에서 비롯된다. 고객은 직원에게 제품 추천을 받거나, 조리법을 공유받으며 브랜드와 감정적으로 연결된다. 트레이더 조 팟캐스트에서 타라 밀러는 다음과 같이 설명한다.[3]

> 저희는 매장을 하나하나 정성을 들여 준비합니다. 훌륭한 크루를 채용하고, 고객이 환영받는 분위기 속에서 새로운 상품을 발견하며 즐거운 경험을 할 수 있도록 설계합니다. 다양한 옵션을 신중히 고려한 끝에 우리는 여전히 동네 마트 같은 매장을 선호합니다. 여러분이 '오늘 저녁 뭐 먹지?'하는 생각으로 매장을 둘러볼 때 이웃들과 직접 인사 나눌 수 있는 곳, 그게 트레이더 조니까요.

2 Coulombe 앞의 책, Chapter 16. Too, Too Solid Store
3 Trader Joe's Inside Podcast, <The Store is the Brand>, 2018

매장을 방문한 고객에게 완벽한 경험을 제공하고자 하는 목적 이외에 트레이더 조가 온라인 쇼핑과 배송 서비스를 제공하지 않는 이유 중 하나로 물류비용 증가에 따른 가격 상승 우려이다. 트레이더 조 공식 팟캐스트에서 언급하길 온라인 주문, 배송, 창고 운영 등의 일은 추가 비용을 발생시키며, 이러한 비용을 고객에게 전가하고 싶지 않다고 전한다. 또한, 현재 회사의 경제 규모에서 온라인 쇼핑을 도입하면 가격 구조에 부정적으로 영향을 끼칠 것이라고 생각한다.

트레이더 조에게 있어 매장은 제품 이상의 가치를 전달하는 무대이며, 직원은 브랜드의 핵심 스토리텔러 역할을 수행하는 매우 중요한 장소이다. 회사는 직원들에게도 '매장은 우리의 브랜드The Store is Our Brand'임을 늘 강조한다. 직원 대상의 격주 뉴스레터인 블루틴Bulletin에는 매번 첫 페이지에도 동일한 문구가 적혀 있다. 그리고 바로 그 문구 아래에 '고객으로부터의 편지'가 실려있다. 최근 본인들이 방문한 트레이더 조 매장에서의 쇼핑 경험이 어땠는지를 얘기하는 고객들의 이야기를 싣고 있다. 놀라울 정도의 서비스에 대한 칭찬, 감동과 감사로 가득한 편지들이다. 이 고객의 소리를 읽은 직원은 다른 매장 동료가 베푼 서비스에 대한 고객의 감동 이야기를 읽으며 본인이 제공하는 서비스에 더욱 큰 가치를 느끼게 된다. 이어서 서비스 질도 한층 강화된다. 이런 고객 스토리를 읽는 것은 직원에게 큰 동기부여를 하며, 그 어떤 서비스 및 친절 교육보다 더욱 강력하고 효과가 높다. 또 이런 고객 감동의 훈훈한 이야기는 레딧의 트레이더 조 페이지에도 자주 올라와 고객들끼리 하트 이모티콘을 주고 받기도 한다.

"저는 단골입니다. 여러 가지 이유로 제가 방문하는 매장을 칭찬하고 싶어요. 직원들이 모두 하나같이 친절하고 항상 밝게 웃으면서 맞아 줍니다. 내가 찾는 제품을 물어보면 어떤 직원이라도 바로바로 나를 그 제품이 있는 곳으로 데리고 가줍니다."

- 캘리포니아주 매장

"그날은 제가 회사에 일도 많고 엄마도 편찮으시다고 해서 마음이 무거웠습니다. 거기에다가 아이가 갑자기 열이 난다고 하는 거예요. 시장은 봐야 저녁을 준비할 수 있어서 무거운 마음으로 동네 트레이더 조 매장에 왔습니다. 계산할 때 캐셔가 무슨 일이 있냐며, 힘들어 보인다고 묻는데, 그냥 울음이 나왔어요. 너무 힘겨운 하루였거든요. 그 캐셔는 힘내라면서 잠깐 기다리라고 하곤 꽃다발을 가져다줬어요. 이 꽃으로 하루를 즐겁게 마무리하라는 말과 함께요. 저는 너무 감동했습니다. 제가 캐셔 이름을 못 외웠어요."

- 유타주 매장

"저는 나이가 들어서 눈이 잘 안 보입니다. 그래서 제품 설명을 읽을 때 아주 힘들어요. 저는 오늘 예닐곱 개 제품을 사면서 크루들의 도움을 받았습니다. 20분 넘게 제 옆에서 제 쇼핑을 도와준 매장 직원 브리티니에게 감사해요. 계산을 마치니 또 다른 크루가 제 카트를 주차장까지 같이 밀고 나와서 짐을 실어주었어요. 나이가 들어가면서 쇼핑하는 것 자체가 겁이 나지만, 트레이더 조는 자신감을 줘요. 감사합니다."

- 일리노이주 매장

트레이더 조 홈페이지가 있다. 홈페이지에서 제품 설명을 볼 수 있으며, 쇼핑 장바구니 기능도 있다. 그러나 이 기능은 매장에서 직접 장 볼 때 프린트해 가라는 쇼핑 목록 정리 기능일 뿐이다. 혹시 이 쇼핑 장바구니에 넣는 기능이 온라인 쇼핑인 줄 오해할 수 있는 고객을 위해 안내문도 있다.[4] "이 쇼핑리스트는 단순한 쇼핑 목록일 뿐이며 온라인으로 어떤 제품도 판매하고 있지 않습니다."라는 내용과 함께 "정성들여 준비한 매장에는 제품 지식에 해박하고 친절한 크루 멤버들과 새로운 발견들로 가득차 있는 매장을 꼭 방문해달라"고 유쾌하게 고객들에게 얘기한다. 유통 전문가 코리 그린버그Corey Greenberg는 "트레이더 조 홈페이지에서 시장

4 Trader Joe's Homepage

바구니 넣기 버튼은 자동차 키를 말하는 것이다."라며 직접 운전하고 매장을 찾아가야한다는 것을 유머스럽게 이야기했다[5]

This shopping list is just a list

We do not sell any products online. We set up our stores with care, filling them with knowledgeable, welcoming Crew Members and a sense of adventure.

홈페이지 쇼핑리스트 안내 문구 (출처-트레이더 조 홈페이지)

20년 전에 마크 가디너Mark Gardiner 브랜딩 전략가는 《트레이더 조처럼 브랜드를 만들어라Build a Brand Like Trader Joe's》라는 책에서 트레이더 조가 온라인 판매나 디지털 플랫폼을 활용하지 않는 전략이 단기적으로는 차별화 요소일 수 있지만, 장기적으로는 성장과 고객 접점 확대에 제한이 될 수 있다고 분석했다. 사람들이 스마트폰으로 쇼핑하고 정보를 얻는 세상에서 그들과 연결되지 않으면 결국 잊히게 될 수 있다고 언급했다.[6] 그러나 20년이 흐른 후 트레이더 조는 지금도 제한적인 소셜미디어 게시물 이외에는 온라인 쇼핑 등의 기능을 활용하지 않고 있다. 오히려 이는 트레이더 조가 더욱 차별화되는 부분이며 더욱 빠르게 성장하고 있는 비결

5 42Signals, <Inside Trader Joe's Unique Retail Model>, 2023
6 Mark Gardiner, 《Build a Brand Like Trader Joe's》, bikewriter.com, 2012

이다.[7] 모든 것이 디지털화가 되어 가면서 멤버십 기반의 개인별 추천 및 맞춤 서비스가 필수가 되어 가는 요즘 이커머스 시대에 트레이더 조의 오프라인 매장 중심 전략은 100% 반대편에 서 있다. 트레이더 조 경영자들은 다음과 같이 말한다.

> "제품을 온라인으로 팔 수도 있겠지만 우린 그렇게 하지 않아요. 저희는 여러분의 쇼핑 데이터를 모을 수 있지만, 우리는 그렇게 하지 않습니다. 저희는 '와우(Wow)'하는 고객 감동을 현장에서 드립니다. 그게 전부입니다."[8]

그렇다. 트레이더 조는 클릭Click으로 갈 수 있는 곳이 아니라 직접 가야 하는 곳이다(Trader Joe is a place to visit, not a site to click).

코카콜라가 없는 것이 차별, 자체 브랜드로 승부

트레이더 조 매장에서 근무하며 가장 곤란한 일이 있다, 고객이 매장에 들어오자마자 코카콜라Coke가 어디 있느냐고 물을 때다. 단골손님들이야 그런 것을 묻지 않지만, 트레이더 조를 처음 찾는 사람들은 늘 묻는다. 도리토스Doritos, 버드와이저Budweiser, 하겐다즈Häagen-Dazs 아이스크림은 어디에 있는지 묻는 사람도 많다. 18개월 동안 트레이더 조에서 일하며 '~은 매장에 없습니다.'라는 말을 하루에도 몇 번씩 했다. 콜라가 없다

7 The Wall Street Journal 앞의 유튜브 채널, <How is Trader Joe's so cheap and popular?> YouTube, 2022
8 앞의 Trader Joe's Inside Podcast

는 말에 고객들은 믿을 수 없다는 듯 혹은 잘못 들었나 싶었는지 늘 두 번 세 번 재차 묻기도 했다. 도대체 콜라를 안 파는 슈퍼마켓이 있는가? 그렇다. 트레이더 조에는 우리가 늘 듣고 보던 유명 브랜드들이 거의 없다. 그런데 무언가 없는 것이 바로 트레이더 조의 차별점이 되었다. 1970년대 담배 판매를 중단한 것도 '없는 것이 차별이다'라는 창업자의 믿음에서 전격 이루어졌다.[9]

20년 전에 미국 샌프란시스코 출장길에 시내에 자리한 트레이더 조 매장을 처음 방문했던 기억이 난다. 출장 시간을 쪼개서 여기저기 쇼핑을 빠르게 다니고 해치우고 있었다. 마침, 의류 아울렛[Outlet] 바로 옆에 슈퍼마켓처럼 보이는 간판이 있어서 한국 동료들에게 줄 기념품을 사러 들어갔다. 페레로 로쉐[Ferrero Rocher]나 고디바[Godiva] 같은 유명한 초콜릿을 빨리 사서 나올 계획이었다. 그러나 내가 사려고 했던 유명 브랜드 초콜릿은 하나도 보이지 않았다. 몇 개 있는 것 같은데 죄다 '브랜드가 없는' 제품들이었다. 급하게 매장 여기저기를 돌아다니면서 사려고 했던 것들이 하나도 없고, 당시 내 눈엔 성에 차지 않는 이름 모를 브랜드 제품으로 가득 차서 실망만 하고 그냥 나와버렸던 기억이 있다. 나중에 알고 보니 그곳이 바로 트레이더 조였다. 아마 트레이더 조 매장을 잘 모르는 사람은 20년 전의 나의 경험과 동일할 것이다. 매장의 80~85% 이상이 트레이더 조가 직접 기획한 자체 브랜드[Private Brand](이하 PB) 상품이다.[10] 20년 전에는 낯설어서 사지 않고 나왔지만 지금은 오히려 PB 상품을 사러 트레이더 조 매장을 들른다. 빠듯한 출장 일정 중 반나절이라도 기어코 내서라도 말이다. 왜냐하면 매장을 직접 방문하지 않으면 그 어떤 곳에서도 살 수

9 Coulombe 앞의 책, Chapter 19. Demand Side Retailing
10 앞의 Trader Joe's Inside Podcast

없는 차별화된 제품이기 때문이다.

트레이더 조의 PB 제품을 통한 차별화된 전략은 창업 초기부터 시작되었다. 사실 제품 차별화는 절박한 생존을 위한 전략인 동시에 당시 아무도 쉽게 취하지 못했던 대담한 전략이기도 했다. PB는 품질, 원재료 공급, 포장 디자인, 가격까지 트레이더 조가 전반적인 제품 경험을 통제할 수 있게 해준다. 이는 유통 마진을 줄이고 공급업체와의 직접 거래를 통해 비용을 절감하는 데 크게 기여한다. 동시에 브랜드 일관성을 유지함으로써 고객의 인식 속에서 트레이더 조라는 브랜드 이름이 각인된다. 트레이더 조가 창업 초기부터 PB를 어떻게 전략적으로 이끌어왔는지를 살펴보자.

대중매체가 낳은 오리지널 브랜드 파워

라디오가 보급되고, 1960년부터는 TV가 미국 사회에 빠르게 확산된 후 모든 고객의 쇼핑 목록은 점점 획일화, 균일화되었다. 미국 전역에 사는 소비자들은 같은 것을 보고 같은 것을 사게 된 것이다. 대중매체 광고에 등장한 시리얼이나 비누, 면도기 등 소비자의 뇌리에 박히면서 속칭 '오리지널 브랜드Original Brand'의 힘은 점점 커졌다. TV 시청 인구 비율이 100퍼센트를 달성하게 되었고, 광고비는 이와 비례해서 급속히 올라갔다. 결국 재정적 뒷받침이 가능한 대기업만 광고 시간을 살 수 있게 되었고, 이런 대기업의 브랜드 제품들이 TV 채널 곳곳에 노출되었다. 소비자들은 대중매체에서 보고 들은 것을 슈퍼마켓이나 편의점에서 집어 갔다. 리테일 즉, 유통업체는 '투명 인간'처럼 소비자 눈에 인식되지 않았다. 즉, 어디서 사느냐는 중요하지 않았다. 그냥 집에서 가깝거나 할인 쿠폰이 있는 매장을 찾아가는 정도였다. 이 당시 상황을 조 쿨롬 트레이더 조 창업자는 미국 전역을 휩쓰는 브랜드 제품이 등장하게 되면서 슈퍼마켓이나 편의점과 같은 유통업체는 '거세된 남자'처럼 아무 영향력이 없어졌다고까지 표현했다. 라디오와 TV 광고 영향 때문에 슈퍼마켓의 판매 전략은 항상 브랜드 중심이 될 수밖에 없었다. 이러다 보니 매장에서 일하는 직원들도 제품 정보나 지식을 쌓을 이유가 없었다. 이런 상황에서 창업자는 오리지널 브랜드 제품 없이도 해내겠다라는 의지를 다졌고, 차별점을 위해서는 자체 브랜드, 즉 PB로 나아가야 한다고 판단했다. 그리고 그 성공 여부는 유통업체가 해박한 제품 지식을 가질 때 비로소 성공할 수 있다고 믿었다. 가장 먼저 대기업 영향으로부터 멀리 있는 와인이 그 출발점이었다.

와인 전략을 사용한 초기 자체 브랜드

트레이더 조의 첫 번째 PB 와인 상표는 1969년에 출시됐다. 큰 브랜드들의 우선순위가 아니었던 와인을 먼저 공략한 것이다. 나파밸리Napa valley의 와이너리에서 생산된 와인이었다. 그해 와인의 품질이 좋지 않아 포기한 제품을 트레이더 조가 가져와 PB로 붙여 판매했다. 그 당시만 해도 제품에 관한 지식이 많지 않아 품질 평가 기준에 대한 아이디어가 부족했다. 와인의 경우 대부분의 고객이 구매하자마자 바로 먹지 않고 저장고에 보관 후 한참 뒤 먹었고, 혼자보다 여러 사람들과 함께 있을 때 마시기 때문에 품질이 떨어지는 제품을 팔았을 때 부정적 여파가 컸고 오래 지속되었다. 그래서 트레이더 조의 PB 이미지를 심는 데 성공하지 못했다. 그렇지만 조 쿨롬 창업자는 첫 와인의

PB 시도를 통해 자체 상품에 대한 전략을 배우기 시작했다.[11] '특정 지역, 특정 연도에 생산되는 와인처럼 다른 식료품에도 이를 적용할 수 있지 않은가' 하는 발상이었다. 조 쿨롬은 옥수수 통조림에 수확 연도와 장소를 표기해 차별화를 시도했다. 이름하여 아이다호의 특정 밭에서 재배된 빈티지 옥수수 통조림Vintage Dated Canned Corn이었다. 옥수수 통조림은 다 똑같다는 생각에서 벗어난 혁신적인 생각의 전환이었다. 마우이섬의 파인애플, 1981년에 생산한 콩코드 포도 주스 등이 있었다. 와인을 판매하는 것처럼, 당시 《피어리스 플라이어》 뉴스레터에 이런 제품들이 얼마나 들어왔는지 보유 수량도 발표했다고 한다.

건강함에 포커스를 맞춘 '프리미엄'으로 인정된 자체 브랜드

조 쿨롬은 창업 초기 주 타깃이었던 '교육을 많이 받은 트레이더 조의 중심 고객들'이 1970년대를 지나오면서 점점 건강에 관심을 쏟는 트렌드를 알아차렸다. 이런 고객의 욕구를 반영하여 건강에 좋은 것, 의학적으로 나쁜 것으로 판명된 성분들이 들어가지 않은 PB 상품을 만들기 시작했다. 당시 대부분의 건자두에는 소르베이트Sorbate라는 방부제가 들어가 있었는데, 이것이 들어가지 않은 제품을 PB로 출시했다. 또한, 납이 검출되지 않는 캔을 사용한 PB 제품을 만들고, 알코올이 함유되지 않은 바닐라 추출 시럽, 저나트륨 베이킹 파우더 등도 PB로 출시했다. 이런 제품을 런칭할 때 트레이더 조는 뉴스레터를 통해 고객들에게 적극적으로 제품 성분에 알렸고, 고객들은 제품 지식을 높여갔다. 똑똑하고 현명한 소비를 하는 고객은 점점 더 건강한 이들 제품에 빠져들기 시작했다. 첫 번째

11 Coulombe 앞의 책, Chapter 14. Private Label Products

PB 식품인 그래놀라 성공 이후 트레이더 조의 PB 제품들은 소비자들의 선택을 지속적으로 받고 있다. 그 이유는 단순하다. 트레이더 조에는 PB를 붙일 때 원칙이 있기 때문이다.[12] 바로 '무엇이 들어 있나'보다 '무엇이 들어 있지 않나'를 중요한 기준으로 삼는다.

트레이더 조 PB 제품에 포함되지 않는 성분 목록[13]

-인공 향료
-인공 색소
-대부분의 방부제(일부 이산화황Sulfur dioxide 및 소르빈산칼륨Potassium Sorbate 예외)
-글루탐산나트륨Monosodium Glutamate, MSG
-유전자 변형 생물Genetically Modified Organism, GMO
-인공 트랜스 지방Artificial trans-fats
-표백된 밀가루
-재조합 소성장 호르몬rBST

트레이더 조 매장에 있는 밀가루는 모두 표백되지 않은 흰 밀가루와 통밀가루다. 백색 설탕이 있지만 유기농 사탕수수 설탕을 판매한다. 트레이더 조 PB가 붙어 있다면 위 성분에 대해서는 보장이 된 것이다. 일반적으로 리테일 사업자들이 자체브랜드를 오리지널 브랜드보다 낮은 품질과 가격으로 만드는 전략과 반대로 트레이더 조의 PB 제품은 품질이 더 우수한 프리미엄 제품으로 만들고, 유해 성분 물질까지 포함하지 않는다는 인식과 함께 "트레이더 조 PB면 믿을 수 있다"라는 제품 신뢰를 얻고 있다.

12 앞의 Trader Joe's Inside Podcast, <Trader Joe's Designs Delicious>, 2022
13 Trader Joe's Homepage, Product FAQs, 2024

환경을 컨셉으로 한 자체 브랜드

1980년대 들어와 친환경이 또 하나의 중심 트렌드가 되었으며 트레이더 조의 주요 소비자들에게 중요한 요소가 되었다. 창업자는 가치소비를 중요하게 생각하는 소비자들의 탄생을 미리 예견했다. 트레이더 조 초창기 매장에는 그물 대신 낚시로 잡은 다랑어, 인산염Phosphates이 포함되지 않는 세제 등이 있었다. 물론 뉴스레터를 통해 이러한 친환경, 생태학적 접근이 왜 중요한지도 소비자들에게 적극 알렸다. 트레이더 조는 그 이후 화학 비료를 사용하지 않는 유기농 제품을 지속적, 적극적으로 발굴해 전체 제품 중 유기농 제품 구성률을 꾸준히 높이고 있다. 요즘 트레이더 조 진열대에는 유기농 마크가 붙은 제품이 더 많이 눈에 띌 정도이다. 현미, 렌틸콩, 망고, 브로콜리 등 천연 곡물 및 과일 채소부터 두부, 크래커, 콘칩 소스, 그래놀라 등 가공품 등 다양한 유기농 제품을 판매한다. 나아가 친환경 포장에서도 트레이더 조의 앞선 리더십이 돋보였다. 1977년에 '나무를 살리자Save-A-Tree' 슬로건으로 업계에서 가장 먼저 재사용이 가능한 쇼핑백을 도입해 슈퍼마켓 시장에서 선구자로 알려졌다. 또한, 2019년부터 전 매장에서 일회용 비닐봉지 제공을 중단했다. 앞서 소개했듯 최근에는 캔버스 천으로 만든 미니 토트백을 판매해 매번 완판을 기록하고 있다. 이렇게 트레이더 조는 고객들에게 친환경, 생태적인 기업으로 인식되고 있다.

비건, 글루텐 프리를 컨셉으로 한 자체 브랜드

채식과 글루텐 프리Gluten-free 등에 대한 관심이 커지면서 트레이더 조의 PB 제품에 이러한 고객들의 요구를 적극 도입하기 시작했다. 비건용 휘핑 크림, 크림 드레싱, 치즈, 한국식 비빔국수, 시금치 라비올리 등 트레이더 조는 비건 제품을 100여 개가 넘게 제공한다. 심지어 치즈버거 맛 도그 트릿이나 피넛버터&바나나와 같은 비건용 강아지 간식도 있다. 또한 글루텐을 소화하기 어려운 사람들이나 글루텐을 피하고자 하는 소비자를 위해 글루텐 프리 제품을 적극 늘리는 중이다. 치즈 피자, 글루머핀, 쿠키 등 현재 300여 가지가 넘는 제품을 글루텐 프리로 판매한다.

고급 미식가를 위한 수제 혹은 소량 생산 자체 브랜드

트레이더 조 PB 제품 중에는 수제로 전통 방식을 따르는 장인Artisan이 만들거나 소량으로만 생산되는 제품들도 많아 까다롭고 섬세한 미식가들에게도 인기가 높다. 이탈리아 전통 방식으로 장인 가족들에 의해 만들어진 유기농 하트모양 파스타Italian Artisan Heart Shaped Pasta는 셰프에게도 인기가 높다. 내가 일했던 실리콘밸리 지역 매장에서 특히 많이 팔려던 아이템으로는 소량으로 조리된 전통적인 치킨 수프인 케틀 치킨 스프Kettle Cooked Chicken Soup, 바로 마실 수 있는 콜롬비아산 아라비카 원두를 사용하여 소량으로 추출한 콜드 브루 커피Cold brew coffee, 전통적인 방식으로 만들어진 수제 지팡이 캔디Handmade Candy Cane 등이 있었다. 트레이더 조의 제품 가격이 저렴하다고 해서 절대 싸구려 제품이 아니다.

트레이더 조의 차별화는 이처럼 PB 제품의 영향도 있지만, 유명 브랜드 제품이 없기에 더욱 특별해 보인다. 창업자 조 쿨롬은 "때로는 판매하지 않음으로써 차별화될 수 있다"라고 말했다.[14] 그는 1970년대 초 코카콜라와 담배, 여자의 나체 사진이 담긴 잡지를 판매하지 않는 대담한 결

14 Coulombe 앞의 책, Chapter 19, Demand Side Retailing

정을 했다. 대부분의 고객은 담배가 없다거나, 코카 콜라 혹은 켈로그 시리얼, 콜케이트 치약 등이 없다고 발길을 끊지 않았다. 오히려 트레이더 조 고객은 어디서건 살 수 있는 제품보다 가치 있는 트레이더 조 마크가 붙은 PB 제품을 더 선호하게 되었다. 아무 곳에나 팔지 않는 제품을 팔았기에 고객들은 트레이더 조 매장에 와야했다. 물론 즐거운 탐험의 마음으로 말이다. 그렇게 트이레더 조는 자신들만의 PB 제품으로 차별화를 꾀하고 브랜드 가치를 높일 수 있었다.

스토리텔링이 있는 전략적 네이밍

오늘도 트레이더 조 고객이 느끼는 즐거움 중 하나는 제품 이름에 관한 것이다. 알렉산드라 왓킨스는 책 《Hello, My Name is Awesome: How to Create Brand Names That Stick》에서 "기억에 남는 좋은 브랜드 이름은 웃음을 준다.(A good brand name should make you smile instead of scratch your head.)"라고 말했다.[15] 트레이더 조 제품의 경우가 정확히 그렇다. 위트, 유머, 해학, 풍자, 창의성 등이 제품명에 그대로 녹아있다. 그래서 하나하나 뜯어보는 맛이 있다. 어떤 제품명은 너무 창의적이고 유머러스해서 옆 사람이 민망할 정도로 빵 터지게 만들기도 한다. 어떤 제품은 은근한 위트에 미소를 자아내도록 만든다. 각종 나라나 문화를 대표하는 제품들의 경우 그 나라나 문화 출신 사람들을 으쓱하게 만들기도 한다. 물론 어떤 제품은 일부러 성의 없게 혹은 건조하게 지은 듯한 것도 있을 수

15 Alexandra Watkins, 《Hello, My Name is Awesome: How to Create Brand Names That Stick》, Berrett-Koehler Publishers, 2014

있다.

제품명에 대해서 조 쿨롬은 창업 때부터 '개별화'라는 확실한 네이밍Naming 전략이 있었다.[16] 제조된 해와 와이너리에 따라 제각각인 와인처럼 제품에 맞는 상표를 개별화하겠다는 것이었다. 특히, 제품 이름에 가급적 예술적, 음악적, 문학적, 역사적, 과학적 비유를 많이 사용했다. 창업 초기 자체 상표 베이커리를 시작했을 때는 브란덴브르크 브라우니Brandenberg Brownies(브란덴브르크 협주곡에서 따옴), 베이글 스피노자Bagel Spinoza, 땅콩 파스칼Peanut Pascal, 디즈레일리 앤 글래드스톤의 영국식 머핀Disraeli & Gladstone's British Muffins(디즈레일리와 글래드스톤은 19세기 영국 정치사에서 가장 유명한 라이벌이었음.)등이 있었다.

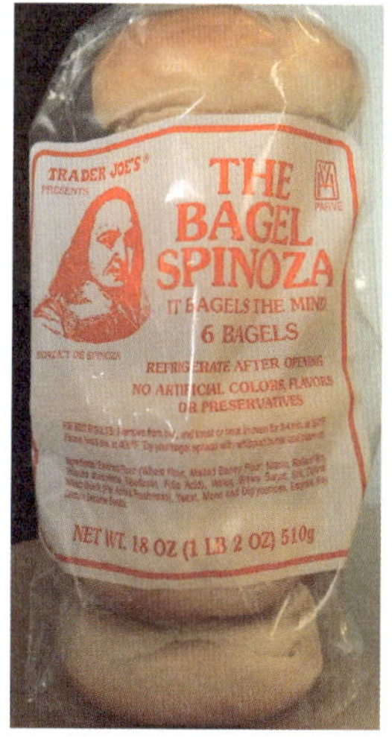

베이글 스피노자[17]

* It Boggles the Mind(정신을 멍하게 만든다)를 패러디해서 It Bagles the Mind 라고 설명했다.

16 Coulombe 앞의 책, Chapter 14. Private Label Products

17 Nathan Rodgers, <Trader Joe's The Bagel Spinoza>, What's Good at Trader Joe's?, 2013

브랜드 전략의 바이블이라고 불리는 《브랜드 갭》을 쓴 마티 뉴마이어 Marty Neumeier에 따르면 브랜드 네이밍 방식에서 중요한 요소 세 가지를 꼽았다.[18] 브랜드 정체성 강화하고, 통일된 이름과 로고를 사용하며, 신뢰와 전문성에 초점을 맞추어야 한다고 했다. 그런데 이런 트레이더 조의 네이밍 방식은 전통적인 브랜드 네이밍 방식과는 전혀 다르다. 트레이더 조는 개별적 브랜드 네이밍 방식을 취했다. 일관된 정체성이나 통일성, 전문성보다 유머와 친숙함 그리고 발랄함을 바탕으로 일상 속 발견의 재미를 제공하는 데 초점을 맞춤으로써 '개성 있는 브랜드 경험'을 제공한다. 트레이저 조의 다양한 네이밍 방법들을 살펴보자.

첫째, 제품 정보를 그대로 총동원하는 방법이다. 제품 이름만 보더라도 어떤 제품인지 단번에 알아채도록 만든다. 물론 호기심도 자극하며 재미있게 만든다. 대체로 이름이 길다.

Chili & Lime Flavored Rolled Corn Tortilla Chips	돌돌 말린 칠리와 라임맛 콘 토르티아 칩 → 이름만 들어도 모양이 상상된다.
Spiced Cider	매운맛 사이다 → 발효된 애플 주스가 매우면 어떤 맛일지 호기심을 유발한다.
Just Mango Slices	오직 망고 슬라이스 → '오직'이라는 말을 넣어 첨가물이 없는 순수한 망고를 강조한다.
Slightly Coated Almonds	코팅이 살짝 된 아몬드 → 설탕이나 초콜릿이 적게 들어가는 것을 선호하는 데서 착안, 더 적게(less and less)를 강조한다.
A Handful of Tiny Dark Chocolate Covered Pretzels	한 줌의 작은 다크 초콜릿으로 덮여진 프렛젤 → 소용량의 작은 사이즈를 잘 표현했다.

둘째, 제품 정보를 활용해서 창의적인 제품 이름을 만든다.

18 마티 뉴마이어(Marty Neumeier), 《브랜드갭》(김한모 역), 알키, 2016

Unexpected Cheddar Cheese	예상하지 못했던 맛의 체다 치즈 → 첫맛은 체다 치즈지만 파마산 치즈 풍미로 놀라움을 더한 제품, 이름에 '예상치 못한'이라는 말로 호기심을 유발한다.
Everything but the Bagel Sesame Seasoning Blend	베이글 빼고 다 있는 깨소금 시즈닝 블랜드 → 베이글 위에 올라가는 시즈닝이지만 베이글이 없다는 뜻으로 제품 정보를 이름에 드러내면서도 위트가 있다.
Watermelon Jerky	수박 육포 → 저키는말린 고기에 붙이는 이름이지만 수박에 붙여 육포 같은 식감을 상상토록 만들었다.
No Joke, Ginger	농담아님, 생강 => 생강즙으로 만들어진 아주 진한 쥬스임을 강조한다.
Sea Salted Saddle Potato Crisps	바다 소금이 들어간 안장 모양 포테이토 칩 → 이름 그대로 제품을 상상할 수 있으며, 칩 모양이 안장과 비슷한 모습에서 이름을 지었다.

셋째, 제품 특성이 드러나는 말장난이나 언어휴희를 사용한다.

Chips in a Pickle	피클 맛 칩 → 'I'm in a pickle'은 영어로 '곤경에 빠진'이라는 뜻을 담고 있는 관용어다. 제품 이름이 '곤경에 빠진 칩'이라는 의미로 읽히도록 만들어 재미를 줬다.
Teeny Tiny Avocados	아주 작은 아보카도 → 과일 채소 구역에서 찾을 수 있는 6개들이 아보카도 묶음이다. 요리할 때 보통 아보카도 한 개를 다 못쓰고 남기는 데 착안해서 이 아보카도는 크기가 아주 작아 남기지 않아도 될 크기임을 강조한다.
Sunday Brunch Chicken & Blueberry Waffle Recipe Dog Treats	치킨과 블루베리가 들어간 일요일 아침 강아지를 위한 특별식 → 강아지와 함께 일요일 브런치를 즐겨보라는 유쾌한 권유처럼 느껴진다.
Crispy Crunchy Chocolate Chip Cookies	바삭바삭한 초콜릿 칩 쿠키 → 제품명에 다섯 개의 C로 시작하는 단어를 조합해 누구나 입에 착 붙는 이름으로 만들었다.
Totally Toad-ally Gummy Frogs	완전 두꺼비 같은 개구리 모양 젤리 → 발음이 비슷한 두 단어를 넣어 언어유희를 만들어 냈다.

넷째, 유명한 문장이나 일상에서 자주 쓰는 문장을 패러디Parody한다. 이것 또한 제품의 특징을 잘 나타낸다.

Hold the Cone	한입에 들어가는 초미니 아이스크림 콘 → 영어 표현 'Hold the phone!'의 패러디로 재미를 더했다.
This Strawberry Walks Into a Bar	딸기잼이 들어 있는 시리얼 바 → 딸기가 술집(Bar)에 걸어 들어간다는 뜻으로 읽히지만, 영어권에서 농담을 꺼낼 때 흔히 사용하는 표현(OOO walks into a Bar)을 패러디한 이름이다.

Gone bananas	초콜릿에 코팅한 냉동 바나나 → 'Go bananas'라는 표현은 일상에서 미치다, 흥분해서 난리가 난다라는 뜻으로 쓰이며 이를 제품명에 중의적으로 사용하여 맛의 기대치를 높인다.
Some Enchanted Cracker	여러 통곡물이 들어간 크래커 → 1950년대 유명했던 뮤지컬인 'Some Enchanted Evening'이라는 제목을 패러디해서 만들었다. Enchanted의 뜻은 '마법에 걸린' 이다. 마법에 걸릴 정도로 맛있는 크래커를 뜻한다.
It's Sedimentary, My Dear Cookie	층층이 다른 재료가 병에 담긴 DIY 스타일 베이킹 제품 → 직역하면 '퇴적암, 나의 쿠키'이다. 셜록 홈즈에서 유명한 대사인 "It's elementary, my dear Watson."과 리듬이 비슷하게 패러디하면서도 제품 특징을 잘 살린 패러디 제품명이다.

다섯째, 각국 나라의 문화와 특성을 그대로 살려 해당 제품과 문화적 배경이 연결된 사람에게 자부심을 준다. 특히, 다양한 문화와 지역색을 그대로 드러내도록 하위 브랜드를 만들었다. 가령 Trader Giotto's(이탈리안 제품), Trader Ming's(중식), Trader José's(멕시코식) 등이다. 특히 한국산 냉동 김밥과 같은 한국식 제품의 경우 한글로 '트레이더 조'라고 포장에 인쇄했다.

트레이더 조 김밥에 들어간 한글 로고(출처_트레이더 조 홈페이지) 19

19 / Trader Joe's Homepage

Gochujang	고추장 → 한국의 고추장 발음을 그대로 사용했다. 보통 리테일들은 일반 명사를 사용해 'Red pepper paste'처럼 특징 없이 제품명을 짓고 있다.
Mandarin Orange Chicken	만다린 오렌지 치킨 → 오렌지 소스가 들어간 탕수육과 유사한 제품으로 냉동 코너에서 인기가 많다. 만다린이란 단어를 넣어 중국 정통 요리라는 인식을 심어준다.
Scandinavian Swimmers	물고기 모양 젤리 → 스웨덴 물고기[Swedish Fish]라는 비슷한 제품이 다른 리테일에 있는 것을 재치있게 모방했다. 제품을 모방했다는 것을 인정하는 자신감도 느껴진다.

여섯째, 무미건조하고 성의 없게 지은 제품이다. 모든 제품에 이름을 붙이는 시간이 아까워서인지, 혹은 전략적으로 일부러 일반명사나 일반 명칭을 그대로 사용한 경우이다. 특히 기존에 있는 유명한 회사 브랜드 제품과 비슷한 제품일 경우에도 무미 건조하게 짓는 네이밍 경향이 있다. 일반명사이지만 눈에는 더 잘 들어오기도 한다.

Hashbrwns	해쉬브라운 → 일반명사가 제품명이다.
Fresh Squeezed Lemonade	신선하게 짠 레몬에이드 → 일반명칭이 제품명이다.
100% Red Grape Juice	100% 포도주스 → 일반명칭이 제품명이다.
Cold Brew Coffee	콜드부루커피 → 일반 명칭이 제품명이다.
Whole Grain Waffles	통곡물 와플 → 일반명칭이 제품명이다.

Slightly Coated Almonds

Just Mango

No Joke, Ginger

this strawberry walks into a bar

Teeny Tiny AVOCADOS

Gochujang (고추장)

판매하는 제품의 네이밍은 궁극적으로 전체 브랜드의 분위기와 잘 어울려 소비자의 뇌리에 남아야 한다. 트레이더 조의 제품명은 재미, 해학, 위트의 요소를 담아냄으로써 소비자의 마음에 '각인'되는 효과를 적극 활용한다. 또한 마티 뉴마이어는 《브랜드 갭》 책에서 강력한 브랜드를 만들기 위한 다섯 가지 핵심 원칙을 제시한다. 이 관점을 통해 일반적인 네이밍 전략과 트레이더 조 네이밍 전략을 비교해보자.

일반적인 네이밍 전략과 트레이더 조 네이밍 전략 비교

구분	일반적인 브랜드 네이밍 전략	트레이더 조의 네이밍 전략
1. 차별화 (Differentiation)	한 가지 대표 브랜드 네임을 일관되게 사용하며, 이는 소비자에게 품질, 기능성을 직관적이고 즉각적으로 느낄 수 있도록 만듦. → Nature Valley, SmartWater, Clean & Clear	문화적 정체성과 유머를 결합한 은유적인 하위 브랜드를 만들어 해당 제품군에 개성을 부여. → Trader Giotto's (이탈리아 음식제품에 사용), Trader Ming's (중국식 음식제품에 사용), Trader José's (멕시칸 음식제품에 사용), Trader Darwin's(비타민제에 사용) 등
2. 협업 (Collaboration)	네이밍 전문 에이전시나 컨설턴트와 협력하여 다단계 검증 절차를 거침. 법적 등록 가능성과 글로벌 언어 간 혼동 가능성도 점검(Wheeler, 2017).	사내 직원이나 제품 담당자가 제안한 이름을 그대로 사용하는 사례 다수. 소비자 피드백을 수시로 반영하여 이름을 바꾸기도 함.
3. 혁신 (Innovation)	기능적 명명을 중시한다. 제품의 기능, 성분, 사용 목적을 강조하여 소비자의 정보 탐색 비용을 낮춤. → Hydra Boost Serum, Daily Moisturizing Lotion, Low-Fat Greek Yogurt	기능성 명명과 제품 정보 제공도 중요하게 여기지만, 동시에 유머와 말장난을 결합한 이름으로 소비자 호기심을 자극. → Sunday Brunch Chicken & Blueberry Waffle Recipe Dog Treats (치킨과 블루베리가 들어간 선데이 브런치용 강아지 간식)
4. 검증 (Validation)	브랜드 가이드라인 및 시장조사를 바탕으로 소비자 인지도와 연상 이미지 등을 검증. 테스트 마케팅과 포커스 그룹을 통해 최종 결정.	구조화된 검증시스템 대신 고객 반응을 빠르게 확인해 채택/폐기하는 실험적 방식 → Unexpected Cheddar Cheese.(예상하지 못했던 맛의 체다치즈)
5. 육성 (Cultivation)	브랜드 아키텍처Brand Architecture를 통해 상위 브랜드와 하위 브랜드 간 관계를 체계적으로 관리. → Apple - iPhone - iPhone Pro 또는 Nestlé - Nescafé - Nescafé Gold	이름의 톤과 감성은 일관성을 유지하되, 제품명의 개별화. 동시에 인기있는 제품은 다른 제품군에 사용. Everything but the Bagel 시즌닝이 인기가 있자 같은 이름으로 크래커와 소스 등을 만듦

이렇듯 트레이더 조의 네이밍 전략과 실제 제품 이름은 기존에 일반적으로 볼 수 있는 네이밍 전략과 많이 다르다. 무엇보다 중요한 것은 네이밍을 할 때 '주요 고객이 이것을 알아주느냐'이다. 앞서 얘기했듯이 트레이더 조의 경우 타깃 고객이 '교육을 많이 받은' 그룹이다. 무엇보다 이들은 인문학적, 역사적, 과학적, 예술적 분야 상식이나 지식에 익숙한 사람들이다. 이를 활용한 은유나 패러디를 발견할 때마다 그들은 자신의 지적 수준에 스스로 만족하기도 하고, 그 제품에 친밀감과 동질감을 느낄 수 있게 된다. 네이밍에서도 트레이더 조는 고객과 감성적 연결이 긴밀히 이루어지는 것이다.

트레이더 조의 맛있는 패키지 전략

"보기 좋은 떡이 맛있다."

리테일 비즈니스에서 패키지 디자인은 비즈니스 성공으로 곧장 이어질 수 있는 중요한 브랜드 차별화 요소 중 하나이다. 대표 경영학자인 마이클 포터Michael E. Porter는 《경쟁 우위》 책에서 경쟁사와 구별되는 독특한 가치를 제공함으로써 경쟁 우위 확보를 가질 수 있다고 강조했다.[20] 슈퍼마켓과 같은 리테일 환경에서의 패키지 디자인은 단순히 제품을 담는 용기를 넘어, 쇼핑하는 순간 소비자의 구매 결정에 강력한 영향을 미치는 차별화 수단이 될 수 있다. 이런 패키지 디자인의 중요성은 여러 소비자

20 마이클 포터, 《마이클 모터의 경쟁우위》(범어디자인연구소 역), 비즈니스랩, 2021

구매 행동 조사 결과가 뒷받침하기도 한다.

- 72%의 소비자가 패키지 디자인이 구매 결정에 영향을 미친다고 답했다.[21]
- 2/3의 소비자는 눈에 띄는 포장 때문에 새로운 제품을 시도한 경험이 있다.[22]
- 63% 소비자는 패키지 디자인 때문에 재구매를 결정 한다.[23]
- 52% 소비자는 패키지 디자인 때문에 다른 브랜드로 갈아탄다.[24]
- 30% 기업은 패키지 향상 후 매출증가를 경험했다.[25]

트레이더 조는 제품 패키지 디자인에 있어 단연 차별화를 갖는 기업이다. 유쾌하고 이색적인 브랜드 퍼스널리티Brand Personality가 제품 포장에 그대로 드러난다. 이는 위에 설명한 독특한 네이밍 전략과도 밀접하게 연결되어 있다. 트레이더 조 인사이드 팟캐스트(2022)에 따르면 트레이더 조 디자인팀에서 각각 19년째 일을 하고 있는 잭Jack과 35년째 일을 하고 있는 소니Sonny는 패키지 디자인 영감을 다양한 요소에서 얻는다고 한다.[26] 전 세계 탐험이라는 브랜드 성격만큼 트레이더 조에는 다국적, 다문화 제품들이 많다. 이들 제품 패키지 디자인에는 해당 국가나 지역을 연상시키는 요소를 사용한다고 한다. 각 문화를 연상시키는 디자인 요소를 사용해서 제품의 맛과 기원에 대한 정통성을 부각하는 방법이다. 예를 들면, 살라미와 파스타 소스와 같은 이탈리아 제품 패키지의 경우 이탈리아 국기에 들어간 삼색(빨간색, 흰색, 녹색)을 활용하거나 이탈리아 시골 풍경 이미지를 사용한다. 한국 음식 제품인 소고기가 없는 불고기 패

21 Ipsos, <Five packaging design trends that make you want to buy>, 2024
22 WestRock, <Packaging Matters, Consumer Insight Study>, 2016
23 Mohammad Yaqub, <The Importance of Product Packaging - 7 Statistics And Data>, BusinessDasher, 2024
24 Yaqub 위의 블로그
25 Yaqub 위의 블로그
26 Trader Joe&s Inside Podcast, <Designing Delicious>, 2022

키지에는 종지 그릇에 들어 있는 고추장 이미지가 들어가 있고, 한국산 냉동 김밥은 대나무 김말이 이미지를 넣어서 한국의 전통적 분위기를 잘 살렸다. 아시아 음식인 만두(덤플링)는 대나무로 만든 찜기 이미지를 사용했고 중국 음식 중 하나인 만다린 오렌지 치킨은 중국을 대표하는 금색과 빨간색으로 패키지를 꾸몄다. 이런 문화와 지역 요소를 활용한 패키지 디자인은 대략 한화로 3~5천 원 남짓 되는 냉동 음식일지언정 뭔가 '진짜배기' 정통적인 음식을 먹는 것 같은 만족감을 소비자에게 준다.

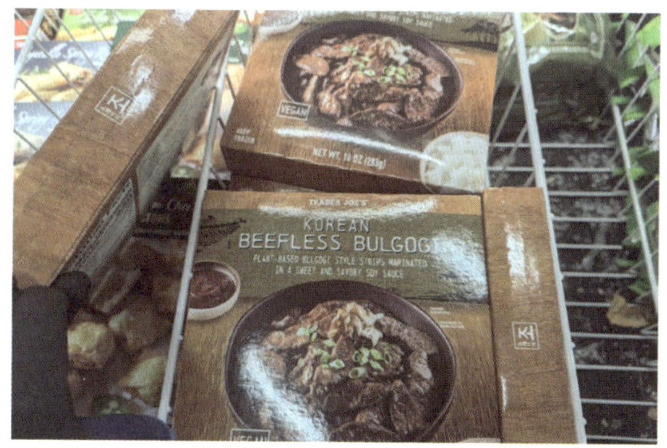

KOREAN BEEFLESS BULGOGI (한국식 소고기가 안들어간 불고기)

트레이더 조 패키지에서 빠질 수 없는 것은 재미와 이색적인 요소이다. 볼 때마다 재미있는 사각 티슈 패키지를 살펴보자. 이 패키지는 사각 육면에 티슈가 필요한 다양한 순간들이 적혀 있다. 물론 재미있는 그림과 함께 말이다.

"I'm there when you run out of toilet paper."

(화장실 휴지가 다 떨어질 때 제가 있어요),

"I'm there when you need to pick up icky things."

(더러운 것 만져야 할 때 제가 있어요).

"I'm there when you are sad."

(슬프고 눈물 날 때 제가 있어요).

사각 티슈

책상 위에 놓여있는 티슈 상자에 쓰여 있는 이 문구를 볼 때마다 자연스레 입에 미소가 지어진다. 또 티슈 상자 한쪽 면에는 "Please don't leave me in your pocket when you do laundry(빨래할 때 저를 주머니에 남겨두지 마세요)."라고 적혀 있다. 이 문구는 주머니 속 휴지를 넣고 세탁해서 전체 세탁물이 하얀 가루로 뒤덮인 경험이 있는 사람이면 누구나 쉽게 공감하는 말이다. 이 문구는 빨래하기 전 한 번 더 주머니를 확인하게 만든다.

트레이더 조는 아는 사람만이 아는 은근한 패러디 이미지도 활용한다.

이들은 그 위트를 알아보는 사람들에게 숨어있는 재미를 준다.[27] 대표적인 예로 트레이더 조의 시저 샐러드다. 박스에 들어 있는 이 샐러드 패키지에는 고대 로마 전사의 조각상 이미지가 들어 있다.

CAESAR SALAD (시저 샐러드)

사실 '시저 샐러드'의 시저는 1920년대 이탈리아 미국인 실존했던 요리사 시저 가르디니Caesar Gardini를 말하는 것이다. 시저 샐러드를 만들어낸 셰프란 사실을 잘 모르는 사람이 많을 것이다. 이 시저 샐러드가 샐러드 업계를 평정했다는 점에서 로마 시대를 평정한 율리우스 카이사르Julius Caesar와 영어식 발음의 유사점이 있는 데서 모티브를 얻었다.[28]

제품 이름과 모양에서 디자인 모티브를 착안한 사례도 있다. 바다 소금이 들어간 안장 모양 포테이토 칩Sea Salted Saddle Potato Crisps이라 불리는

27 Julie Averbach, 《The Art of Trader Joe's: Discovering the Hidden Art Gems of America's Favorite Grocery Store》, ARTsee Press, 2024
28 Averbach의 위의 책

감자칩은 유명 포테이토칩 브랜드인 프링글스와 비슷하게 생겼다. 긴 원통형 패키지와 감자칩 모양이 프링글스와 동일하지만 바다 소금 성분이 차별화 포인트이다. 이 패키지 디자인을 보면 어떤 19세기 복장을 한 콧수염의 남자가 말을 타고 있는 듯 포테이토 칩이 안장인 양 앉아 있다. 둥그렇게 휘어진 감자칩을 안장에 비유한 이름에 걸맞게 제품 디자인도 이를 따랐다.

Sea Salted SADDLE POTATO CRISPS
(바다소금 안장모양 바삭바삭한 감자칩)

트레이더 조에서 제품 패키지 디자인의 특징 중 하나는 19세기 이전에 그려진 만화(삽화)다. 창업자 조 쿨롬이 평소 관심 있어서 모아두었던 옛날 이미지들이 많이 사용된다는 것이다.[29] 이들은 저작권이 없고 이미지가 독특해 눈길이 더 간다. 다른 곳에 볼 수 없는 이런 이미지들이 트레이더 조의 이색적인 브랜드 성격과 이미지를 만드는 데 한몫하고 있다. 그

29 Coulombe 앞의 책

러나 음식의 경우는 먹음직한 이미지가 점점 중요해지고 있어 최근에는 삽화보다 실제 음식의 실사 이미지를 사용하는 것으로 바뀌고 있다. 인도 음식인 치킨 티카 마살라Chicken Tikka Masala 패키지에는 조리된 이후 먹음직스럽게 보이는 사진을 넣어, 냉동 제품이지만 몇 분만 데우면 아주 그럴싸한 정찬이 된다는 기대감을 소비자에게 준다.

치킨 티카 마살라 외 인도 카레 제품들

트레이더 조의 패키지 디자인이 워낙 특이하다 보니 제품에 사용된 디자인을 분석한 책, 《The Art of Trader Joe's: Discovering the Hidden Art Gems of America's Favorite Grocery Store》(트레이더 조의 아트: 미국에서 가장 사랑받는 슈퍼마켓에 있는 숨겨진 아트 보석들)이 나왔을 정도이다. 특히 요즘 젊은 세대들에게는 '소셜미디어에 얼마나 올리고 싶은가'도 예쁘고 멋진 패키지 디자인을 창조하는 데 큰 몫을 담당한다. 나아가 점점 더 많은 소비자가 소셜미디어를 통해 제품 사진이나 정보를 접하고 바로 구매를 결정하기 때문에 더욱 중요해지고 있다. 한 연구에 따르면 제품 이미지가 독특한 경우 65% 이상의 소비자가 이런 제품을 소셜미디어에 공유할 의향이 있다고 답했을 정도다.[30] 실제로 경쟁 리테일 회사인 홀푸드나 타깃의 제품 포장이 예쁘거나 특이하다고 소셜미디어에 올리는 소비자는 잘 없다. 그러나 트레이더 조의 많은 소비자들은 진심 어린 팬덤으로 틱톡이나 레딧과 유튜브에 재미있는 제품 디자인을 자주 소개하고 있다. 이러한 입소문들이 결국 매장의 매출, 비즈니스 성장으로 이어지는 브랜드 선순환을 이끈다.

디지털 리테일 미디어가 없는 매장

유학생 시절 처음 방문했던 트레이더 조의 매장 광경은 30여 년이 넘은 지금도 그다지 달라진 점이 없다. 사람으로 비유하면 늘 마음 푸근한 아주머니나 아저씨, 혹은 수십년 만나온 오랜 친구같이 익숙하고 편안한 느낌을 전달한다. 매장을 방문하는 고객은 빨간색 쇼핑 카트를 끌고 들어가거나 빨간색 플라스틱 장바구니를 한 팔에 둘러 끼고 입장한다. 미국 전역 어느 매장을 방문하더라도 발견할 수 있는 한 가지 공통된 광경을 맞이한다. 매장 안팎 입구에 놓여있는 계절 따라 바뀌는 형형색색 꽃과 화분이다. 3달러 대의 말도 안 되는 가격의 화사한 꽃다발을 보고 있노라면, 무얼 사러 왔는지조차 잊어버리기 십상이다. 다시 정신을 차리고 한가득 장을 본 뒤 통로를 돌아 나오면 나무로 만들어진 계산대에서 환한 웃음으로 맞이하는 캐셔들과 마주한다. 계산대 줄이 짧으면 마음으

30 Meteorspace, <Essential Statistics About Packaging to Ensure the Success of Your E-Commerce Business>, 2025

로 '럭키'를 외친다. 평일 저녁이나 주말에 가면 계산을 위해 긴 줄 서기는 필수이기 때문이다.

이는 흔한 트레이더 조 장보기 광경이다. 그런데 이 20~30분 남짓 되는 장 보기 과정 중에 점점 더 뭔가 다르다는 점이 눈에 들어온다.

-쇼핑 카트에 광고가 없다.
-진열대 가격 표시는 디지털이 아니라 직접 쓴 손글씨며 모두 독특하다.
-매장 곳곳에서 번쩍대는 디지털 광고 화면이 없다.
-고객 위치를 감지해 타깃 프로모션을 전송하지 않는다.
-비콘Beacon 기술 등을 활용해 쿠폰이나 광고를 보여주지 않는다.
-셀프 체크 아웃 계산대가 없고 당연히 키오스크 화면도 없다.

매장에 들어선 소비자가 브랜드나 제품을 선택하는 순간에 제공하는 각종 마케팅 콘텐츠 활동을 '리테일 미디어Retail media'라고 한다. 대표적으로 온라인 쇼핑몰들이 가장 많이 하는 방법으로는 네이버Naver나 구글Google 검색 등에서 특정 상품이 검색 상단에 광고로 뜨거나, 쿠팡Coupang이나 아마존에서 추천 상품으로 '스폰서 광고' 또는 'Sponsored' 라벨을 붙이는 활동들이 있다. 오프라인 매장에서 가장 많이 하는 방법으로는 디지털 스크린 광고, 카트에 붙은 제품 광고, 매대에 부착된 디지털 라벨들, 엘리베이터 디스플레이 광고 등이 있다. 매장 내에서 소비자들이 시음 또는 시식해 볼 수 있는 샘플이 있다. 그 외에도 온라인과 접목된 멤버십 프로그램, 쿠폰, 바우처 등도 리테일 미디어로 볼 수 있다. 소비자의 눈길과 관심을 끌기 위한 초시간超時間에 개입되는 이런 리테일 미디어 활동들은 월마트, 타깃, 세이프웨이 등 대부분 슈퍼마켓에겐 이제 일상화가 되어 이상할 것 없이 평범한 마케팅 활동이 되었다. 그런데 트레이더 조에서는 이런 것을 찾아볼 수 없다. 30년 전에도 그랬고 지금도 그렇다. 유일하게 존재하는 것이라곤 매장 내에서의 시식이다.

트레이더 조는 그렇게 기술 대신 사람을 선택했고, 고객들에게 매장 직원들과의 접점 경험을 제공한다. 트레이더 조 매장 직원들은 영업시간 중에도 본인이 맡은 구역에서 제품 진열 업무를 계속한다. 과일과 채소 판매 구역에서 서너 명이, 냉장 채소와 샐러드 구역에서 두어 명, 치즈, 고기, 소세지, 유제품, 빵과 제과 구역 등 모든 구역에 각 한두 명이 배치되어 영업시간 중에 제품을 진열하고 있다. 정말 어떤 순간은 매장에서 일하는 직원들이 고객들보다 더 많은 것 같을 때도 있다. 나는 종종 '트레이더 조 매장에는 직원들이 발에 차인다'라고 종종 표현한다. 일하고 있는 직원들은 바로 옆에서 장을 보는 고객에게 환하게 웃는다. 고객과 눈을 마주치며 인사를 하고 말을 건넨다. 또 스텝Step이라고 불리는 작은 사다리에 올라가 제품을 가로막고 진열에 열중하고 있노라면 고객은 이를 기꺼이 기다려준다. 물론 고객들도 일하는 직원을 가만두지 않는다. 즉, 말을 건넨다. 이런저런 질문을 하는 것이다.

"어니언 크런치 소스가 어디에 있어요? 저번에는 이쪽에 있었던 것 같은데요."

"참깨 소스는 진열대에 없던데 품절인가요? 또 언제 들어와요?"

"냉동 김밥이 벌써 다 팔렸던데, 도대체 몇 시에 와야 살 수 있어요?"

"닭가슴살이 진열대에 없는데, 혹시 창고에 있는지 체크해주실 수 있어요?"

직원들은 이런 질문을 받으면 흔쾌히 답을 하고 이야기를 이어 나간다. 고객이 한 마디 하면 직원은 서너 마디로 이야기를 이어간다.

"어니언 크런치 소스 찾으세요? 저를 따라오세요. 저희가 최근 진열 위치를 좀 바꿨어요. 저도 여기서 일하지만 때로는 뭐가 어디에 있는지 종종 헷갈리기도 해요. 저도 그 소스 정말 좋아해요. 바삭하게 씹히는 식감이 너무 좋지 않나요? 어떤 요리에 넣어 드세요?"

"참께 소스는 제품 검사가 좀 늦어진다고 해요. 모레 저녁은 되어야 들어올 거예요. 그런데 무슨 요리 하세요? 저는 아직 그걸 요리에 사용해 본 적은 없어요. 무슨 맛일지 궁금해요."

"저도 아침에 오자마자 냉동 김밥을 사놓았어요. 점심으로 먹으려고요. 직원도 수량 제한이 동일해요. 내일은 10시 전에 와보세요. 김밥이 소개되고 시간이 꽤 흘렀는데도 계속 인기가 많아요. 자주 사드세요?"

"닭가슴살이요? 잠시 기다리세요. 제가 창고에 가서 얼른 보고 올게요. 다른 구역으로 가시면 제가 찾아갈게요. 걱정 말고 계속 장 보세요."

조금 감이 오는가? 매장에서 매일 이루어지는 고객과 직원의 교감은 아무 의미 없이 고객 눈앞에서 관심도 못 받으며 돌아가는 광고판, 카트에 붙어 있어도 눈에 들어오지 않는 광고문구들, 주말에만 가격이 싸졌다가 평일엔 다시 비싸져 할인 쿠폰 없이 구입하긴 아까워 지나치는 제품들과는 완전히 대조적이다. 고객은 제품 지식에 빠삭한 직원들과 즐겁게 이야기 나누며 해당 제품에 관해 좀 더 알아간다. 오늘 제품이 없어서 사지 못했다면 직원들과 얘기 중에 나온 다른 대체품을 사기도 하고, 언제 다시 입고되는지 정보를 얻어 다음번에 다시 매장을 방문해서 기꺼이 사 간다. 이건 디지털 화면이 줄 수 없는 것이다. 오로지 사람만이 줄 수 있는 경험이다. 이렇게 트레이더 조 매장에서는 리테일 미디어가 바로 직원들인 것이다.

트레이더 조는 창업 때부터 직원과 고객과의 접점이 가장 중요한 것으로 생각했고, 직원 채용과 교육에 투자를 아끼지 않는다. 의료보험과 휴가제도는 동종 업계에서 따라오기 어려울 정도로 최고급이다. 또한 시급은 다른 어떤 리테일 매장 근무자들보다 월등히 높다. 스타벅스도 시급이 높은 일자리로 흔히 알고 있지만, 나의 경우 트레이더 조가 스타벅스 바리스타 시급보다 시간당 4달러가 더 높았다. 게다가 직원들이 제품을 제대로 알 수 있도록 직원들 시식 시간이 거의 매일 주어진다. 제품을 알기만 하는 것이라 먹어도 봤기 때문에 고객들에게 제대로 된 정보를 줄 수 있다. 특히 직원들은 자기가 먹어보지 않은 것을 결코 먹어본 것처럼 말하지 않는다. 본인이 싫어했던 제품이 있다면 "단 음식을 싫어해서 내 타입은 아니지만, 많이 팔리는 것을 보면 사람들이 꽤 좋아하는 것 같다."라고 솔직하게 말하기도 한다.

의미 없는 레테일 미디어
VS.
진심이 담긴 직원과 고객의 교감

어떤 것이 마케팅 효과가 있을까? 월마트나 타깃에서 무엇 하나 물어보려고 직원을 찾아 복도를 헤맸지만 결국 실패하고 물건 구매를 포기했던 적이 많은 경험자로서 답은 명확하다. 빵과 오렌지 주스, 딱 두 가지를 사러 트레이더 조에 잠깐 들렀다가 어쩌다 보니 카트 한가득 사게 되었다며 계산대로 온 고객이 배시시 웃으며 말한다.

"오늘도, 실패했네요."

리머치Re-merch, 일부러 고객을 혼란스럽게 하다

"트레이더 조 매장은 고객을 골탕 먹이는게 즐거운가 봅니다."

매장을 정기적으로 방문하는 고객이라면 늘 하는 말이다. 트레이더 조는 비정기적으로 그러나 상당히 자주 매장 물건 위치를 대대적으로 바꾼다. 이렇게 매장 진열 위치를 수시로 바꾸는 것을 마케팅 용어로 일명 리머치, '리머천다이징Re-merchandising'이라고 한다. 소비자들이 새로운 제품을 발견하고 구매를 유도하기 위해 상품을 전략적으로 기획, 선정, 배치, 진열 등 일련의 활동이다. 트레이더 조의 창업자 조 쿨롬은 이의 중요성을 다음과 같은 말로 강조했다. "광고가 고객을 제품으로 이끄는 일이라면, 머천다이징은 제품을 고객에게로 이끄는 일이다."[31] 이는 미국 사업가 찰스 럭먼Charles Luckman의 말을 인용한 것으로, 트레이더 조가 전통적인 광고 대신 매장 내 효과적인 상품 경험과 동선 설계를 통해 고객 구매를 극대화하는 동기를 잘 설명하고 있다. 일반적인 유통업계에서는 효율성과 고객 편의를 위해 진열 구조를 고정하는 것이 일반적이다. 그러나 트레이더 조는 이러한 전통적 사고를 깨고 상품 위치를 수시로 재배치한다. 이렇게 진열을 바꾼 첫 몇 주 동안 고객들은 구매하려고 했던 제품을 찾아 여기저기 다녀야 한다. 그런데 고객들은 이런 불편을 '유쾌한 불편

31 Joe Coulombe 앞의 책, Chapter 19. Demand Side Retailing

Unconventional Delight'이라고 생각한다. 왜 이런 리머치를 하며, 다른 리테일 비즈니스는 따라 하지 못하는 것일까?

먼저 리머치 전략은 단순한 매대 이동이 아니다. 소비자 경험을 새롭게 구성하기 위한 전략적 장치이다. 이 전략은 매장을 방문한 고객에게 반복되는 쇼핑 루틴을 깨고, 매번 새로운 동선과 상품을 발견하게 하며 매장 전체를 돌아보도록 유도한다. 한 연구를 살펴보면 소비자는 슈퍼마켓에서 평균 22초 동안 제품을 살펴보고, 제품을 집어 장바구니에 넣기까지는 평균 6.9초밖에 걸리지 않는다고 한다.[32] 즉, 대다수는 반복된 매장 진열 구조를 통해 무의식적으로 경로를 선택하며, 식료품 구매도 습관적이다. 이런 소비자의 눈과 발을 잠시라도 묶어두고 다른 제품으로 눈을 돌리도록 만드는 것이 리머치 전략의 숨은 의도이다. 즉, 트레이더 조의 리머치는 이러한 자동성을 깨뜨리는 것이므로 대부분 유통업체의 전략적 방향성과 반대인 것이다.

특히 트레이더 조는 평균 4,000종 이하의 제한된 제품 수[SKU]만을 취급하므로 10배 이상의 상품을 취급하는 대형마트에 비해 리머치를 할 수 있는 단순한 구조다. 대형 마트와 상대적으로 고객 혼란을 최소화할 수 있고, 많은 직원이 매장에서 직접 고객을 응대하고 있기 때문이다. 만일 어리둥절한 고객이 있다면 직원이 바로 도와줄 수 있어 불편을 최소화하고, 오히려 고객과의 접점 시간을 늘릴 기회가 된다.

리머치가 예정되면 직원들은 당일 영업시간이 끝나기가 무섭게 미리 준비된 진열 계획에 따라 제품 위치 바꾸기 시작한다. 전체를 모두 뒤집어 놓는 것은 아니고, 한 번에 두 개 통로에 있는 냉동 제품들의 위치를

32 Leandro Machín 외, <The habitual nature of food purchases at the supermarket: Implications for policy making>, Appetite, 2020

바꿔놓는 식이다. 예를 들어 디저트 구역을 피자 구역과 맞바꾸어 놓고, 인도 음식과 중남미 음식 구역을 바꾸고, 아시아 음식 구역에는 이탈리아 음식으로 맞바꾸어 놓는다. 이렇게 하면 디저트를 찾으러 왔던 고객은 어쩔 수 없이 피자 구역을 들르게 되고, 아시아 음식을 구매하러 왔던 고객은 이탈리아 음식 구역을 들르게 된다. 이런 리머치는 발견의 기쁨과 혼란이라는 장단점을 동시에 갖는다.

우선, 리머치 전략의 장점으로는 발견 기반의 소비 경험 강화, 충동구매 및 교차 카테고리 노출 증가, 그리고 브랜드 차별화 포인트를 확보하는 것이다.

리머치 전략의 장점

발견 기반 소비 경험 강화
소비자는 매장을 탐험하면서 새로운 상품을 발견하게 되며, 이는 브랜드에 대한 감정적 연결을 유도한다. 파인과 길모어Pine & Gilmore의 경험 마케팅 이론에 따르면 소비자는 제품 이상의 경험을 소비하며,[33] 트레이더 조는 리머치를 통해 탐험과 발견이라는 감각적 경험을 제공한다.

충동구매 및 교차 카테고리 노출 증가
자동화된 쇼핑 루트를 깨면 고객은 예상하지 못한 상품과 접촉하게 된다. 이는 충동구매의 가능성을 높이고, 카테고리 간의 교차 노출 효과를 유도한다.

브랜드 차별화 포인트 확보
예측 불가능성은 고객에게 신선한 인상을 주며, 트레이더 조는 뭔가 늘 새롭다는 브랜드 이미지를 형성한다. 이는 STP 전략The STP strategy에서 포지셔닝Positioning의 핵심 자산이 된다.

33 Joseph Pine II, James Gilmore, <Welcome to the Experience Economy>, Harvard Business Review, 1998

이러한 장점에 비해 단점으로는 소비자 혼란과 운영 효율성 저하 등을 꼽을 수 있는데, 트레이더 조는 놀랍게도 이를 최소화하는 시스템과 장치가 뒷받침된다. 리머치는 큰 장점을 갖고 있음에도 다른 슈퍼마켓이 따라 하지 못하는 이유이다. 그래서 이는 거꾸로 트레이더 조만의 차별점이 된다. 대부분의 대형 유통업체가 리머치를 적극적으로 도입하지 못하는 데는 구조적, 심리적, 전략적 제약이 존재한다. 첫째는 제품수SKU 규모와 복잡성이다. 대형마트는 수만 개에 달하는 제품을 보유하고 있어 상품 위치를 변경할 경우 전사적 물류 흐름 및 POS 시스템의 업데이트가 필요하다. 이는 막대한 비용과 리스크를 수반한다. 둘째는 고객 편의 기반의 전략 추구이다. 대부분의 유통업체는 '고객이 원하는 상품을 빠르게 찾게 하자'는 전략을 따른다. 이는 소비자 행동이 자동화된다는 유명 심리학자 존 바그John Bargh 박사가 말한 자동성 이론과 맞닿아 있다.[34] 사람들이 자동적으로 처리되는 자극이나 반응 과정을 인지하지 못하며, 이들의 자동적 행동은 의도 없이 발생하기 때문에 대형마트에서 '익숙한 경로'를 만드는데 집착한다. 셋째는 운영 효율성과 인건비 요소이다. 리머치는 직원에게 추가적인 진열 업무와 계획 수립을 요구하며, 대규모 점포에서는 비용 부담이 크게 작용한다. 반면 트레이더 조는 상대적으로 소형 매장과 제한된 제품 수를 기반으로 운영되므로 리머치가 현실적으로 가능하다. 즉, 제한된 제품 수 전략이 있기 때문에 리머치는 소비자에게는 혼란이 아닌 '집중된 새로움'으로 작용하게 된다.

34 John A. Bargh, <The four horsemen of automaticity: Awareness, intention, efficiency, and control in social cognition>, Handbook of Social Cognition, 1994

리머치 전략의 단점과 대응

소비자 혼란 및 불만 발생 가능성
특히 노년층이나 습관적 소비자에게는 상품 위치 변경이 불편함을 야기할 수 있다. 이는 인지 부하Cognitive Load를 증가시켜 쇼핑 만족도를 낮출 가능성이 있다. 트레이더 조 매장에는 다른 슈퍼마켓과는 달리 많은 직원이 매장에서 고객들을 응대하고 있기 때문에 혼란을 겪는 고객을 바로 도와줄 수 있다. 오히려 고객과의 접점 시간을 늘릴 기회가 된다.

상품 위치 혼동으로 인한 고객 이탈 위험
이건 소비자 불만보다 더 심각할 수 있는 단점이다. 특정 제품을 목표로 방문한 고객이 원하는 상품을 찾지 못하면 불만족하거나 구매를 포기할 수 있다. 트레이더 조 매장이 대형 매장이었다면 이런 구매 포기 고객이 나올 수 있다. 그러나 트레이더 조 매장은 대형 매장 대비 1/10 정도의 적은 제품을 갖고 있고, 매장 면적도 1/5 정도로 작다. 고객이 조금만 돌아다니면 제품을 쉽게 찾을 수 있다. 혹시라도 어려움을 겪는 고객은 매장 여기저기에서 일하고 있는 직원에게 물어보면 친절히 알려준다.

운영 효율성의 저하
매대 변경에는 직원의 추가 노동이 필요하며, 물류 흐름의 일시적 비효율성을 가져올 수 있다. 또한, 직원 교육 및 커뮤니케이션 시간과 자원이 소모될 수밖에 없다. 리머치가 고객들에게 어떤 역할을 하는지를 모르는 채 제품 이동을 해야하는 직원이라면 불평과 불만으로 가득찰 수 있다. 다만, 이 작업을 하면서 직원들에게 리머치가 무엇이고, 왜 리머치를 하는지에 대해 배우게 된다. 그리고 직원들조차도 몰랐던 제품들을 발견하는 기회가 되기도 한다.

무엇보다 트레이더 조의 리머치는 트레이더 조만의 STP 전략과도 맞아떨어진다. 그들은 '모험적이고 호기심 많은 도시 소비자'를 타깃으로 하며, 리머치를 통해 이러한 세그먼트Segment에 최적화된 경험을 제공한다. 경험 중심의 포지셔닝으로 매장이 단순한 식료품점이 아니라 '발견의 놀이터'로 감성적 차별화를 실현하는 것이다. 리머치를 한 다음날 매장을 찾는 호기심 가득한 단골 고객들은 '숨은 그림 찾기' 혹은 '보물 찾기 놀이'를 하는 것 같다고 리머치 감상평을 전하기도 한다.

따라하기 불가능한 가격 정책

"무엇보다도 가격 경쟁력이 없고 이윤도 나지 않으며 독창성조차 없다면, 그 어떤 상품도 트레이더 조의 매대에 오를 수 없었다."(Above all we would not carry any item unless we could be outstanding in terms of price and make a profit at that price or uniqueness.)

-트레이더 조 창업자, 조 쿨롬

필립 코틀러에 따르면 가격 정책은 단순한 숫자 설정이 아니라, 소비자 인식, 경쟁 상황, 원가 구조, 유통 전략 등 다양한 변수의 조화로 이뤄진 전략적 행위이다. 그는 특히 가격정책이 기업의 전반적 포지셔닝과 수익성에 직접적인 영향을 미치기 때문에, 기업은 가치 기반, 경쟁 기반, 원가 기반 등 다양한 접근 중에서 자사의 철학과 시장 상황에 맞는 방식을 선택해야 한다고 설명한다.[35] 이러한 이론적 틀 속에서, 트레이더 조는 명확하게 원가 기반 가격정책을 채택하고 있는 사례로 주목할 만하다. 즉, 트레이더 조 제품의 가격은 원가에 따라 오르거나 내려가는 특징을 갖는다. 최종 소비자 가격은 트레이더 조가 구매하는 비용에 근거해 책정되기 때문이다. 즉, 원가에 기반해서 가격을 책정하는 구조이다. 싸게 구매하게 되면 가격을 낮추고, 날씨 등으로 작황이 안 좋은 경우 회사가 구매하는 가격이 비싸진다면 소비자 가격을 올린다. 전 세계 올리브 생산의 50% 이상을 차지하는 스페인에서 기후 문제로 올리브 작황이 특

35 필립 코틀러, 케빈 레인 켈러, 《마케팅 관리론》, Pearson, 2012

히 좋지 못했던 해에는 올리브유 가격이 2달러 정도 올랐다. 반대로 캘리포니아에서 전 세계 아몬드의 80%가 재배되는 상황에서 작황이 특히 좋은 해엔 1달러 정도가 낮아지기도 했다. 사실 가격을 올리는 일은 많이 찾을 수 있지만, 다른 리테일에서 가격을 내리는 일은 쉽게 보지 못한다.[36]

또한, 물가가 올라가더라도 생활필수품 종목은 가격을 올리지 않으려고 애를 쓰고 있다. 맷 슬론Matt Sloan 제품 마케팅 총괄은 지난 20년 동안 물가는 20% 이상 올랐지만, 냉동식품 중 가장 많이 팔리고 있는 만다린 치킨 오렌지는 2003년 출시된 이래 3.99달러를 유지하고 있고, 바나나도 최근 20년 이상 같은 가격이라고 팟캐스트에서 밝혔다.[37]

2001년의 트레이더 조 매장의 바나나 개당 가격은 19센트였다. 22년이 지난 2023년 초에도 바나나 가격은 19센트였다. 같은 기간 미국의 소비자물가지수는 약 70% 상승했다.[38] 지난 22년 동안 물가가 1.7배 정도 상승했음에도 바나나 가격을 19센트로 그대로 유지한 것이다. 2023년 중반 원가격 상승으로 결국 개당 가격을 23센트로 결국 올렸지만, 이는 아직도 다른 대형마트보다 저렴한 가격이다. 트레이더 조의 가격 경쟁력은 바나나뿐만이 아니다. 가장 많이 팔리는 아보카도, 유기농 우유, 통곡물 식빵, 시리얼 등 대표적 식료품을 보더라도 다른 리테일 대비 10~30% 정도 저렴하다.

36 Trader Joe's Inside Podcast, <ICYMI: How Does Trader Joe's Set Prices?>, 2024
37 위의 팟캐스트
38 U.S. Bureau of Labor Statistics, 2023

미국의 대표적인 대형마트의 주요 제품 가격 비교 (2025)[39]

품목	트레이더 조	월마트	홀푸드
바나나(1개)	$0.23	$0.25	$0.29
아보카도(1개)	$1.49	$1.78	$2.00
유기농 우유(1갤런)	$5.49	$6.35	$6.99
통곡물 식빵	$2.99	$3.49	$3.99
시리얼(500g)	$2.69	$3.25	$4.49

가격에 관한 트레이더 조의 마음은 실제로 절박하며 진심이 담겨 있다. 250페이지 남짓되는 창업가 조 쿨롬의 자서전 《Becoming Trader Joe》에서 가격에 대한 언급만 130회가 넘게 나올 정도다.[40] 이는 매 두 페이지마다 '가격'이 한번 언급될 정도로 높은 빈도이다. 그만큼 조 쿨롬은 트레이더 조의 가격 정책을 중요하게 생각했다. 그의 책에서 "원가가 변하지 않는 한 소매가는 달라지지 않는다는 것이 트레이더 조의 기본 원칙 중 하나이다. 그래서 트레이더 조에는 주말 광고 가격이 없다"라고 단언했다.[41] 미국 대형 슈퍼마켓들은 주말 가격이라는 게 있다. 대부분 소비자가 주말에 시장을 많이 보기 때문에 금요일부터 일요일까지 사용할 수 있는 주말 쿠폰북이나 전단지가 발행된다. 그래서 주말 동안 쿠폰을 사용하면 특별 할인 가격으로 구입할 수 있다. 트레이더 조는 이런 쿠폰이 없다. 할인도 없고, 회원만의 특별 할인 가격제도 없다. 예전에도 그랬고 50년이 지난 지금도 마찬가지다. 트레이더 조는 365일 매일매일 낮은 가격으로 상품을 제공하려고 한다. 이를 위해 창업자 조 쿨롬이 주창

39 2025년초 대형마트 주요 제품 직접 가격 조사
40 Coulombe 앞의 책
41 Coulombe 앞의 책, Chapter 9. Promise, Large Promise

한 '집중 구매Intense Buying' 방식부터 적극적인 글로벌 소싱Global Sourcing, 현금 결제, 효율적 운영 방식 등을 통해 가격 경쟁력을 높이고 있다.

가장 먼저 집중 구매 방식을 살펴보자. 이는 트레이더 조의 가격 정책을 이해하는 데 핵심적인 컨셉이다.[42] 이 방법은 단순히 싼 가격의 상품을 대량으로 구매하는 것을 넘어선다. 트레이더 조의 바이어Buyer는 시장 동향을 면밀히 분석하고, 일시적으로 가격이 하락하거나 재고 처분이 필요한 고품질 상품을 과감하게 대량으로 구매한다. 또한, 새로운 상품 개발 단계부터 공급업체와 긴밀하게 협력하여 최적의 가격 구조를 만드는 데 주력한다. 예를 들어 작황 풍년으로 특정 과일의 가격이 일시적으로 하락했을 때 이를 대량으로 구매하여 PB 가공식품을 저렴하게 생산하거나, 다른 대형 리테일 경쟁사에서 판매 부진으로 재고를 처분하는 고품질 와인을 파격적인 가격에 매입하여 고객에게 제공하는 방식이다. 이러한 집중 구매는 예측 불가능한 '기회'를 포착하는 빠른 판단과 과감한 결단력을 요구하며, 트레이더 조의 가격 경쟁력을 한층 강화하는 독특한 전략이다.

또한, 트레이더 조가 집중 구매의 장점을 극대화할 수 있는 이유는 취급하는 품목 수SKU가 약 4,000개에 불과하기 때문이다. 반면, 일반적인 대형 슈퍼마켓은 이보다 10배가 넘는 약 40,000~50,000개에 달하는 품목을 취급한다. 단순 비교를 해본다면, 트레이더 조의 개별 품목당 판매량은 10배 이상 높아질 수 있는 것이다. 결과적으로 품목당 구매량이 많아지면서 트레이더 조는 공급업체와의 협상력이 커지고 강력한 구매 경쟁력

42 Coulombe 앞의 책, Chapter 12. Intense Buying

도 갖게 된다.[43] 단일 품목당 판매량이 높아 구매 협상력이 높아지는 것은 PB제품 공급업자뿐 아니라 트레이더 조가 유통하는 일부 오리지널 브랜드 제품도 해당이 된다. 유통망 간 직접 가격 비교가 어렵도록 용량이나 포장을 달리하기도 하지만, 직접 비교가 가능한 코코넛 음료, 스파클링 워터, 브랜드 과자 등의 경우 트레이더 조 판매 가격이 다른 리테일 가격보다 5%, 많게는 30%까지 낮은 경우도 있었다.[44]

둘째, 글로벌 소싱을 통해 고품질의 제품을 저렴하게 확보한다. 이 전략 또한 단순한 저가 상품 수입을 넘어선다. 그들은 전 세계의 신뢰할 수 있는 공급업체와 직접적인 관계를 구축하여 고품질의 독특한 상품을 확보하는 데 주력한다.[45] 이는 중간 유통업체의 마진Margin을 제거하여 원가를 절감하는 효과를 가져오며, 동시에 특정 지역의 최고 품질 상품을 경쟁력 있는 가격으로 소비자에게 제공할 수 있는 기반이 된다. 가령 이탈리아 소규모 농장에서 생산되는 유기농 올리브 오일을 직접 수입하거나, 태국의 특색 있는 향신료를 현지에서 조달하는 방식은 트레이더 조만의 독특한 상품 포트폴리오를 구축하는 동시에 가격 경쟁력을 유지하는 핵심 요소이다. 이러한 직접 소싱은 공급망의 투명성을 높여 품질 관리를 쉽게 하고, 예측 불가능한 시장 변동에 유연하게 대처할 수 있도록 한다.

셋째, 현금 결제를 통한 공급업체와의 상생적 협력 관계를 구축한다. 트레이더 조의 현금 결제 정책은 단기적인 비용 절감을 넘어 공급업체와의 장기적인 신뢰 관계 구축에 기여한다. 다른 유통사들이 30일, 60일의

43 Emma Riley, <Trader Joe's>, Harvard Business School - Digital Initiative, RCTOM Platform, 2016
44 Emily Hunt, <9 Groceries That Are Way Cheaper at Trader Joe's>, Allrecipes, 2005
45 Arvind Ravi, <Inside Trader Joe's: The Strategy Driving Low Prices & Fierce Loyalty>, Medium, 2025

구매 후 지급을 원칙으로 한다면, 트레이더 조는 구매 즉시 바로 공급자에게 대금을 현금으로 지급한다. 이런 즉각적 대금 지급은 공급업체에게 안정적인 자금 흐름을 제공하며 이는 트레이더 조와의 지속적인 거래를 유인하는 중요한 요소로 작용한다. 즉각 대금 지급은 공급가를 줄여서 결국 소비자 가격을 낮추는데도 기여한다.[46] 특히, 규모가 작은 생산자나 해외 공급업체의 경우, 현금 결제는 금융 비용 부담을 줄여주고 생산에 집중할 수 있도록 돕는다. 더욱 독특한 것 중 하나는 해당 국가의 화폐로 지불하여 생산자가 환율 변동에 의한 손해를 보지 않도록 하고 있다.[47] 트레이더 조는 이러한 상생 협력 관계를 바탕으로 가격 협상에서 유리한 위치를 확보하고, 때로는 독점적인 거래 조건을 만든다. 이는 단순히 '갑'과 '을'의 관계를 넘어, 공동의 성장을 추구하는 파트너십을 구축하는 트레이더 조의 경영 철학을 실제로 반영한 결과다.

넷째, 자체 브랜드의 효율성을 극대화한다. 트레이더 조 상품의 80% 이상을 차지하는 자체 브랜드 상품은 가격 경쟁력 확보의 핵심 동력이다. PB 운영을 통해 제조업체의 마케팅 및 광고 비용을 절감하고, 유통 단계를 최소화하여 소비자에게 더 낮은 가격으로 상품을 제공할 수 있다. 더욱 중요한 점은 트레이더 조가 PB 상품 개발 과정에서 품질 기준을 직접 설정하고 관리함으로써 소비자의 요구를 반영한 혁신적인 제품을 출시할 수 있다는 것이다. 예를 들어 냉동 김밥처럼 특정 국가의 전통 음식을 PB 냉동식품으로 개발하거나, 유기농 원료를 사용한 스낵 제품을 합리적인 가격에 선보이는 일은 트레이더 조의 차별화된 경쟁력이다. 이러한 PB 전략은 가격 경쟁력뿐만 아니라 트레이더 조만의 독특한 브랜

46 Trader Joe's Inside Podcast, <ICYMI: Value and the Supply Chain at Trader Joe's>, 2021
47 Coulombe의 앞의 책

드 아이덴티티를 강화하고 고객 충성도를 높이는 데 기여한다.

다섯째는 운영의 효율화이다. 트레이더 조는 고객 경험을 해치지 않는 선에서 철저한 비용 효율성을 추구한다. 과도한 광고나 대규모 마케팅 캠페인을 지양하고, 입소문 마케팅과 고객 중심의 서비스에 집중하는 것이 대표적인 예이다.[48] 또한, 상품 진열 방식을 간소화하고 핵심 상품 위주로 재고를 관리하며, 자동화 시스템 도입보다는 고객과의 직접적인 소통을 중시하는 인력 운영 방식을 통해 운영비를 절감한다. 앞선 장에서 소개했듯 트레이더 조는 온라인 판매를 하지 않는다. 온라인 물류창고를 운영하거나 미국 전역 집집마다 배송하는 일은 추가적 비용을 발생시키고, 결국 이 비용은 원가에 반영되어 소비자는 더 높은 가격을 지불할 수밖에 없다. 따라서 오프라인 매장 중심의 효율적인 운영은 가격 인상 요인을 최소화하고, 절감된 비용을 고객에게 더 낮은 가격으로 돌려주는 선순환 구조를 만든다. 간소화된 매장 디자인 역시 임대료 및 관리비를 절감하는 데 기여하며 이는 장기적인 가격 경쟁력 유지에 긍정적인 영향을 미친다.

이처럼 트레이더 조는 공급자 소싱부터 매장 운영까지 전 과정에서 제품 가격을 낮추기 위해 모든 요소를 극대화하여 시장 경쟁력이 높은 가격 정책을 유지하고 있다. 예를 들면, 대형 유통사에 만연하고 있는 공급업체 입점비나 리베이트[Rebate], 판촉비를 받지 않고 오히려 '그 비용으로 차라리 납품가를 낮춰 달라'고 요구한다. 가장 중요한 것은 트레이더 조의 가격 경쟁력이 특정 품목에 국한되지 않고 다양한 제품군에 걸쳐 있

48 Arvind Ravi 의 앞의 사이트

다는 것이다. 속칭 밑지고 파는 '미끼상품'이 없다. 즉, 해당 제품 하나로 봐서는 손해를 보는 수익 구조이지만, 그 제품으로 인해 고객을 유치해서 다른 제품을 사도록 만드는 제품을 취급하지 않는다는 것이다. 조 쿨롬 창업자는 모든 제품이 독립적으로 이익을 낼 수 있어야한다고 강조했다.[49]

그 결과, 트레이더 조는 유기농 제품, 스낵류, 냉동식품 등 다양한 카테고리에서 미국 내 주요 슈퍼마켓 대비 상당한 가격 우위를 점하고 있다. 이는 트레이더 조의 다각적인 가격 정책이 특정 타깃 고객층을 포함한 폭넓은 소비자층에게 매력적으로 작용하고 있음을 뜻한다. 각종 데이터에서도 직접 확인할 수 있다. 2019년도 컨슈머 리포트의 조사에서 트레이더 조는 가격 경쟁력에서 높은 점수를 받았으며,[50] 인플레이션 고조로 식료품 물가가 오른 2025년에도 대부분의 제품 가격은 다른 유통사 대비 33%까지 저렴한 것으로 나타났다.[51] 또한 레딧과 같은 소셜미디어에서도 많은 소비자가 '언제 가도 정직한 가격'이라는 신뢰를 보이며, 합리적인 가격에 대해 긍정적으로 언급하고 있다.[52]

49 Coulombe의 앞의 책, Chapter 11. Mac the Knife
50 The Shelby Report, <Consumer Reports: Only Trader Joe's Earns Top Satisfaction Rating>, theshelbyreport.com, 2019
51 JoEllen Schilke, <What to Buy at Trader Joe's? Our 12 Faves Will Save You Money>, The Penny Hoarder, 2024
52 레딧, r/traderjoes

시식은
마케팅 전략이 아닌 문화

"새로운 이 과자는 어떤 맛이에요?"

"저도 안 먹어봤어요. 한 봉지 뜯어서 같이 먹어볼까요?"

크루Crew라고 불리는 트레이더 조 직원은 그 과자 한 봉지를 진열장에서 바로 꺼내 뜯어 그 맛을 궁금해하는 고객이 바로 맛볼 수 있도록 해준다. 즉석에서 맛을 보는 고객들의 눈에서 하트가 발사된다. 이렇게 맛본 고객 중 열 명 중 아홉은 그 과자 두세 개를 쇼핑카트에 바로 담는다. 어느 슈퍼마켓 알바생이 진열장에서 과자를 꺼내 봉지를 뜯어 맛보게 해주는가? 그 과자 맛이 있고 없음을 떠나서 맛보고 싶다면 즉석에서 바로 봉지를 뜯어 고객이 먹어볼 수 있게 해주는 서비스는 놀라울 따름이다. 소셜미디어에서도 트레이더 조의 시식 방식에 대한 긍정적인 반응이 다수 존재한다. 새로 나온 매운 후무스Hummus를 맛볼 수 있는지 물었더니 직원이 진열장에서 꺼내 숟가락으로 떠 즉석에서 맛보게 했다는 식이다. 고객의 리뷰에는 트레이더 조가 거의 모든 걸 맛보게 해준다면서 이와 같은 행동이 진짜 고객 서비스라며 칭찬한다. 트레이더 조는 미국 내 수많은 식료품 체인 중에서도 독보적인 고객 만족도와 소비자 충성도를 구축한 브랜드다. 지난 10년 넘게 트레이더 조는 미국 고객 만족 지수American Customer Satisfaction Index, ACSI에 따른 연간 만족도 순위에서 최상위를 기록해 왔다. 또한 미국 그로서리 상위 20개 회사를 대상으로 분석한 2025년 구글 Google 리뷰 평점 랭킹에서 평균 4.65점(5점 만점)을 받아 미

국 내 가장 높은 리뷰 평점을 받았다.[53]

한 매장의 시식 코너

음식이나 식료품은 입맛에 맞지 않을 때 그 처리가 가장 난감하다. 버리기도 아깝고 먹자니 입에 맞지 않아 곤혹스럽다. 이 때문에 가격의 높고 낮음을 떠나서 식료품 구매의 위험도가 높아진다. 이러한 위험을 겪지 않으려는 고객이 있기에 많은 슈퍼마켓에서는 샘플링 즉, 시식 행사를 한다. 신제품이 나왔을 때 맛을 보게 하고 상품을 알리는 일이다. 트레이더 조 매장에서 자유롭게 맛볼 수 있는 시식 방법은 미국 리테일 시장에서 독보적인 위치를 점하고 있다.[54] 트레이더 조에는 두 가지 샘플링 서비스가 있다. 첫째는 고객이 매장 직원에게 요청하면 어떤 제품이든 진열된 상품을 바로 개봉해 맛보게 하는 '즉석 시식'이 있고, 둘째는 매장

53 Melissa Kravitz Hoeffner, <This Grocery Chain Was Rated No. 1 in America by Millions of Reviewers>, Food & Wine, July 9, 2025

54 Hilary Wheelan Remley, <What Was Trader Joe's 'Try Before You Buy' Policy?>, Chowhound, 2025

내 마련된 시식 코너에서 신제품이나 주력 제품을 일정 시간 동안 맛보도록 한다. 트레이더 조 매장의 시식 코너는 특정 제품의 파견된 영업사원이 진행하는 것이 아니라 평상시 일하는 직원이 진행한다. 매장 고객에게 익숙한 직원들은 시식 코너에서 또 한번의 활발한 스몰토크를 하며 고객들과 상호 교감을 만들어 간다. 이런 시식 문화는 단순한 판매 촉진 수단을 넘어 고객의 브랜드 충성도를 높이는 강력한 체험 마케팅 수단으로 작용한다. 이 두 가지 방법의 시식 서비스를 통해 트레이더 조는 고객과의 감정적 연결을 만들고, 브랜드 충성도를 높이며, 제품 구입의 리스크를 줄여준다. 트레이더 조의 시식 전략은 단순한 판촉 활동이 아닌 소비자 심리와 마케팅적 매커니즘이 정교하게 맞물린 하나의 시스템인 것이다.

상호성의 원칙 Reciprocity Principle

심리학자 로버트 치알디니Robert Cialdini는 《설득의 심리학》에서 상호성의 원칙이 인간 행동의 중요한 동기 중 하나임을 강조했다. 누군가가 무언가를 주면 우리는 그에 대해 보답하고 싶은 심리를 가지게 된다. 트레이더 조에서 무료로 제공되는 샘플은 구매 강요가 전혀 없는 상태에서 제공되어, 고객이 의식하지 못하는 사이에 일종의 심리적 빚Perceived debt을 형성한다. 우리는 누군가가 선의로 무언가를 주었을 때 본능적으로 보답하고 싶어 한다. 트레이더 조의 시식은 바로 이 메커니즘을 자극한다. 단순한 '공짜'가 아니라, 신뢰와 환대의 제스처다. 트레이더 조는 "우리는 고객에게 뭔가를 강요하지 않는다. 대신 기대하지 않은 방식으로 그들의 벽을 허문다"라며 매일매일의 고객 경험에 있어 감동 수준의 경

험치를 제공하려고 노력한다.[55]

고객의 '불안'을 없애는 심리적 무기

소비자 입장에서 익숙하지 않은 이름의 음식들을 처음 접할 때 불안할 수밖에 없다. 바로 이 위험을 제거하는 것이 샘플링 전략의 두 번째 힘이다.[56] 특히 새로운 실험적 제품을 많이 쏟아내는 트레이더 조에서 고객은 이런 불안감을 상대적으로 더 많이 느낄 수 있다. 할라피뇨(매운 고추)가 들어간 레몬에이드가 진열대에 있다. 전혀 상상하지도 못할 맛으로 호기심이 가지만 선뜻 구매 결정을 하기가 어렵다. '만약에 너무 맵다면, 혹은 맛이 이상하다면, 먹지도 못하고 버릴 텐데…'하는 생각에 말이다. 이럴 때 맛을 보고 살 수 있다면 그런 불안이나 위험성을 떨칠 수 있다. 사기 전에 먹어봄으로써 이런 리스크를 제거하는 것이다. 심리학에서 '위험 회피Risk Aversion'는 인간이 손해를 피하려는 강한 성향을 말한다. 트레이더 조는 테이스팅을 통해 이 장벽을 낮춘다. 낯선 외국 식재료나 매운 맛의 딥핑소스를 직접 맛본 소비자는 맛을 확인한 후 자신 있게 장바구니에 담는다. 이는 제품에 대한 확신을 제공할 뿐만 아니라 소비자가 브랜드에 대한 '신뢰'를 갖는 기회가 된다.[57]

매장에서 벌어지는 작은 경험 마케팅

트레이더 조의 시식 제도는 브랜드와의 감각적 상호작용을 유도한다.

55 치알디니의 앞의 책, 《설득의 심리학》
56 S. R. Chandukala, Jeffrey P. Dotson, Qi Liu, <An assessment of when, where and under what conditions in-store sampling is most effective>, Journal of Retailing, 2017
57 Brad Tingley, <The Meaning Behind The 'Try Anything' Policy At Trader Joe's>, Tasting Table, 2023

매장 내에서 커피를 내리며 신제품 과자를 제공하거나, 직원이 친근하게 조리법을 설명하는 등의 체험은 소비자에게 긍정적인 감정 기억을 남겨 브랜드와의 정서적 연결로 이어진다. 와인에 대해 해박한 직원은 시식 제품과 어울리는 와인을 추천하기도 하며, 딥핑소스 제품에 경험이 많은 직원은 시식 제품에 안성맞춤인 자기만의 딥핑소스 팁을 알려주기도 한다. 이렇듯 트레이더 조의 시식이 특별한 것은 직원과의 상호작용 아래 개별적으로 만들어지는 '개인화된 체험'이기 때문이다. 체험 마케팅Experiential Marketing은 제품 자체보다는 그 제품과 상호작용 하는 경험을 통해 브랜드를 각인시키는 전략이다. 이 모든 경험이 고객에게 정서적 만족을 준다. 트레이더 조 인사이드 팟캐스트에서도 "우리는 제품을 파는 게 아니라 사람과 관계를 만든다"고 밝힌 바 있다.[58]

소비자와의 신뢰를 구축하고 브랜드 충성도를 높이는 트레이더 조의 시식은 어떤 지침서나 메뉴얼에 의한 전략이 아니다. 그것은 트레이더 조 문화의 일부이며 '고객 중심'이라는 철학의 자연스러운 연장선이다. 이러한 자연스러움이 오히려 브랜드 진정성Authenticity을 강화시킨다. 단순한 '한 입'이 아니라, 고객과의 관계를 여는 입구가 되는 셈이다. 이렇듯 트레이더 조의 시식 전략은 마케팅의 핵심 심리 원칙들과 정교하게 맞물려 작동하며, 단순한 서비스가 아닌 브랜딩 전략의 중요한 축으로 기능하고 있다.

58 Trader Joe's Inside Podcast, <Episode 8: "Cutting Through the Clutter.">, 2019

기업 철학이 녹아있는 매장 입지 전략

"우리는 '사람이 모이는 곳'이 아니라, 우리가 '가고 싶은 곳'을 찾습니다."

창업자의 이런 '냉정한' 매장 확장 전략은 지금도 유효해서, 최근 나온 트레이더 조 팟캐스트에서도 마케팅 총괄 담당자도 동일한 언급을 했다.[59] 트레이더 조는 모든 곳에 매장을 오픈하지 않으며, 그들이 속한 곳에 매장을 열 것이라고 한다. 이 말이 어떤 뜻인지 알아보자.

입지 선정은 곧 고객 선정, 창업자의 입지 철학

트레이더 조의 매장 입지 전략은 단순한 부동산 입지의 문제가 아니다. 기업 철학의 표현이자 고객 선택의 방식이다. 창업자의 입지 전략은 창업 초기부터 독특했고, 깊이 있는 인구사회학적 통찰에서 비롯되었다. 그는 매장 위치를 결정할 때 단순한 유동 인구나 임대료 수준을 고려하지 않았다. 그의 관심은 '어떤 소비자가 이 지역에 살고 있는가' 그리고 '그 소비자는 어떤 지적·문화적 욕망을 가지고 있는가'에 있었다. 이는 그가 1960~70년대의 시대적 맥락 속에서 미국 중산층의 '교육 수준 향상'이라는 트렌드를 읽어낸 데서 출발했다.[60] 그가 말한 교육 수준은 고졸, 대졸과 같은 학위적 교육 수준이 아니라 '지적 호기심'을 가진 사람들이었다. 또한, 매장 숫자만 늘리는 것이 목표가 아니라, 고객들로부터 사랑과

59 Trader Joe's Inside Podcast, <Episode 35: ICYMI: How Do I Get a Trader Joe's in My Neighborhood?>, 2024
60 Coulombe 앞의 책, <Chapter 9. Promise, Large Promise>

신뢰를 받는 것이 더 중요했다.

트레이더 조의 매장 입지 선정 전략은 곧 기업의 정체성, 성장관, 고객에 대한 태도, 내부 품질 기준까지 통합적으로 반영하는 의사결정이다. 그래서 단순한 인구 밀도나 소득 수준과 같은 전통적인 요소를 넘어선다. 다시 말해 어디에서 돈을 벌겠다는 의사결정이 아니라 '우리는 무엇을 믿는가'에 관한 결정이다, 고학력, 문화 감수성이 높은 중산층 고객, 대형 유통의 진입이 어려운 중소형 공간, 접근은 어렵지만 찾아갈 만한 가치가 있는 장소, 약간 불편해도 '발견의 기쁨'을 줄 수 있는 위치다. 이는 가까워서 가는 곳이 아니라 '가고 싶어서 가깝게 느끼는 곳'이라는 개념이 실현된 곳이라고 할 수 있다. 트레이더 조 매장 중 가장 붐비는 뉴욕 맨하튼 매장과 내가 가끔 가는 샌프란시스코 다운타운 매장에는 주차장이 없다. 모든 고객이 쇼핑을 마치면 양손 가득 무겁게 쇼핑백을 들고 지하철 두세 번 갈아탈 각오를 하고 방문한다.

조 쿨롬은 자서전에서 트레이더 조의 핵심 고객층을 '평균 이상 교육을 받았지만, 수입이 적은Overeducated and Underpaid' 사람으로 정했다. 좀 더 자세하게는 '고학력에 교양 있고, 모험심이 강하며, 세계 각국의 다양한 문화를 경험하고, 좋은 음식을 즐기는 동시에 가격에도 민감한' 고객을 고려했다. 이들이 미래 소비 시장의 핵심이 될 것이라고 보았던 것이다. 그는 로스앤젤레스 근교의 사우스 패서디나South Pasadena, 실리콘밸리의 팔로 알토Palo Alto, 샌디에이고의 라 호야La Jolla 등 고학력층 거주 지역이지만 지나치게 상업화되지 않은 중산층 주거지를 선호했다. 이런 지역은 경쟁사인 홀푸드가 선호하는 고소득 엘리트 타운과 약간 다르다. 트레이더 조는 소득보다는 문화적 자본Cultural capital이 높은 곳을 선호했다. 이러한 고객층을 확보하기 위해 트레이더 조는 다음과 같은 독특한 기준을 적용하여 매장 입지를 선정했다.

1. 고속도로 아닌 골목길

창업자는 매장의 위치를 도심 대로변보다 골목 안쪽 또는 주거지 경계에 가까운 곳으로 정했다. 이러한 전략은 두 가지 효과가 있는데, 우선 고객이 '목적을 갖고' 찾게 만드는 것이다. 우연히 들르게 하기보다 의도적으로 찾아오게 한다. 둘째는 트레이더 조 매장은 '숨은 보석'이라는 인식을 만든다. 이는 소비자에게 발견의 기쁨과 '우리 동네만 아는 특별한 가게'라는 심리적 소유감을 부여한다. 고객이 매장을 '발견'하게 만드는 경험 자체를 마케팅 자산으로 삼았다. 조 쿨롬은 성공적인 입지 선정의 핵심은 '고객의 입장에서 생각하고, 그들의 니즈를 정확히 파악하는 것'이라고 강조한다.[61]

2. 언더서브드^{Underserved} 시장 공략

교육 수준이 높고 여행을 많이 해 탐험하고 싶어 하고, 이국적인 것에 매료되고 동경하는 사람들 그러나 비싼 것을 살 만큼 충분한 돈이 없는 고객을 공략했다. 특정 라이프스타일이나 취향을 가진 고객층이 충분히 존재하지만, 이들의 욕구를 충족시키는 경쟁자가 없는 '틈새시장'을 적극적으로 공략한 것이다. 이는 단순히 저렴한 가격만을 내세우는 것이 아니라 독특하고 차별화된 상품을 원하는 특정 고객층을 겨냥하는 전략이다. 창업자는 이러한 시장을 '경쟁이 덜하고, 충성도 높은 고객을 확보할 수 있는 기회의 땅'이라 강조한다.

3. 대학가 및 문화 중심지 인접

트레이더 조 매장은 대학가나 박물관, 공연장 등 문화 시설이 밀집한 지역 근처에 위치하는 경향이 있다. 이는 앞서 정의한 핵심 고객층의 접근성을 높이기 위함이다. 이러한 지역은 다양한 문화적 배경을 가진 사람들이 거주하며, 새로운 음식이나 제품에 대한 개방성이 높아 트레이더 조의 독특한 상품 전략과 시너지를 창출한다.

4. 개성 있는 상권

획일적인 쇼핑몰보다는 독특한 분위기와 개성을 가진 상권 내에 입점을 선호한다. 이는 트레이더 조 매장 자체의 차별화된 분위기와 어울리며 고객들에게 단순히 물건을 구매하는 공간이 아닌 즐거운 쇼핑 경험을 제공하고자 하는 의도를 반영한다. 이러한 상권은 종종 독립적인 상점, 레스토랑, 카페 등이 밀집되어 있어 트레이더 조 고객층의 라이프스타일과 부합한다.

5. 주차 용이성 확보

아무리 좋은 상품과 분위기를 갖춘 매장이라도 접근성이 떨어지면 고객의 발길을 끌기 어렵

61 Coulombe의 앞의 책, Chapter 16. Too Too Solid Stores

다. 트레이더 조는 이러한 점을 고려하여 고객들이 편리하게 주차할 수 있는 공간을 확보하는 것을 중요한 입지 선정 기준으로 삼는다. 특히, 식료품 구매처럼 많은 짐을 옮겨야 하는 쇼핑의 특성을 고려한 것이다. 그러나 뉴욕 맨해튼 지역이나 샌프란시스코 다운타운의 경우 주차장 확보가 어렵더라도 타깃 고객이 있다면 과감히 입지 선정을 한다. 자동차가 없는 1인 가구가 대부분인 도심 고객들은 대중교통을 이용해서라도 트레이더 조를 방문한다.

트레이더 조와 경쟁 리테일 입지 전략 비교(출처_저자 재구성)

항목	트레이더 조	코스트코	월마트	홀푸드
철학	문화적 감수성과 고객 충성도	단가 절감과 대량 판매	저가/고밀도 전국 침투	프리미엄 소비 접근성
입지 기준	중산층 거주지, 주차장 용이	교외 대형 부지, 고속도로 근접	전국 고밀도, 교통 중심	도심 고소득 지역
확장 전략	느리게, 통제되게	광역적, 물류 중심	빠르고 넓게	선택적 집중
고객 접근	찾아오는 사람 중심	회원 기반 전략	있는 곳 다 가겠다는 전략	올 사람만 오라는 정책

이처럼 각 리테일은 서로 다른 철학과 전략을 바탕으로 시장에서 경쟁한다. 트레이더 조의 신중한 입지 선정 전략은 '통제된 성장Controlled growth'이라는 목표를 중심으로 그들의 경영철학과 직접 연결되어 있다. 느리고 통제된 성장을 통해 브랜드 가치 훼손을 막고 고객 경험을 언제나 똑같이 유지하려 한다. 이는 코스트코의 광역적이고 물류 중심의 확장, 월마트의 공격적 전국 확장, 홀푸드의 선택과 집중 전략과 뚜렷이 구분되는 지점이다.

트레이더 조의 성장 속도 조절

"나는 체인점 제국을 만들고 싶지 않다. 사람들이 사랑하는 매장을 만들고 싶었다."[62]

(I didn't want to run a chain store empire. I wanted a store people would love.)

트레이더 조 창업자의 말이다. 트레이드 조는 성장 속도가 중요한 것이 아니다. 매장에서 제대로 된 서비스를 하고자 하는 창업자의 철학이 지금도 이어지고 있다. 트레이더 조는 고객 충성도와 제품 품질, 직원 교육의 일관성을 유지하기 위해 매년 제한된 수의 매장을 신중하게 개설한다. 매장 확장을 브랜드 이미지 관리의 연장선으로 바라본다. 즉, 트레이더 조는 의도적으로 매장 수 증가를 통제하면서 성장 속도를 조절하고 있다. 팟캐스트에 출연한 제품 총괄 맷 슬론은 "트레이더 조는 빠른 성장을 원하지 않는다. 빠른 성장을 목표로 한다면 우리 매장은 우리 기대를 만족시킬 수 없을 것이다. 결국 고객의 기대에도 미치지 못할 것이다."라고 말했다.[63] 다음 도표는 트레이더 조와 월마트의 매장 수 증가 비교 표이다. 1990년부터 트레이더 조는 매년 10~15개의 신규 매장을 열었다. 이에 반해 월마트(미국)는 1990년도에 이미 1,500개 매장이 있음에도 코로나 기간 전까지 해마다 100여개의 신규매장을 신설했다. 트레이더 조는 비슷한 컨셉으로 로컬 푸드와 건강한 제품을 제공하는 스프라우트 파머스 마켓Sprouts Farmers Market에 비해서도 통제된 성장 속도를 보이고

62 Coulombe의 앞의 책, Chapter 16. Too Too Solid Stores
63 Trader Joe's Inside 앞의 팟캐스트

트레이더 조와 월마트(미국) 매장수 증가 비교

기간	트레이더 조	월마트
1980 - 1985	(자료없음)	270개 → 880개
1985 - 1993	(자료없음)	880개 → 1,950개
1993 - 2001	59개 → 약 200개	1,950개 → 3,000개
2001 - 2013	약 200개 → 400개	3,000개 → 4,200개
2013 - 2018	400개 → 500개	4,200개 → 4,700개
2018 - 2024	500개 → 560개	4,700개 → 4,600개

출처: Statista, <Number of Trader Joe's stores in the United States>, <Number of Walmart Stores in the U.S.>, Statista.com. 일부 데이터는 기사 등으로 추측, 기준년도는 트레이더 조 기록이 있는 년도로 함

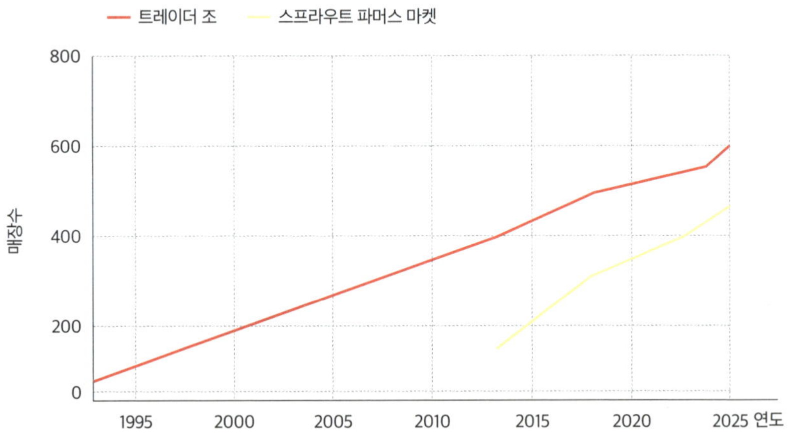

트레이더 조와 스프라우트 파머스 마켓의 매장수 증가 추세 비교

있다. 2002년 미국 애리조나Arizona에서 시작해 현재 460여개 매장으로 전국 슈퍼마켓이 된 스프라우트는 트레이더 조에 비하면 아주 공격적으로 매장 수를 늘리고 있다.[64] 최근 10년간 트레이더 조 매장 수가 1.5배 남짓 증가한 것에 비해 스프라우트의 매장은 3배 이상 증가했다.

트레이더 조는 각 입점 후보 지역의 고객 특성과 잠재력을 신중하게 분석하고, 핵심 가치와 부합하는지를 꼼꼼히 검토한다. 물류가 가능한지도 중요하다. 물류망 범위 내에서 운영이 가능해야 하며 무리한 확장은 공급의 왜곡을 초래하기 때문에 유의한다. 더 중요한 점은 외형적으로 매장 숫자가 늘어나는 것보다 내부 성장을 중요하게 생각한다는 점이다. 신규 매장 오픈보다 기존 매장의 효율성을 높이고, 직원 교육 및 상품 개발에 투자하는 등 내부 성장에 더욱 집중한다. 이는 고객에게 일관된 품질의 상품과 서비스를 제공하고 브랜드 충성도를 강화하는 데 기여한다. 매장 수를 늘릴 때는 매년 제한된 수만 열며 점진적인 확장을 한다. 이렇게 천천히 매장 수를 늘려가며 고객을 포함한 시장 반응과 운영 효율성을 면밀하게 평가한다. 급격한 성장으로 인해 발생할 수 있는 조직 관리의 어려움이나 서비스 품질 저하 등의 위험을 최소화하기 위한 전략이다. 단순히 매출 규모를 늘리는 것보다 각 매장의 수익성과 전체적인 브랜드 수익성을 중요하게 생각한다. 비효율적인 매장은 과감하게 정리하고, 수익성이 높은 지역에 집중적으로 투자한다. 매장이 늘어나면 직원 교육, 물류, 제품 품질의 일관성 유지가 어려워지므로 이를 경계한다. 창업가 조 쿨롬 이후 2001부터 20여 년간 트레이더 조 회장 겸 CEO인 댄

64 ScrapeHero, <Number of Sprouts stores in the United States in 2025>, 2025

베인Dan Bane은 트레이더 조가 전국적으로 확장하는 데 큰 역할을 했다. 그가 경영을 시작했을 때는 백여 개 정도의 매장을 운영했다. 그리고 15년 만에 그 세 배인 4백 개를 넘겼다. 미국 전역 확대를 이끌어왔음에도 댄 베인 회장은 팟캐스트를 통해 "알래스카, 하와이, 텍사스 등 미국 전역과 인접 국가인 캐나다, 그리고 멀리 있는 한국, 일본 등 글로벌에서도 트레이더 조 매장을 원하고 있다. 우리도 그럴 수 있으면 좋겠지만 트레이더 조는 아직 준비되어 있지 않기에 당장 그 지역에 매장을 열 계획이 없다. 성장보다 중요한 것은 고객 감동 가치를 지키는 것이다."라며 냉정하게 이야기했다.[65] 그 지역 매장 유치 청원이 넘쳐나도 매장을 열지 않는 이유이다. 현재 트레이더 조는 몬태나Montana, 와이오밍Wyoming, 노스다코타North Dakota, 사우스다코타South Dakota, 웨스트버지니아West Virginia, 알래스카Alaska, 하와이Hawaii 등 7개 주에는 매장이 없다.

트레이더 조의 목표는 분명하다. 매장의 확장보다는 유지, 시장 점유보다는 브랜드 정체성 보호를 선택한다. 이는 성장 자체가 목표가 아니라 고객과의 약속을 지키는 것이 성장의 정의라는 철학을 반영한다. 이러한 '통제된 성장' 전략은 트레이더 조가 경쟁 시장의 변화에 유연하게 대처하고 장기적 관점에서 지속 가능한 성장을 이루는 데 중요한 역할을 한다. 무리한 확장을 지양하고 내실을 다지는 전략은 트레이더 조만의 독특한 브랜드 이미지를 부여하고 있다. 트레이더 조의 신규 매장 진출 시 가장 중요한 의사결정 기준 중 하나는 해당 지역에서 충분하고도 적합한 인력을 확보할 수 있는가이다. 이는 트레이더 조의 핵심 경쟁력이 매장 직원과 고객 간의 지속적이고 신뢰 기반의 상호작용에 있기 때문이

65 Trader Joe's Inside Podcast, <Episode 10: Here We Grow> (2018), <ICYMI: How Do I Get a Trader Joe's in My Neighborhood?>, 2024

다. 단순한 판매 인력을 넘어, 브랜드 가치를 몸소 체현하는 크루, 중간관리자인 메이트, 그리고 매장 총괄인 캡틴의 확보 여부가 신규 매장 성패를 좌우한다.

다행히도 신규 매장 출점은 기존 직원들에게 커리어를 확장할 수 있는 기회이기도 하다. 다른 지역에서 수년간 메이트로 근무한 직원들은 신규 매장의 캡틴으로 발탁될 수 있기 때문에 관련 채용 정보는 사내에서 활발히 공유되고 조직 내부에서 자연스러운 이동이 이뤄진다. 뿐만 아니라 급여가 높고 근무 여건이 좋은 트레이더 조에서 일하고자 하는 지원자들이 많기 때문에, 신규 매장 채용과 관련된 정보는 업계 블로그나 레딧과 같은 소셜미디어에서 자발적으로 공유되고 있으며, 직원 채용 자체가 하나의 커뮤니티 담론처럼 확산되기도 한다. [66]

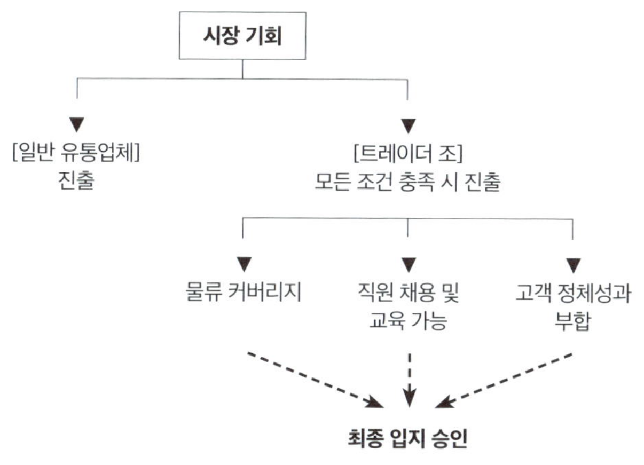

트레이더 조의 매장 확장 의사결정 과정 도식화

66 Jasmine Laws, <Map Shows New Trader Joe's Stores 'Coming Soon'>, Newsweek, 2025

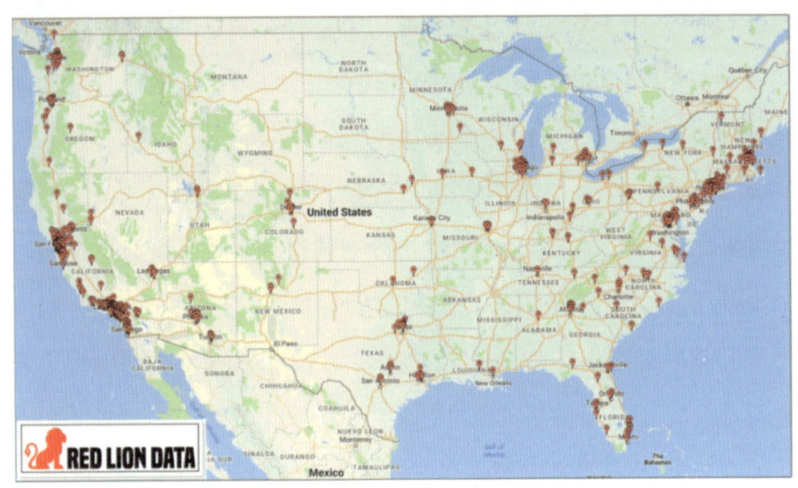

트레이더 조 매장 분포 지도[67]

가장 강력한 광고는 고객의 기억, 광고 없음

트레이더 조는 미국 유통업계에서 독보적인 브랜드 충성도와 매출 성장을 달성했음에도 불구하고 전통적인 대중매체 광고에 거의 의존하지 않는 마케팅 전략을 구사한다.[68] 창업 초기에 라디오 광고를 했던 것을 제외하고는 트레이더 조는 전통적인 매체에 대중광고를 하지 않는다. 창업가 조 쿨롬은 자서전에서 "입소문 만큼 효과적인 광고는 없다"고 강조하며 트레이더 조 성공에는 주 고객을 대상으로 팬덤을 형성할 수 있었기 때문이라고 말했다.[69] 한 마케팅 전략 분석에 따르면 트레이더 조의

67 Red Lion Data Team, <Trader Joe's Store Map>, Red Lion Data, 2024
68 Stephen Dubner, <Should America Be Run by… Trader Joe's?>, Freakonomics Radio, 2018
69 Coulombe의 앞의 책, Chapter 9. Promise, Large Promise

가장 큰 마케팅 비용은 종이로 만든 뉴스레터와 시식코너 운영이며, 이외 트레이더 조는 별다른 마케팅 활동을 하지 않고 있다.[70]

이것은 단순한 비용 절감이 아니다. 트레이더 조의 브랜드 정체성과 고객과의 관계를 중시한 결과였다. 쿨롬은 고객과의 직접적인 소통을 통해 신뢰를 구축하고자 했으며 이는 대중광고보다 효과적이라고 판단했다. 디지털 채널이 본격화된 지금도 트레이더 조는 검색광고도 하지 않는다. 유튜브 광고도 하지 않는다. 주말이면 집집마다 배달되는 전단지도 뿌리지 않는다. 트레이더 조는 현대 유통 기업의 상식처럼 여기는 대중광고 수단들을 철저히 배제했다. 매장에서 나눠주는 16페이지 종이 뉴스레터 피어리스 플라이어Fearless Flyer가 그나마 유일한 광고이다. 매장에서 나눠주는 이 종이 뉴스레터는 우리가 흔히 보는 마트 전단지와 생김새도 성격도 다르다. 조잡한 제품 이미지와 가격 정보가 주를 이루는 대형 슈퍼마켓 전단지와는 달리, 트레이더 조의 피어리스 플라이어 뉴스레터는 제품 실사 이미지가 거의 없다. 대신 제품 하나하나에 대한 상세 정보와 그 제품이 어떻게 만들어졌는지에 대한 스토리와 그 제품을 활용하는 레시피가 아주 작은 글자 크기로 가득 차 있다. 흡사 미니 신문같다. 이 뉴스레터에는 빽빽하게 채워진 제품 스토리와 함께 종종 트레이더 조 브랜드 팬들을 위한 크로스 워드(단어 퍼즐)가 실리기도 한다. 트레이더 조 매장과 상품 정보를 상세하게 알아야만 풀 수 있는 내용이며, 난도가 높은 고급 단어들도 알아야 해서 뉴스레터 마니아들 사이에서 '뉴욕타임스 퍼즐만큼 어렵다'라는 농담이 돌곤 한다. 매장에서 뉴스레터를 갖고 가

70 Tefi Alonso, <How Trader Joe's Set The Standard For Grocery Stores> Cascade Strategy Studies, 2022

TRADER JOE'S

FEARLESS FLYER®

AS ALWAYS, FREE. AND WORTH EVERY PENNY.

August 2024

There *Will* Be a Test on This Later

Cheddar Macaroni & Cheese

Our boxed **Mac & Cheese** is back! While we have numerous heat & eat, cheesy-mac options in our freezers every day, there's something about boiling fresh pasta and stirring it together with butter, milk, and cheese that really stirs up one's nostalgia. **Trader Joe's Cheddar Macaroni & Cheese** rises to meet all of your childhood memories and more!

While **Trader Joe's Cheddar Macaroni & Cheese** is so good, as it is, you can also doctor it up, as you please. For an extra rich & tangy sauce, try mixing 1-2 tablespoons of TJ's Greek Yogurt into the warm, drained pasta, just before adding the **Cheese** packet. Or add a couple squirts of **TJ's Sriracha Sauce** (p. 10) for a little bit of heat. And why not make it a meal by crumbling in some cooked **Caramelized Onion & Bell Pepper Turkey Patties** (p. 6)? However you enjoy our classic **Mac & Cheese**, you're sure to appreciate the price—which also feels like it's a blast from the past. We're selling each 7.25-ounce box of **Trader Joe's Cheddar Macaroni & Cheese** (about three, one-cup servings) for **99¢**. You'll find them in our grocery aisle.

*Lesson 1 (Comparative Pedagogy): Bringing your teacher an apple is nice. Bringing them some **TJ's Macaroni & Cheese** and a can of **Something Spritzy** is, arguably, nicer.*

Carolina Gold Style BBQ Flavored Ridge Cut Potato Chips

Trader Joe's Carolina Gold Barbecue Sauce, also known as CGBS, is a customer favorite here at Trader Joe's. Unlike typical tomato-based barbecue sauces, this one has a distinctively tangy mustard base that takes its cues from classic Carolina barbecue. Among its many uses, it shines as a dipping sauce for fries, tots, and roasted potatoes. And so, a few years ago, it occurred to us... potato chips! Not content to simply dip our chips in the stuff, we embarked on a mission to do for chips what CGBS has already done for barbecue—a mission that culminated in the creation of **Trader Joe's Carolina Gold Style BBQ Flavored Ridge Cut Potato Chips**!

*Lesson 2 (Analytical Chemistry): One should indulge in these **Chips** more than periodically. That's just elementary!*

Like the sauce from whence they draw their moniker, these **Chips** are tangy, sweet, and deliver just a bit of a smoky kick. We tried a number of variations in our research (someone had to do it!), and unanimously concluded that the thick, ridged cut of the potatoes allows for maximum flavor delivery—no dipping required! For a limited time, you can find seven-ounce bags of **Carolina Gold Style BBQ Flavored Ridge Cut Potato Chips** for **$2.69** each, hanging out on the shelves of our snack aisle. Trust us: nothing could be finer!

Something Spritzy! With Pineapple & Orange

In these slow-going, sometimes-sweltering, late days of summer, it's always a good idea to keep something cool and refreshing at the ready in your refrigerator. And for those times when you're looking for something sweet, something fruity, something fizzy... may we suggest **Something Spritzy**? Our new, summer-y variant of last year's winter-seasonal Something Spritzy with Grapefruit, **Trader Joe's Something Spritzy with Pineapple and Orange** is a truly tropical treat.

Equally delicious when enjoyed as an able accompaniment to a work lunch, a totable potable for a picnic, or a marvelous mocktail at a get-together, every sip of our **Something Spritzy** has a cool combo of **Orange and Pineapple**, plus a touch of ginger spice and botanical bitters to bring it all together. And since each 12-fluid ounce can sells for **$1.99**, even its value is remarkably refreshing. While supplies last, you'll find **Trader Joe's Something Spritzy** in our beverage section, among our other sparkling waters and sodas.

종이 뉴스레터, 피어리스 플라이어(Fearless Flyer)

는 고객들은 한번 보고 버리지 않고 한두 주 이상 꼼꼼하게 읽어보는지 너덜너덜해진 것을 갖고 오는 고객도 자주 있다.

트레이더 조는 소셜미디어를 통한 홍보도 늦게 시작했고, 현재 소셜미디어 운영도 소극적이다. 코로나Covid19 팬데믹이 시작된 2019년에 들어서야 유튜브 채널을 겨우 오픈했다. 트레이더 조의 공식 계정은 신제품 소개나 레시피 공유 중심으로 운영된다. 경쟁사들이 인플루언서 마케팅과 광고 중심 콘텐츠를 대대적으로 펼치는 것과 비교하면 트레이더 조의 소셜미디어 콘텐츠 마케팅은 참으로 소박하다. 그렇다고 해서 소셜미디어에 트레이더 조 콘텐츠가 적은 건 아니다. 오히려 넘쳐난다. 트레이더 조가 직접 생산하는 콘텐츠는 매우 적지만 고객이 자발적으로 만든 콘텐츠는 유튜브, 틱톡, 인스타그램 등에서 쉽게 찾을 수 있다. 틱톡에서 #traderjoes 해시태그가 걸린 콘텐츠는 40만 개가 넘으며, 조회수는 60억 회에 달한다. 또한 전 세계 12억 명 사용자를 갖고 있는 정보 공유 커뮤니티인 레딧[reddit] 플랫폼의 식료품점 커뮤니티 회원수를 보면, 트레이더 조[r/traderjoes]의 경우 47만명으로, 이는 다른 식료품점들인 홀푸드[r/wholefoods]의 2만 7천 명, 세이프웨이[r/safeway]의 7천 명과는 비교할 수 없을 정도로 월등히 높다. 이 트레이더 조의 커뮤니티 회원 규모는 전체 14만 개의 레딧 커뮤니티 중 상위 1%에 속할 정도로 크다.

레딧에서의 활동 비교 (2025년 8월 기준) [71]

커뮤니티	매장수	회원수	동시 접속자수 (활동량)	커뮤니티 규모
r/traderjoes	608	47만명	50~60명	상위 1%
r/wholefoods	527 (아마존 온라인과 연결)	2만7천명	10~15명	상위 4%
r/Safeway	923	7천명	2~4명	상위 9%

이렇듯 트레이더 조는 고객들의 매장 경험에 기반해 철저히 고객 입소문에 의해 알려져 왔다. 트레이더 조가 중요하게 여겼던 것은 일방적 전달 광고가 아니라 진정성 있는 고객 경험 창출과 그 경험을 다른 사람들과 나누려는 고객들의 자발적 공유인 것이다. 틱톡, 유튜브, 인스타그램, 레딧 등 소셜플랫폼에는 고객들이 올리는 수백 건의 자발적 콘텐츠들이 생성되어 그 어떤 대중광고보다 광범위하고 효과 있게 트레이더 조 제품을 알리고 있다. 고객이 자발적으로 브랜드를 경험하고 이를 공유하게

71 레딧, r/traderjoes, r/safeway, r/wholefoods

만드는 방식은 브랜드에 대한 진정성과 충성도를 자연스럽게 쌓아가는 구조이다. 이것은 트레이더 조에서의 쇼핑 자체가 문화로 자리 잡아 밀레니얼과 Z세대에게 폭발적인 인기를 누리고 있는 이유이기도 하다. 브랜드가 직접 말하지 않아도, 친구인 고객이 대신 말해주기 때문이다.

실제로 틱톡, 인스타그램, 유튜브 등에서 '트레이더 조 하울', '추천템', '레시피 조합' 등의 키워드가 자발적으로 공유되고 확산하면서[72] 소비자들이 브랜드의 미디어이자 광고 채널이 되고 있다. 2024년과 2025년 2.99달러 미니 토트백이 틱톡을 통해 큰 인기를 끌었다. 소비자들은 다양한 색상의 토트백을 구매하고 이를 자랑하는 영상을 업로드했다.[73] 이러한 영상은 수백만 회의 조회수를 기록하며, 제품에 대한 수요를 급증시켰다. 일부 영상에서는 소비자들이 매장에 몰려드는 장면이 담겨 있으며, 이는 제품이 빠르게 품절되는 결과를 낳았다. 이러한 열풍은 제품의 리셀 시장에서도 반영되기까지 한다. 게다가 많은 고객이 매장에서의 감동 경험을 이야기함으로써 입소문 파워를 더한다. 트레이더 조 공식 팟캐스트에서도 이러한 전략이 강조된다. 마케팅 임원 타라 밀러는 아래와 같이 말하며 고객 경험의 소중함을 강조했다.[74]

"트레이더 조의 가장 강력한 광고는 고객의 기억이다."

72 Bailey Fink, <My Favorite 3-Ingredient, 15-Minute Dinner Uses a Brilliant Shortcut>, Allrecipes, 2024

73 Tiktok, #traderjoes

74 Trader Joe's Inside Podcast, <ICYMI: Why Doesn't Trader Joe's Have a Loyalty Program?>, 2023.

회원 정보를 모으지 않습니다

"다른 유통업체들은 고객이 브랜드에 충성 해야한다고 생각합니다. 하지만 트레이더 조는 충성이란 우리가 고객에게 줘야할 것이라 생각합니다. 우리는 고객에게 충성을 다합니다"[75]

(Other retailers presume that loyalty comes from their customers. But we think of loyalty as something we give to our customers. We are loyal to our customers.)

트레이더 조는 회원을 묶어두기 위한 포인트 제도나 멤버십 제도같은 로열티 프로그램을 운영하지 않는다. 고객의 데이터를 모으지도 않고 특정 회원 고객을 대상으로 할인이나 특별 프로모션을 하지 않는다. 이는 단순한 전략적 선택이 아니라 트레이더 조 고유의 철학과 비즈니스 모델에 기반한 결정이다. 요즘 모든 기업들이 필수 마케팅 요소라고 하는 회원제(멤버십)를 왜 안하는지 트레이더 조 팟캐스트에서 말한다. 우선 트레이더 조는 '우리가 고객에게 충성한다'는 철학을 갖고 있다. 트레이더 조는 충성Loyalty을 고객에게 요구하기보다, 브랜드가 고객에게 충성을 보여야 한다고 믿는다. 기업들이 로열티 프로그램들을 통해 고객의 충성을 유도하려 하는 것과 반대다. 트레이더 조는 단일 가격 정책과 공정한 접근 방식을 통해 모든 고객을 평등하게 대우하며 그들에게 예측 가능하고 신뢰할 수 있는 쇼핑 경험을 제공한다. 고객 한 사람 한 사람에게 똑같이 최선을 다해 충성하는 것이다.

75 Trader Joe's Inside Podcast, 앞의 팟캐스트

트레이더 조는 기업들이 로열티 프로그램을 통해 얻는 단기적인 구매 행동을 충성도라고 믿는 착각에 빠져 있다고 생각한다. 트레이더 조의 마케팅 담당자는 로열티 프로그램이 할인이라는 미끼로 고객의 데이터를 수집하고 소비를 유도하는 구조라고 비판한다. 또한 내가 원하지도 않았던 물건에 대한 아주 약간의 할인을 받기 위해 카드, 코드, 전화번호를 제시하고, 나를 위한 것인 양 포장된 멤버십에 가입하게 만드는 것이라며 일반적인 로열티 프로그램의 허구성을 폭로했다. 결국 작은 할인을 얻기 위해 귀중한 개인 정보와 교환 거래를 하는 것이라고 말한다. 또한 멤버십 제도가 없을 때 가격을 투명하게 또한 보다 낮게 유지할 수 있다고 믿는다. 팟캐스트에서 마케팅 총괄은 로열티 프로그램을 통한 할인으로 고객의 궁극적인 충성을 얻기 어렵다고 말한다.

"그것(로열티 프로그램)이 진정한 충성심을 만들어내냐 하면, 전혀 그렇지 않다고 생각해요. 오히려 이런 구조는 '이번 주엔 이 가게에서 할인하니 여기서 사고, 다음 주엔 다른 할인 가게를 찾는 방식'으로 소비하게 만들죠. 그런데 트레이더 조에서 쇼핑할 때는 가격이 항상 정해져 있다는 것을 알 수 있어요. 우리는 원가가 달라지지 않는 이상 가격을 바꾸지 않거든요. 매장의 모든 고객은 똑같은 가격에 제품을 삽니다. 우리는 모든 고객에게 동일한 가치를 제공해요. 우리의 그런 점을 고객이 진심으로 좋아해 준다는 걸 알고 있어요."

이러한 방식이 고객 간 차별을 없애고, 가격 신뢰도를 높이는 방식이다.

트레이더 조는 고객 데이터를 모으지 않는다. 로열티 프로그램의 핵심 기능 중 하나는 고객 데이터를 축적하고 이를 바탕으로 맞춤형 마케팅을 시행하는 것이다. 그러나 트레이더 조는 절대 고객 개인 정보를 수집하지도 않고, 이를 활용한 개인형 맞춤 마케팅 프로모션을 시행하지도 않는다. 마케팅 디렉터는 고객의 개별 데이터를 수집하지 않지만 어떤 제품이 잘 팔리고, 어떤 제품이 팔리지 않는지 고객을 통해 충분히 파악할 수 있다고 말한다.

게다가 로열티 프로그램을 유지하기 위한 기술 인프라, .데이터 분석 인력, 쿠폰 및 보상 설계 등 많은 자원이 투입된다는 점을 간과해서는 안 된다. 트레이더 조는 이 비용을 과감히 없애고 제품 원가와 고객 경험에 직접 투자한다. 특정인에게 의미 없는 가격 할인을 제공하기 보단 모든 고객에게 낮은 가격을 제공하는 것이 훨씬 좋다고 생각한다. 단기적인 보상 대신 장기적인 신뢰를 구축하는 전략이다. 이는 창업자 조 쿨롬의 정신과도 일치한다. 그는 트레이더 조 고객은 현명하고 가격에 민감하며, 형식적인 포인트 제도보다는 진짜 가치와 가성비를 중시한다고 늘 강조했다.[76]

트레이더 조는 로열티 프로그램 없이도 강력한 고객 충성도를 구축하고 있다. 이는 가격의 일관성, 차별 없는 서비스, 개인정보 등 데이터 비수집 원칙, 그리고 정직한 제품 정책이 뒷받침되었기에 가능한 일이다. 고객에게 혜택을 주는 것이 아니라, 고객이 혜택을 직접 경험하도록 만드는 구조가 바로 트레이더 조만의 로열티 프로그램 핵심이다. 로열티를 구애하지 않고 고객에게 로열한다. 얼마나 멋진 발상인가.

76 Coulombe의 앞의 책

TRADER JOE'S

4장

이 모든 것을 가능케 하는 트레이더 조 시스템

직원 제일주의, 인간의 인간적 활용 경영철학

"내가 내린 가장 중요한 비즈니스 결정은 직원들에게 충분한 보상을 하기로 한 것이다."

(This is the most important single business decision I ever made: to pay people well.)

-창업자, 조 쿨롬

월마트나 타깃, 심지어 미국 리테일 중에서 시급이 가장 높다는 코스트코 매장을 가서 마주치는 직원들은 뭐에 잔뜩 화가 나 있는지 늘 인상을 찌푸리고 있다. 뭐 하나 잘못 물어보면 바로 폭발할 지경이라 말 붙이기도 싫고 그냥 빨리 계산을 마치고 나오고 싶다. 그러나 트레이더 조 매장에서 만난 직원들은 늘 환한 웃음으로 '이젠 좀 그만 물어봐도 되는데…' 할 정도로 친절하게 고객과 눈을 마주치며 무엇을 도와줄 게 있는지 하는 표정이다. 트레이더 조 매장에서 아르바이트로 일을 시작하면서

6개월 만에 섹션 리드, 그리고 또 6개월 만에 중간 매니저인 메이트가 되었다. 총 18개월을 일하면서 다른 슈퍼마켓에서는 상상조차 못할 정도로 트레이더 조 매장 직원들이 친절한 이유를 알게 되었다. 3달러짜리 제품을 찾기 위해 창고를 30분 뒤져서 찾아다 주는 수고를 마다하지 않는 이유를 말이다.

높은 시급은 생산성을 위한 투자

트레이더 조 직원들이 다른 리테일 매장과 차별화되는 서비스를 제공할 수 있는 배경은 직원에 대한 경영 철학에 있다. 창업자는 좋은 서비스가 직원들에서 시작된다고 생각했다. 직원이 만족하고 오래 일할수록 생산성이 높아지므로 직원 급여는 생산성을 높이기 위한 '투자'라고 믿었다. 그는 잦은 직원 교체로 인한 비용이 인건비의 가장 비싼 형태라고 하면서 우수한 직원의 장기 고용이 궁극적으로 인건비 절약에 도움이 된다고 확신했다. 그리고 그는 직원들에게 높은 보상을 하겠다고 결심한 것을 가장 잘한 비즈니스 결정이라 꼽았다.[1]

창업 초기 그가 가진 생각은 직원이 이곳에 일하면서도 중산층 정도의 급여를 받아야 한다고 생각했다. 급여가 낮아 생활이 어려우면 고객을 대하는 일을 진심 어린 기쁨으로 할 수 없고, 당시 모든 리테일의 골치를 앓았던 직원 물품 절도도 막을 수 있다는 생각을 했다. 창업자 자서전에 따르면 1988년 캘리포니아의 가구 소득 중간값은 32,000달러였고 당시 주 48시간을 일하는 트레이어 조의 풀타임 매장 직원의 경우 평균 연봉은 34,000달러였다. 이는 성과급, 초과 근무 수당과 각종 휴일 근무 특

1 Coulombe 앞의 책, Chapter 3. The Guns of August, the Wages of Success

별 수당(추수감사절의 경우 3배 수당)을 제외하고 말이다. 그러니 트레이더 조 매장 근무만으로 캘리포니아 가구 중간 소득자층보다 더 많은 소득을 번 것이다. 경력 없이 막 들어온 신입 직원도 18,000달러였고, 캡틴이라고 불리는 스토어 총괄 매니저는 44,000달러였다. 이는 당시 유통업계에서 가장 높은 급여 수준이었다.[2]

2023년 초 리테일 매장에서 일한 경력이 전혀 없이 아르바이트생으로 고용된 나의 첫 시급은 20.5달러였다. 이는 비슷한 시기에 역시 파트타임 보수로 일했던 스타벅스 바리스타 시급인 18.5달러보다 10% 이상 높은 금액이었다. 일요일 등 공휴일에 일하면 시간당 10달러를 추가로 준다. 그리고 6개월마다 있는 성과 리뷰를 거쳐, 1달러씩 두 번 시급이 올라 1년 만에 시급 22.5달러가 되었다. 1년 만에 10% 급여가 인상된 것이다. 스타벅스 바리스타로 받는 시급에 비해 20% 이상 높은 것이다. 이런 상황에서 트레이더 조와 스타벅스를 동시에 일하고 있었으니 어디에 마음이 가겠는가? 트레이더 조 인사이드 팟캐스트에 따르면 트레이더 조의 시급은 늘 최저시급보다 항상 높게 책정되어 있으며, 리테일 업계에서 경쟁력 있는 급여를 제공해 왔다고 한다.[3] 또한, 2021년 연평균 급여인상률이 7%였다고 하니 코로나 기간 중 급여인상률이 거의 제로였던 실리콘밸리 빅테크 기업 직원들보다 더 큰 인상률을 기록한 것이다. 물론 무제한 올릴 수는 없기에 시급 상한선은 존재한다. 다만 장기 근속하는 직원들은 메이트와 같은 매니저 역할로 전환할 기회들이 많아 만족할 만한 급여를 받게 된다. 지금도 동종 업계에서 전혀 따라오지 못할 정도의 급여가 책정되어 있어 이곳은 다른 리테일 회사 직원들이 이직하고 싶은

2 Coulombe 앞의 책
3 Trader Joe's Inside Podcast, <ICYMI: What's It Like to Work at Trader Joe's?>, 2022

회사가 되었다. 내가 일했던 트레이더 조 매장 직원들은 7~10년 이상 된 장기근속 직원들이 절반이나 된다. 한 자료에 따르면 본인이 일했던 트레이더 조 캐셔의 평균 근속년수가 19년 이었다고 한다.[4] 이들은 제품 지식과 정보에 해박하고 고객들을 어떻게 대하는지, 또 제품을 어떻게 진열하는지, 창고 재고를 어떻게 쌓아야 효율적으로 운영할 수 있는지 소위 '도'가 튼 사람들이다. 다른 리테일 매장에 비해 트레이더 조 매장에는 어디를 가도 경험이 많은 직원이 많아 생산성이 높을 수밖에 없다. 조 쿨롬 창업자는 "왜 지금까지 트레이더 조를 모방하는 데 성공한 기업이 없는가?"라는 질문을 여러 번 받았다고 한다. 이 질문에 대한 답은 높은 임금과 혜택을 기꺼이 제공하려는 사람이 아무도 없었고 따라서 트레이더 조 직원들과 같은 인재를 끌어당기고 유지하지 못했기 때문이라고 늘 말했다.[5] 어느날 조 쿨롬은 대학교의 한 강의에서 "어떻게 경쟁사보다 훨씬 더 많은 급여를 지급하실 수 있었나요?"라는 질문을 받았다. 그는 경험이 많고 제품 정보와 지식에 박식한 우수한 직원은 더 높은 생산성을 발휘한다며, 절대 직원을 싸게 부리려고 해서는 안 된다고 대답했다.[6] MIT 경영대학원 교수인 제이넵 톤Zeynep Ton 교수는 10년 동안 미국의 대표적인 리테일 매장들에 일하는 직원들의 일자리 구조에 대해 비교 연구했다.[7] 그 연구에 따르면, 미국 식료품점 캐셔의 평균 연봉이 약 20,230달러인 데 반해, 트레이더 조 매장의 풀타임 직원들은 40,000~60,000달러를 받고 안정적 교대 근무와 복지 혜택을 누리고 있으며, 이는 더 높은 고

4 David Harder, <Why Do Trader Joe's Cashiers Stay for 19 Years?>, Inspired Work Services, 2019
5 Coulombe 앞의 책
6 Coulombe 앞의 책
7 Zeynep Ton, 《The Good Jobs Strategy: How the Smartest Companies Invest in Employees to Lower Costs and Boost Profits》, Harvard Business Review Press, 2014

객 서비스 품질로 매출을 높이는 선순환을 만들고 있다. 또한 높은 임금과 명확한 경력 경로 덕분에 트레이더 조의 정규직 이직률은 10% 미만으로, 일반 소매업체의 약 59%와 비교해 현저히 낮다. 당연히 직원들의 신규 채용이나 교육 비용도 크게 낮아진다.

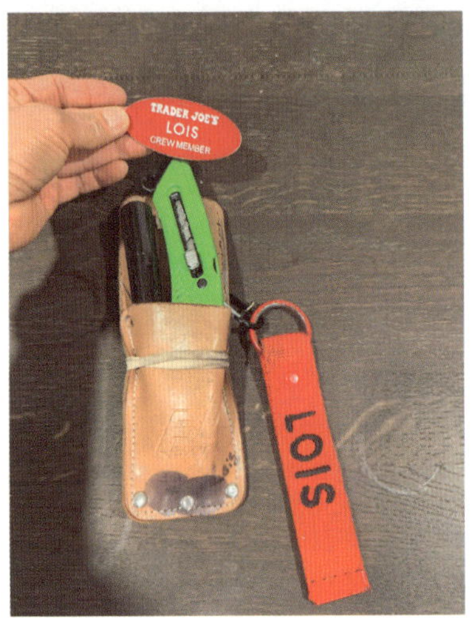

매장 진열 시 사용했던 커터칼과 이름표

파트타임 직원에게도 성과 리뷰와 커리어 개발 기회를

트레이더조는 창업초기부터 매장 직원들의 성과를 리뷰하고 성과에 대해 보상을 해왔다.[8] 성과 리뷰는 6개월마다 모든 매장 직원들에게 이루어졌다. 직원들에게 이 리뷰 과정은 미래 커리어 성장에 대한 논의의 장이기도 했다. 캐셔와 진열을 맡는 파트타임 직원에게 진지한 커리어 성장을 얘기하는 회사가 있다는 게 놀라웠다. 직원에 대한 평가는 일주일

8 Trader Joe's Inside Podcast, 앞의 사이트

에 한 번 파트타임으로 일하든, 풀타임으로 일하든 모든 매장 직원이 그 대상이다. 파트타임 직원과 풀타임 직원을 결코 차별하지 않는다. 조 쿨롬 창업자는 근무 시간을 기준으로 단순히 나누는 것 외에 다른 카테고리는 없다고 한다. 트레이더 조에는 대학원생인 파트타임 직원이 많았는데, 아마 이들이 풀타임 직원보다 더 똑똑했을 것이라며 생산성 측면에서 풀타임과 파트타임을 구분하는 것은 잘못된 이분법이라고 말할 정도였다.

직원 성과 리뷰 기간은 상당히 짧은 기간 내에 이루어진다. 업무 평가를 이유로 직원의 집중도를 흐트러뜨리는 것을 최소화하기 위함이다. 성과 리뷰 일정에 대한 안내를 하고, 실제 평가가 이루어진 뒤 평가 보고서가 나온다. 1:1 평가 결과 미팅까지 모든 것이 2~3주 안에 다 끝난다. 이는 대부분 대기업의 직원 평가가 너무 복잡하고 그 사이클은 수개월간 지속되어 1년 내내 진행되는 평가와 대조된다. 또한, 직원 평가 등급은 단순하고 명쾌하다. 성과 등급 단계는 '기대를 충족했다'와 '개선할 점이 있다'라는 딱 두 단계 등급이다. 상당히 명확하다. 보통 기업들의 평가 단계는 탁월하게 잘함, 기대를 크게 초과함, 기대를 초과함, 기대를 꾸준히 충족시킴, 개선이 필요함 등 세밀한 등급을 나눈다. 이러한 방식은 정교하고 합리적으로 보이지만 평가를 하는 사람과 받는 사람마다 해석 수준이 달라 불만이 상당할 수 있다. 트레이더 조에서는 출근 시간을 자주 어기거나 무단결근 없이 맡은 일을 큰 과실없이 잘 해냈다면 대부분 직원이 '기대를 충족했다' 등급을 받는다.

중요한 점은 트레이더 조의 성과 리뷰 시스템이 과거지향적이 아닌 미래지향적 커리어 논의의 장이란 것이다. 내가 지난 16년 이상 해왔던 구글에서의 성과 리뷰와 커리어 토크 과정과 다르지 않다. 성과 리뷰를 전달하는 시간에 매니저는 앞으로 어떤 일을 하고 싶은지, 어떻게 하면 지금 일하는 것을 더 만족스럽게 할 수 있을지, 섹션리드와 같이 추가적인 업무를 계획 해보는 게 어떤지 등을 논의한다. 주 20시간 보다 더 적게 일을 하는 파트타임 직원에게도 일일이 미래 성장 기회에 관한 얘기를 해준다. 당시 경험의 폭과 역할을 더 넓히고 싶었던 나는 첫 성과 리뷰 대화에서 섹션리드 일에 관심이 있다고 말했다. 한 달도 안되어 쿠키/캔디 섹션리드 역할을 하겠냐고 제안을 받았다. 섹션리드란 매장의 한 분야를 맡아서 제품 주문부터 재고 관리, 디스플레이 계획까지 맡는 중책이다. 신참 알바생의 의견 하나하나에 귀를 기울여 듣고 곧장 성장의 기회를 찾아주는 점에 놀랐다. 그렇게 나는 알바생이 된지 6개월 만에 섹션리드로 승진했다. 이런 진지하고 실용적인 성과 리뷰 시스템을 통한 커리어 성장은 직원들에게 급여 이상으로 우수한 직원을 오래도록 함께 일하게 만드는 중요한 역할을 한다.

창업자는 트레이더 조 창업 후 '휴가 은행The Leave Bank' 제도를 만들었다. 매년 주어지는 병가와 별도로, 추가적인 유급 휴가일을 주어서 은행 잔고처럼 언제든지 원할 때마다 사용할 수 있도록 했다. 해당 기간에 생긴 휴가를 사용하지 못했다고 해도 휴가는 만료되지도 않고 다음 달, 다음 해로 이월된다. 그러니 직원들은 원하면 휴가 일수를 몰아 장기 휴가로 사용할 수 있다. 내가 일할 당시에도 직원들이 자유롭게 휴가를 썼다. 파트타임 직원의 경우 근무 시간에 따라 매달 유급 휴가가 쌓이므로 이를 모아 휴가를 다녀올 수 있다. 또, 무급휴가는 매니저와 상의해서 언제든지 미리 일정을 조정해 다녀올 수 있다. 나의 경우 한국에 방문할 때마다 3~4주 기간의 장기간 휴가를 썼다. 이렇게 파트타임 직원이 눈치보지 않고 한 달 휴가를 자유롭게 다녀올 수 있는 곳이 트레이더 조다. 보통 다른 리테일 매장 같으면 파트타임 직원이 2주 이상, 심지어 한 주 이상 휴가를 간다면 그만두라고 할 것이 당연한 일이므로 이곳의 휴가 제도와 문화는 직원 근속연수를 높이는 가장 큰 요소 중 하나이다.

동종 업계가 절대 따라 하기 힘든 의료보험 지원과 퇴직연금 제도

미국 의료보험비는 가히 살인적이다. 1인 가구로 캘리포니아에서 가장 저렴한 보험을 들려고 해도 500달러, 한화로 약 70만 원을 넘긴다. 치과와 안과 보험으로 또 몇백 달러가 따로 나간다. 자녀가 있다면 보험비는 기하학적으로 오른다. 트레이더 조는 창업 초기 매장 직원들에게 전액 의료보험을 제공했다. 나중에 보험비가 크게 치솟으면서 전액을 제공하지 않았지만, 여느 리테일 회사보다 가장 든든하게 제공했다. 의료보장 내용도 가장 좋았다. 창업자 조 쿨롬은 "1987년 당시 직원 1인당 연간 약 6,000달러나 의료보험에 돈을 썼기 때문에 이를 해결해 주지 않으면 직원들이 의료비 때문에 걱정과 스트레스가 상당할 것으로 생각했다. 그래서 의료 및 치과 보험을 관대하게 제공하는 이유 중 하나이다."라고 말했다. 내가 트레이더 조에 근무할 때 가장 좋았던 것도 의료보험과 치과, 안과 보험의 지원이었다. 2020년 당시 내가 근무하던 구글에서 가입했던 의료보험은 2,300달러, 한화로 약 350만 원 정도였다. 구글을 나오니 개인적으로 의료보험이 가장 부담이 되었는데, 트레이더 조에 바로 취직하면서 의료보험 걱정을 안해도 되었다. 매장 직원 중에는 자녀를 두셋 키우는 직원들이 있었는데, 그들 대부분 트레이더 조의 가장 큰 복지 제도가 의료보험이라 입을 모은다. 또한, 장기적 질병과 사고로 신체 활동이 힘들 경우에 보험이 제공하는 장기 건강보험과 소득보험도 회사가 지원해 준다. 내가 근무한 기간 동안 크루 두 명은 몸이 아파서 1년을 쉬었다가 나온 동료들이었다. 그들이 일하지 못했던 지난 1년 동안 의료보험 혜택도 유지되었고 소득도 지원되어 생활에 큰 도움이 되었다고 했다. 이들 역시 20년이 넘은 장기 근속자들이다.

트레이더 조의 퇴직 연금 제도는 업계에 비교가 안 될 정도로 후하다. 연간 총 급여의 15%를 회사가 제공하는 퇴직연금은 연간 700시간 이상 근무한 직원이면 누구나 대상이 된다. 이는 주당 약 14시간, 즉 주 2회 근무 정도면 자격이 충족된다. 퇴직연금은 직원이 별도로 납입하지 않고, 100% 회사가 부담한다. 2021년 해당연도에만 1억 달러 이상 퇴직연금 프로그램에 기여했다고 발표했다.[9] 스타벅스에 똑같이 파트타임으로 근무했지만 이러한 퇴직 연금제도 같은 것은 없었다.

직원은 장보기 20% 할인

일주일에 하루만 일하는 파트타임도, 또 40시간 일하는 풀타임 직원 모두 20% 할인을 받아 트레이더 조에서 장 볼 수 있다. 2020년까지는 20달러 이상 구매할 경우 20% 할인, 20달러 미만은 10%할인이 적용되었으나 2021년부터는 모두 20% 할인으로 통일되었다. 트레이더 조 상품은 이미 상당히 저렴해 20%나 할인되면 정말 싸게 제품을 구입할 수 있다. 미국 가구당 평균 식료품 비용은 월 1,000~1,200달러라고 하니, 매달 200달러 정도를 순수하게 절약하는 셈이다.[10] 출시되면 늘 반나절 만에 품절되는 캔버스 토트 미니백의 경우 회사는 '크루'라는 글자까지 수놓은 미

9 Trader Joe's Inside Podcast, 앞의 사이트
10 Visual Capitalist, <Mapped: How Much Americans Spend on Groceries in Each State>, Visual Capitalist, 2024

니백을 특별히 만들어 미국 매장 모든 직원에게 전달했다. 직원은 팔고 남는 물건을 주는 대상이 아니라, 좋은 것 그리고 인기 있는 것을 먼저 주는 대상임을 분명히 한다. 이런 프로그램을 통해 직원은 이곳에서 대접받는다고 느낀다. 심지어 이런 직원 프로그램을 모든 파트타임 직원에게도 동일하게 적용한다. 급여나 보험 제도와 더불어 직원들을 세심하게 대접하고 인정하는 마음이 직원들의 근무 만족도에 중요하게 작용한다는 것을 경영진은 잘 알고 있다. 직원들에 대한 감사와 인정은 눈에 보이지 않더라도 매우 효과있는 직원 내적 동기부여 요소임이 틀림없다.

인간의 인간적 활용The Human Use of Human Being

트레이더 조에서 일해본 사람의 관점에서 이곳이 다른 리테일 매장과 가장 큰 차이를 느끼도록 만드는 점이 있다. 캐셔, 진열 담당자, 주차요원 등 계산만 하거나 진열만 하거나 혹은 주차 관리만 도맡아 하는 직원이 없다는 것이다. 모든 직원은 한 시간 동안 계산대에 서서 캐셔 역할을 하면, 그다음 시간은 제품 진열을 위해 순환 근무한다. 즉, 진열 한 시간을 마치면 다음 시간은 다시 캐셔 업무를 한다. 캐셔를 한 시간 하면, 다음 시간은 제품 진열 업무를 한다. 모든 사람이 매시간 순환하며 근무를 바꾼다. 맨 처음에는 왜 이리 한 시간마다 업무를 바꾸는지 이해하기 어렵고 혼란스러웠다. 그런데 그 이면에는 창업 초창기 때부터 지켜온 창업자의 철학이 있었다.

캐셔는 사람을 대하는 업무라 장시간 근무하면 각종 스트레스와 함께 감정 노동에 지속적으로 노출되게 된다. 또한 서서 제품을 스캔하며 같은 자세로 비슷한 동작을 수십 번 반복하게 되면 손목과 관절에 손상이가 부상 위험이 많다고 보았다. 그래서 캐셔 역할을 1시간 이상 연속해

카트를 끌며 근무하는 트레이더 조 직원

근무하지 못하게 만들었다고 한다. 나도 트레이더 조에서 일할 때 캐셔 역할을 하게 되면 1갤런(약 3.8리터) 무게의 우유나 주스, 물을 수시로 들었다, 놨다 하니 팔에 무리가 갔다. 또 냉장, 냉동 제품을 늘 만지다 보니 손가락은 동상이 걸릴 정도였다. 한 시간 이상 연속해서 캐셔를 하라고 하면 손이나 팔은 당연히 고장 났을 것이다. 그래서 매 시간 순환 근무 시스템은 이런 상황을 사전에 방지하는 역할을 한다. 조 쿨롬 창업자는 "나는 계산원이야말로 인간을 비인간적으로 활용하는 사례라고 생각한다. 이것이 트레이더 조가 상시 계산원을 두지 않고 매장 내 모든 직원이 역할을 돌아가면서 맡는 이유 중 하나이다. 또한 트레이더 조 주차장에서 일하는 직원도 동일한 직원이다."라고 했다. 창업자는 이런 철학을 《인간의 인간적 활용The Human Use of Human Beings》 책에서 모티브를 얻었다고 했다.[11] 이런 철학을 바탕으로 트레이더 조에서는 전속 주차요원도 따로 없다. 전직원 중에 매시간 랜덤하게 제비뽑기를 해 주차장 관리 업무를 한

11 Coulombe 앞의 책, Chapter 21. The Last Five Year Plans

다. 흩어져있는 쇼핑 카트를 모으고 주차장에서 휴지줍는 일을 한다. 이것도 하루에 딱 한 시간만 한다. 40도가 넘는 땡볕의 더운 날이나 영하 10도의 추운 날에 하루종일 매장 밖에서 근무하는 주차요원이 트레이더 조에는 없다는 것이다. '인간의 인간적 활용'이란 말이 정말 와닿는 곳이 트레이더 조이다. 유니폼을 입고, 시급을 받고, 제품 진열을 하고, 계산을 돕고, 청소를 해도 내 존엄은 엄연히 살아 있다. 그렇게 존엄을 지키며 일할 수 있는 곳이다. 인간의 인간적 활용이 아닐 수 없다.[12]

트레이더 조의 가장 무거운 상자 무게가 18kg(40파운드)을 넘지 않는다. 1970년대 슈퍼마켓에서 일하는 사람들은 대부분 남성이었다. 창업자는 슈퍼마켓에서 여성 인력을 확보하려면 박스 무게 단위가 작아야 한다는 생각에 물류 혁신을 했다. 남자도 혼자 들기 어려웠던 무겁고 큰 박스단위들을 모두 소형화했다. 모든 박스는 18kg을 넘지 않도록 했다. 트레이더 조에서 무거운 박스인 바나나, 감자, 양파, 고구마, 사과 등의 박스도 모두 18kg 정도다. 작은 소포장 박스 덕에 남녀를 떠나 모든 직원들의 부상을 줄일 수 있었다. 박스가 너무 무겁다면 여성 직원이 주체적으로 일을 하지 못하게 되고, 이는 남성 직원의 도움을 필요로 만든다. 그렇게 되면 결국 남성들이 언제나 기사도처럼 무언가를 계속 도와야 하고, 이는 남성 직원들의 부담으로 작용한다. 남성 직원에게 의존해서 일하는 것은 결코 여성직원의 성취감에 좋지 않고 지속가능하지 않다는 것이다고 보았다. 남녀 직원이 캐셔와 제품 진열 업무를 순환하며 일할 수 있던 것도 창업자의 이러한 혁신적 사고방식 때문이었다.[13]

12 Norbert Wiener, 《The Human Use of Human Beings: Cybernetics and Society》, Houghton Mifflin, 1950

13 Coulombe 앞의 책, Chapter 12. Intensive Buying

트레이더 조에서 격주 발행하는 사내소식지가 있다. 20여 페이지 남짓인 이 소식지 대부분 장기 근속 축하 페이지로 장식된다. 5년, 10년, 15년, 20년, 25년, 30년, 35년 등의 장기 근속자 이름이 나온다. 물론 파트타임 직원도 나오고, 본사 사장도 같은 크기의 폰트와 알파벳 순서로 나온다. 20년 이상 근속자 이름들이 늘 두세 페이지를 꽉꽉 채운다. 트레이더 조 직원들이 장기 근속하는 이유는 그 속에 직접 일하다 보면 더욱 명확해질 수밖에 없다. 트레이더 조는 2025년 포브스지가 선정한 미국에서 가장 일하기 좋은 기업에서 유수한 테크기업인 구글이나 엔비디아를 누르고 2위를 차지했다.[14]

전 직원은 올라운드 플레이어

파트타임을 포함한 모든 트레이더 조 매장 직원을 크루 멤버Crew member(이하 크루)라고 부른다. 크루의 업무는 크게 두 가지 역할로 나뉜다. '제품Products 업무'와 '고객경험Customer Experience, CE 업무'이다. 제품 업무는 백오피스(창고)부터 진열대 전시까지의 업무이다. 영업시간 내내 제품이 가득 차 있도록 진열대 상황을 체크하고 부족한 제품을 부지런히 창고에서 갖고 와서 멋지게 진열하는 업무이다. 고객경험 업무는 직접 고객을 대하는 업무로 크게 캐셔(계산원) 업무와 PHPublic Helm라고 불리는 주차장 쇼핑카트 관리 등의 업무를 맡는다. 매장마다 100~150명 정도 크루가 있어 각자 교대 시간에 근무한다. 시프트는 크게 아침, 낮, 저녁 교대 그룹

14 Forbes, <America's Best Large Employers>, Forbes, 2025

으로 나뉘어 지지만, 본인 일정에 맞게 한 시간씩 빠르거나 늦게 근무 시간을 정한 사람도 많다. 크루가 각자 본인의 근무 시간대에 출근하면, 그날의 근무일정표가 나와 있어 이를 확인하고 업무를 시작한다. 도표 형태로 만들어진 각 칸에는 크루 이름 옆에 시간대별로 P(제품), CE(고객경험), PH(카트관리)라고 쓰여있다. 시간별로 제품업무와 고객경험 업무가 순환되도록 할당한다. 이러한 순환 근무 제도가 주는 큰 장점은 그 시스템의 단순함에 견줄 수 없는 고도의 경영철학이 담겨 있다. 트레이더 조는 마치 스포츠 경기에서 여러 역할을 능숙하게 수행하는 선수를 칭하듯 직원들을 올라운드 플레이어로 여긴다. 트레이더 조는 어떤 생각으로 이와 같은 전략을 펼까?

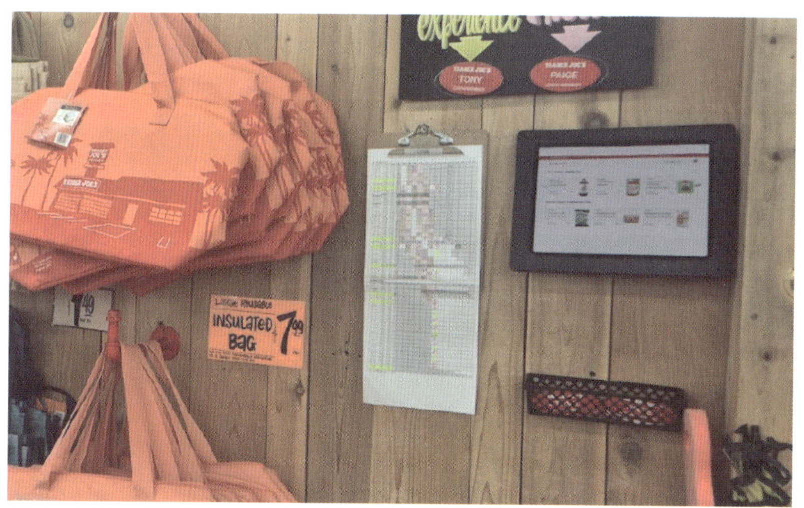

트레이더 조 매장 한쪽 벽에 붙어 있는 직원들의 근무표

순환근무가 만드는 전 직원의 올라운드 플레이어화는 조직 유연성과 효율성을 높인다. 전 직원은 언제 어디서든 필요한 때, 필요한 곳에 배치

되어 업무를 이어갈 수 있다. 제품 진열 업무가 밀릴 때는 더 많은 사람이 제품 진열에 투입이 되고, 갑자기 매장 유입 고객이 많아져 계산대 줄이 길어질 때는 캐셔가 추가로 투입이 된다. 순간순간 상황에 맞게 적절한 인력 운영을 한다. 예를 들어 점심 시간대나 퇴근 시간대, 혹은 정말 이유를 모르겠지만 갑작스럽게 고객이 몰리는 시간에는 계산대를 늘려서 운영하는 방식을 사용한다. 평소 6~7개의 계산대를 열어 놓고 있다가 많게는 10개까지 운용을 늘린다. 이때 제품 진열을 하던 크루가 계산대로 와서 계산을 돕는다. 캐셔 업무란 제품을 스캔하고 계산하는 단순 업무이지만, 다양한 고객 요청을 처리하려면 POS시스템의 복잡하고 세세한 기능들도 잘 알아둬야 한다. 또한 아는 것에 그치지 않고 빠르게 처리할 수 있도록 숙련이 되어야 한다. 고객을 기다리게 해서는 안 되기 때문이다. 이곳에는 정말 다양한 고객 요청이 많다. 어떤 고객은 10달러만 현금으로 내고 나머지는 신용카드로 지불하는 고객도 있고, 가격이 다른 제품과 1:1 교환을 원하는 고객도 있다. 어떤 고객은 쇼핑카트 한가득 싣고 온 모든 제품에 대해 스캔을 마치고 나면 그제야 지갑을 차에 두고 온 것을 발견하고 잠깐 시간을 달라는 고객도 있다. 이럴 때는 시장바구니를 저장하고 다음 고객을 처리해야 한다. 이럴 때 POS시스템의 특별기능을 사용해야 한다. 여러 가지 예측 불가한 상황이 생기더라도 크루들은 당황하지 않고 순발력 있게 처리가 가능하다.

제품 업무 내에서도 모든 크루는 제품 구역별 순환 근무를 한다. 모든 크루는 고객의 쇼핑을 도와주는 조언자로 키우기 위함이다. 트레이더 조 매장에는 약 12~17개 제품 구역이 있다. 꽃/화분, 과일/채소, 고기, 냉동식품, 냉장 채소, 베이커리, 캔/병 제품 등의 그로서리Grocery, 넛트Nut와 마른 과일 등의 제품 구역을 전 크루가 돌아가며 맡는다. 제품 구역 중에도

파사데나 트레이더 조 1호 매장의 계산대

무거운 박스를 더 많이 들고 옮겨야 하는 과일/채소 섹션을 덜 선호하기도 하고, 제품 진열하는 일이 좀 지루한 넛트 구역은 인기가 없다. 그러나 크루는 돌아가면서 누구나 공평하게 일을 하게 된다. 트레이더 조 방식으로 일하는 첫 3개월은 정말 정신이 없었다. 알 만 하면 다른 제품군을 맡게 되니 말이다. 그런데 3개월 정도 지나니 매장 구석구석, 제품 하나하나를 알게 되었다. 제품 순환 근무를 통해 전 크루는 매장에서 취급하는 4천 종류의 모든 제품에 대해 알게 된다. 고객이 무엇을 물어봐도 '제품 박사'가 되어 척척 안내를 해줄 수 있는 것이다. 3개월만 일하면 모든 제품에 대해 전문가가 아직 못된다 해도 최소한 무엇이 어디에 있는지 대번 알게 된다. 파트타임 직원이라 해도 자연스럽게 제품 전문가가 된다. 이렇게 제품 업무와 고객경험 업무를 순환하게 되는 모든 크루는 스포츠팀에서 필요할 때마다 다양한 역할을 할 수 있는 진정한 '올라운드 플레이어'가 된다.

순환 근무 시스템은 직원들에게 즐거움을 주기도 한다. 계산대가 여러 개일 때 어떻게 직원들을 할당할까? 보통 가장 가운데 위치한 특정 계산대는 사람이 항상 많이 몰려 정신이 없다. 반면 가장자리 쪽은 비교적 한산하다. 계산대는 두 대가 쌍으로 이루어져 있어 한쪽은 카트의 물건을 오른손으로 받아야 하고, 다른 한쪽은 왼손으로 주로 받아야 한다. 이런 상황 때문에 계산대 방향에 직원의 선호 차이가 발생한다. 그래서 모두 공평하게 계산대를 할당하기 위해 매시간 제비뽑기를 한다. 1부터 10까지 적힌 카드를 초콜릿 박스 10개에 각각 한 개씩 넣고 번호가 안 보이게 한 뒤, 고객경험 업무를 맡는 사람들이 하나씩 뽑는다. 그 업무 중에는 주차장 업무를 뜻하는 PH라 쓰여진 카드도 있다. 매시간 시작 10분 전, 계산대 카드를 뽑는다. 이때는 꼭 무슨 화투나 포커 카드 게임 하는 듯 '심장 쫄깃한' 재미가 있다. 물론 왼손잡이에게도 오른손 쪽을 쓰는 계산대가 배당될 수 있고, 비 오는 날엔 누구나 피하고 싶은 주차장 업무 카드를 뽑을 수도 있다. 매시간 제비뽑기를 하다보면 일을 하면서도 하루종일 게임을 하는 듯한 느낌이다. 다른 리테일 브랜드에서는 일어날 수 없는 트레이더 조의 즐거움이다. 어떤 크루는 바쁜 것을 선호해 붐비는 계산대를 더 원하기도 한다. 또 어떤 크루는 야외에서 일하는 것을 좋아해 주차장 근무를 원할 때가 있다. 이럴 때는 제비뽑기를 일단 마친 다음 크루끼리 서로 계산대 번호나 주차장 업무를 교환하기도 한다. 계산대 번호를 교환하게 되면 시작 전에 매니저에게만 알리면 된다. 이렇게 즐겁게 일하다 보면 하루가 어떻게 가는지 모르게 빨리 돌아간다.

트레이더 조 순환 근무 시스템은 직원을 올라운드 플레이어로 키워 업무 역량을 키우고, 부상을 사전에 방지하거나 줄인다. 여기에 더해 업무의 공평함과 즐거움도 더한다. 궁극적으로 트레이더 조에 대한 직원들의

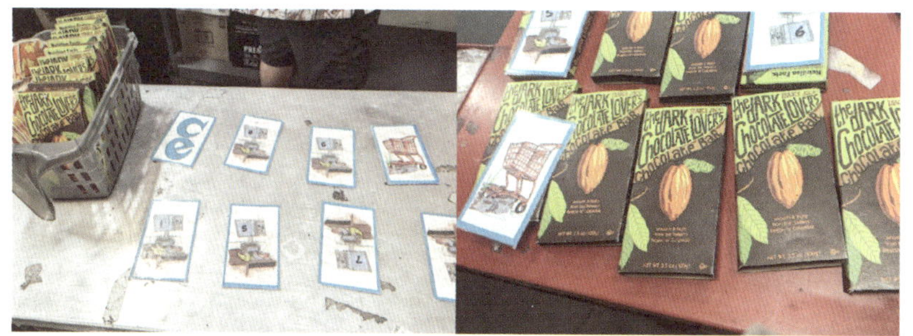

계산대 번호와 주차장 업무를 정하는 매시간 하는 제비뽑기

저자의 주차장 카트 정리 모습

긍정적 감정은 그대로 고객들과의 접점에서 나타나게 된다. 이러한 매장 인력 운영 시스템은 직원이 고객에게 늘 환히 웃는 얼굴로 대하고 진심 어린 대화를 나눌 수 있도록 만드는 원천이 된다. 급여와 복지 부문에서도 물론 다른 리테일 업체에 비해 뛰어나기도 하지만 창업자의 경영철학

을 시스템에 잘 녹였기에 가능한 일이다.

뉴스레터로 고객을 부르는 독창적 제품 소개

트레이더 조의 제품 네이밍, 독창적 패키지 디자인과 카피라이팅Copywriting의 놀라움은 이미 앞선 장에서 설명했다. 고객에게 제공하는 제품 소개 또한 다른 곳에서 절대 찾아볼 수 없는 스타일을 고수한다. 트레이더 조의 거의 유일한 광고 수단인 종이 뉴스레터, 이름하여 피어리스 플라이어Fearless Flyer는 그 대표적인 사례이다. 지적 호기심이 있고 건강에 관심이 많은 핵심 타깃에게 정확히 소구한다. 왜 이 제품을 기획했는지 배경을 설명하고, 특유의 지적 유머와 언어유희 등을 통해 고객이 미소짓게 만든다. 16페이지짜리 미니 종이 신문은 연간 6~8회 발행되며 매장에서 무료로 배포된다. 주로 새해, 발렌타인데이, 새학기, 여름 휴가철, 크리스마스 시즌을 포함한 연말 등 계절과 주요 이벤트에 맞춰 기획된다. 최근까지 종이 인쇄물로만 내용을 볼 수 있었는데 2025년부터는 트레이더 조 홈페이지에서도 볼 수 있다. 2025년 발렌타인 즈음 발간된 트레이더 조의 뉴스레터를 함께 들여다보자. 참고로 이곳에 쓰인 카피들은 미국 광고 업계에서도 엄지를 치켜들 정도로 공을 들인다고 한다.

Groove is in the Heart Shaped Macarons

Some say the way to a person's heart is through their stomach. If that's true, then consider **Trader Joe's Heart Shaped Macarons** an especially on-the-nose choice to treat your sweetheart's sweet tooth this Valentine's Day. Made for us by a fine Belgian bakkerij (bakery), each box offers four white, heart-shaped vanilla crème **Macarons** with strawberry filling and four pink, heart-shaped raspberry **Macarons** with raspberry crème filling.

Anatomy-related food metaphors aside, these classic patisserie delights possess the ideal combination of delicate yet chewy texture, and sweet but not saccharine flavor. Also ideal? How easy they are to "prepare." We sell them frozen, so you can simply thaw as many as you need (at room temperature for an hour or in the fridge overnight), then add them to a Valentine's or Galentine's Day dessert platter! At **$5.49** for a 4.23-ounce box of eight, you don't need to spend an arm and a leg to declare your adoration for the ones you love. You *do* need to head to your neighborhood Trader Joe's to grab a box of **Heart Shaped Macarons**, post-haste—because supplies are limited!

Now, let me show you the shape of my Heart! (Shaped Macarons.)

2025년 1월에 발간된 뉴스레터 첫 장에 소개된 발란타인데이 기념 마카롱 소개

하트 속에 그루브가! 하트 모양 마카롱

'사랑은 위(胃)에서 시작된다'는 말, 들어보셨나요? 그게 사실이라면 트레이더 조 하트 모양 마카롱은 당신의 달콤한 마음을 표현하기 딱 알맞은(정말 말 그대로!) 발렌타인 선물일 거예요. 벨기에의 유명 bakkerij(빵집)에서 저희를 위해 정성껏 만든 이 마카롱 박스에는 바닐라 크림 & 딸기 필링이 들어간 하얀 하트 4개, 라즈베리 크림이 가득한 핑크 하트 4개가 들어 있어요.

이 고전적인 프렌치 디저트는 겉은 섬세하고 속은 쫀득쫀득, 사카린 맛이 아닌 진정한 달달함을 갖춘 완벽한 균형의 간식이랍니다. 더 좋은 점은 바로 먹기 엄청나게 간편하다는 거예요! 냉동 상태로 판매되니 먹고 싶은 만큼만 꺼내 상온에서 1시간 해동하거나, 냉장고에 하룻밤 두세요. 그리고 밸런타인데이던 갤런타인데이Galentine's Day던 디저트 플래터에 예쁘게 올리면 끝!

8개입 (4.23oz)에 단 $5.49! 사랑을 표현한다고 지갑이 얇아질 필요는 없어요. 다만! 진심을 담은 이 하트 마카롱은 수량이 한정되어 있으니 가까운 트레이더 조로 지금 당장 달려가셔야 할거예요!

제품의 정확한 내용이 들어가 있다

이 제품은 벨기에의 유명 bakkerij(빵집)에서 만들었다고 말하며 유럽에서 생산된 제품 고유의 맛과 감성을 얘기한다. 네덜란드어 원어를 그대로 사용하는 것도 벨기에 제조사의 정통성을 주기 위한 언어 장치이다. '고급스러운 유럽산 정통 마카롱' 먹는다는 느낌이 든다. 바닐라 크림과 딸기 필링이 들어간 하얀 하트 4개, 라즈베리 크림이 가득한 핑크 하트 4개가 들어 있다고 하는 제품 구성을 정확히 설명한다. 밸런타인데이 선물로 무엇을 살까 하는 고객들에게 밸런타인데이 혹은 갤런타인데이(여성친구들) 선물용으로 좋다는 의미를 재미있게 알린다.

유머와 언어의 유희가 들어가 있다

"하트 속에 그루브가!Groove is in the Heart Shaped Macarons"라는 제품 소개 제목은 1990년대 미국의 댄스그룹이 부른 히트곡 <Groove is in the Heart by Deee-Lite>를 패러디한 표현이다. 원곡 제목을 하트 모양 마카롱과 연결해 재미있는 문장으로 바꾼 것이다. 게다가 이 마카롱을 먹으면 심장이 리듬을 타고 뛸 것 같은 달콤한 느낌도 전한다. 또한, "사랑은 위(胃)에서 시작된다"라는 멘트는 '아무리 사랑이 중요해도 먹어야 한다'라는 유머도 담았다. 사랑하는 사람에게 마카롱을 주기 위해 '팔과 다리의 수고'가 필요 없다는 편리함도 강조한다.

건강 요소를 언급한다

트레이더 조 고객은 천연 감미료 등 건강 요소에 민감하다. 이런 면을 상기시켜서 마카롱의 단맛은 인공감미료인 사카린에서 나오는 것이 아님을 강조한다. 인공감미료 맛으로 만들어지지 않은 단맛과 씹히는 질감이 이상적 간식이라고 설명한다. 사실 단맛 디저트가 이상적인 간식이라고 보지 않을 수 있지만, 인공감미료가 없다는 것을 강조하면서 '건강한 간식'이라는 인상을 풍긴다.

간편하게 먹을 수 있다는 것을 강조한다

도시 밀집 지역에 대중교통 접근성이 좋은 트레이더 조 매장 고객은 1인 가구 혹은 학생 고객이 많다. 따라서 조리법이 쉽고, 소량으로 구매할 수 있는 포인트는 중요한 소구 대상이다. 이런 점을 강조하여 "냉동 상태로 판매되기 때문에 먹고 싶은 만큼만 꺼내 상온에서 1시간 또는 냉장고에서 하룻밤 해동하면 끝이다"라고 강조한다. 남아서 버리지 않도록 원하는 만큼만 편리하게 녹여서 먹을 수 있음을 강조한다.

판매량이 제한적이니 구매욕구를 고취한다

사랑하는 사람에게 마음을 전하려고 큰돈 쓸 필요도 없다고 유머러스하게 말한다. 미국에서 마카롱 한 개 가격이 2.5~4달러(3천 원~6천 원)인 것과 비교하면 이 마카롱 가격(8개에 $5.49)은 1/3 정도 밖에 안된다. 그래서 이 트레이더 조의 마카롱은 가격 경쟁력이 있다. 마지막으로 준비된 수량이 제한적이니 지금 당장 가까운 트레이더 조 매장으로 달려가라고 말하며, 놓치면 후회할 것이라는 FOMO 감정을 드러내며 자극한다.

뉴스레터에 나온 신제품 소개에는 마카롱의 먹음직스러운 실사 이미지가 없다. 오직 한 페이지 가득 문장으로만 가득 차 있지만 지적 호기심이 많은 트레이더 조 고객들에게 쏠쏠한 읽는 재미를 준다. 우선은 고객들이 알고 싶어하는 모든 정보가 포함되어 있다. 트레이더 조의 유머와 은유적 표현으로 즐거움을 주는 동시에 호기심을 자극하고, 저렴한 가격과 제한된 수량으로 지금 당장 구매해야 한다는 긴급성을 일깨우며 제품 구매욕을 불러 일으킨다.

알바생도 '지식 노동자', 무엇이든 물어보세요

트레이더 조는 단순한 유통기업이 아니라 스스로 '지식 기반 조직'이라 정의한다. 또 직원들을 단순 노동자가 아니라 '생각하는 사람'으로서의 '지식 노동자'로 여긴다. 이를 뒷바침하듯 그 어떤 유통 대기업보다 급여와 대우가 좋다. 이는 풀타임 근무자나 일주일에 하루 일하는 파트타임 알바생이나 마찬가지이다. 트레이더 조는 창업 이래 고객에게 정확한 제품 지식과 정보를 주는 것을 차별화 핵심 요소로 두고 있다.[15] 특히, 그들이 정한 주요 타킷을 만족시키기 위해서는 직원 모두를 '척척박사'로 만드는 것이 실제로 중요했다. 조 쿨롬은 이를 '지식 기반의 판매[Knowledge-based selling]'라고 불렀다.[16] 이는 어떻게 가능할까?

창업자 조 쿨롬은 직원들이 제품 지식을 갖도록 하는 것은 주입식의 교육[Training]'을 통해서가 아니라 그들이 직접 판매하는 상품에 대해 각 직원의 관심을 끌어내는 방법으로 해야 한다고 믿었다.[17] 이런 창업자의 의도에 맞게 트레이더 조에는 직원들이 자발적으로 제품에 관심을 갖고 지식을 쌓도록 해주는 제도가 있다. 모든 직원이 제품을 경험할 수 있는 환

15 Coulombe 앞의 책, Chapter 9. Promise, Large Promise
16 Coulombe 앞의 책, Chapter 19. Demand Side Retailing
17 Coulombe 앞의 책, Chapter 21. The Last Five Year Plans

경을 제공하는 것이다.

직원 시식 제도

고객이 원한다면 기꺼이 시식하게 해준다는 트레이더 조에 관해 앞서 언급했지만, 직원들만의 시식제도가 따로 있다. 매일 매장 뒤 업무 공간에서는 직원들의 시식이 이뤄진다. 이 시간에는 일을 잠시 멈추고 함께 나누어 먹어보며 평가한다. 새로 나온 신제품을 포함해 직원이 특정 제품의 맛을 궁금해하면 그 제품도 먹어볼 수 있다. 한두 가지 제품으로 한정하는 것도 아니다. 그 제품을 가장 맛있게 먹을 수 있는 조합으로 시식한다. 새로운 딥핑소스가 나왔다면 이 제품과 가장 어울리는 칩과 함께 준비되어 있고, 기존 디핑소스 두세 가지도 함께 비교할 수 있도록 준비한다. 또한, 와인과 맥주 등 알코올이 함유된 음료도 시음한다. 와인이라면 이 제품에 맞는 치즈가 곁들여 준비된다. 시음하는 와인 제품은 와인 섹션리드가 설명하고, 치즈 제품도 역시 해당 섹션리드가 자세히 설명한다. 업무시간 동안 알코올 시식은 양 조절이 필요하므로 소주잔처럼 작은 종이컵에 매니저가 직접 일일이 따라준다. 보통 세 개 와인 비교 시음을 하게 되면, 작은 잔으로 조금씩 나누어 마셔볼 수 있다. 참고로 직원들은 매장 내 마련된 고객용 시식코너에서도 고객과 함께 시식할 수도 있다. 매장에서 오며가며 일하는 직원들은 고객용 시식 코너를 지나가면서 고객들과 같이 시식한다. 그 현장에서 고객들과 함께 맛의 경험을 나누며 스몰토크를 이어간다. 고객뿐만 아니라 직원의 시식도 매우 훌륭하게 진행하는 트레이더 조의 문화는 참으로 정성스럽다.

크루들의 와인과 치즈 시식

캡틴의 선택, 무료 시식

트레이더 조 매장의 총괄 매니저를 캡틴Captain이라고 부른다. 내가 근무했던 매장에서는 '이번 주 캡틴이 선택한 제품Captain's Pick'이라고 해서 10달러 이내의 신제품을 전 매장 직원에게 매주 한 개씩 제공하기도 했다. 이는 집에 있는 가족들과 같이 매주 신제품 하나씩을 같이 시음하는 좋은 기회이다. 금주의 캡틴 제품을 기다리는 가족들을 트레이더 조에 연결하는 고리이다. 인상적인 점은 이 제품들이 보통 인기가 많은 신제품 중에서 선택되는데, 이 제품이 매장에 한정된 수량으로 들어오더라도 직원이 맛보는 기회를 인색하게 여기지 않는다는 점이다. 이럴 때 직원으로서의 느끼는 '만족감'은 절대 급여로 살 수 없는 것이다. 존중받고 있다는 느낌을 받기 때문이다. 집에 갖고 가서 먹어보는 시식이라 가족들의 의견도 청취할 좋은 기회이다. 한번은 그 주에 선정된 '캡틴스 픽' 제품 재고가 넉넉지 않은 날이 있었다. 마지막 한 개가 진열장에 있었다. 그래서 "오늘 말고 내일 갖고 갈게"라고 매니저에게 말했는데, 매니저는 "직원이 먼저이다. 직원이 맛을 알아야 고객과 이야기할 수 있다. 내일 또 들어오니 갖고 가라"라고 하면서 마지막 남은 것을 챙겨주었다. 이러한 예를 보면 트레이더 조가 직원 제품 경험을 얼마나 중요하게 생각하는지 충분히 알 수 있다.

전 직원 대상 데일리 제품 브리핑

모든 직원은 매시간 순환하며 제품 진열 업무와 캐셔 업무를 번갈아 맡는다. 매일 각 교대(아침, 낮, 저녁)의 제품 진열 업무를 하는 직원들을 대상으로 그날의 제품 특이 사항에 관한 브리핑이 있다. 하루에 최소 세 번이나 한다. 그날 새로 나온 제품이 있는지, 일시 품절된 상품은 무엇이고 언제 들어오는지, 또 다시 입고된 제품은 어떤 것인, 진열 위치가 달라진 것이 있는지 등에 대해 제품 섹션리드가 돌아가면서 정보를 전달한다. 또한, 격주간으로 발행되는 사내 뉴스레터인 블루틴에 실린 제품 정보에 대해서도 다시 언급한다. 매일 제품 브리핑을 진행하는 섹션리드도 풀타임 직원이 아닌 경우가 많다. 나는 주 3일 근무했을 때 섹션리드로 승진했었다. 알바생에게도 제품 브리핑을 진행하도록 권한을 주는 것이다. 제품 브리핑은 한번 할 때마다 10~20분 정도가 소요되는데, 제품 진열 업무를 하는 모든 직원이 하던 일을 멈추고 브리핑을 듣는다. 직원들이 일하는 시간을 까먹으면서까지 제품 경험 시간을 주는 것이다. 직원들이 제품에 대해 알아가는 시간이 아깝지 않다고 생각한다. 본인이 직접 맛본 제품에 대해 고객이 물어보면 직원들은 성심성의껏 답을 해준다. 이렇듯 직원의 제품 지식은 '교육'을 통해 이뤄지기도 하지만 더 중요하게는 직원들로부터 자발적인 '애정'이 만들어 진다. 직원이 그 맛을 알면 고객들과 얘기를 나눌 때 큰 도움이 되고, 이것은 고객과의 진솔한 대화로 이어진다. 직원과 회사, 직원과 고객 사이의 상호적 관계 속에서 제품과 손님에 대한 애정과 관심으로 이어지는 선순환을 만든다.

창업자 조 쿨롬이 말한 것처럼 직원들의 제품 지식은 주입식 교육을 통해서가 아니라 직원들의 자발적인 관심과 애정에서 효과적으로 이루어지기 때문에 트레이더 조에서는 오래전부터 자유로운 직원 시식과 데일리 제품 브리핑 이라는 시스템을 구축한 것이다. 이러한 하위 시스템을 단단히 구축하는 일이 실제로 쉬울까? 강조해 말하지만, 이는 결코 쉬운 일이 아니다. 파트타임 알바생까지 풀타임 직원과 똑같은 식구로 보는 회사의 시선, 경영 이념과 실제 현장 사이의 괴리, 그리고 이를 받아들이는 직원의 자세 등 여러 요소가 복합적으로 작용한다. 외부에서 보기에 트레이더 조의 이러한 사소한 시스템들이 어려워 보이지 않지만, 회사의 철학에 따라 이를 뒷받침하는 밑단의 구조적 시스템까지 잘 작동하게 만들기 위해서 트레이더 조가 실천했던 지속적인 노력의 이면까지 볼 수 있어야 한다.

공급업체의 입점비와
파견 영업사원이 없는 곳

"소매Retail이란 단어는 '조각내다'라는 중세 프랑스어 리테일러Retailer에서 유래했다. 재단사Tailor 역시 같은 동사에서 나왔다."[18]

조 쿨롬 창업자는 그의 자서전에서 리테일의 의미를 위와 같이 설명했다. 좋은 제품을 대량으로 사 그것을 소량으로 나누어 최종 소비자에게

18 Coulombe 앞의 책, <Chapter 11. Mac the Knife>

판매하는 것이 진정한 리테일러의 기본이라고 생각했다. 즉, 고객만 바라보고 가겠다는 것이다. 대부분 당시 대형 슈퍼마켓이나 지금의 한국 대형 슈퍼마켓에는 제품 공급업체들이 진열대의 좋은 자리를 선점하기 위해 해당 슈퍼마켓에 입점비 혹은 판촉비 명목의 돈을 지불한다. 더 나아가 이들 제품을 판매할 영업사원까지 제공한다. 슈퍼마켓에 가보면 특정 제품을 파는 영업사원들이 있고, 그들에게 매장 내 다른 제품에 관해 물어보면 대부분 모르거나 답해도 성의가 없다. 어쩌면 이는 당연한 소리다. 특정 회사나 제품 영업사원의 경우 그 슈퍼마켓의 사정을 알 수 없다.

트레이더 조는 평범한 대형마트와 전혀 다른 상품 입점 및 진열 전략을 통해 소비자와의 독특한 관계를 형성하고 있다. 대부분 유통업체는 제조사로부터 입점비Slotting fee, 판촉비Marketing allowance, 영업사원 파견 지원을 통해 그들의 마케팅 비용을 상쇄한다. 이와 반대로 트레이더 조는 외부 개입 없이 자사 내 구매 및 마케팅팀이 모든 상품 선정을 담당하고 진열까지 독립적으로 결정한다. 이러한 전략은 단순히 거래비용을 절감하는 수준을 넘어, 가격 경쟁력 확보와 소비자 만족이라는 두 마리 토끼를 동시에 잡는 구조적 혁신을 이끈다. 이는 창업 초기부터 이어져 내려온 경영 전략이다. 트레이더 조는 대형 유통업체들이 의존하는 협력사 비용 분담 시스템을 거부하고, 오로지 자사 판단에 따라 제품을 골라 진열한다. 여기에는 중요한 의미가 있다. 트레이더 조에 납품하는 제조업체는 별도의 입점비를 지불하지 않는다. 따라서 상품 개발팀은 소비자 관점에서 맛, 품질, 가성비를 종합적으로 판단하여 테스트하고, 그 평가에 따라 입점을 결정한다. 진열 위치도 트레이더 조가 결정한다. 따라서 제조사의 개입이 전혀 없고, 모든 트레이더 조의 제품들은 고객이 가장 만족할 수 있도록 매장별로 최적의 방식으로 진열된다. 다른 슈퍼마켓이 판매자 중심의 유통 구조를 갖는다면, 트레이더 조는 그 유통 구조를 소비자 중심으로 재설계한 대표 사례로 볼 수 있다. 창업자 조 쿨롬의 말대로 '진정한 리테일러'가 되어 공급업체의 영향력을 철저히 배제한 것이다. 이렇게 공급업체 진열 개입을 배제하고 '고객 중심의 유통 전략'을 갖는 것은 다양한 장점이 있다.

먼저, 가격 경쟁력이다. 창업 초기부터 공급사로부터 입점비를 받지 않고 공급체가 입점비를 내겠다면 차라리 그 돈으로 가격을 깎아 달라고 했다. 그리하여 고객에게 판매할 제품의 최종 소비자 공급가를 낮출 수 있다. 보통의 유통업체가 외부 공급자와 입점을 협상하며 발생하는 복잡한 거래비용에 관한 상호 출혈 논쟁을 하지 않는다. 이는 유통비용 절감뿐 아니라, 가격 안정성 확보로 이어질 수 있다. 둘째, 공급업체의 진열 개입 배제는 트레이더 조와 고객 간의 신뢰 구축 측면에서 상당히 긍정적인 요소가 된다. 자체 선정한 상품만을 진열한다는 전략은 '트레이더 조가 고른 제품이라면 괜찮다'라는 소비자 신뢰로 이어졌다. 이는 브랜드 스스로가 '큐레이터Curator' 역할을 함으로써 소비자 선택 부담을 상당히 줄여주는 효과를 낳는다. 또한, 이는 고객에게 전달되는 '실질 가치Real value'를 극대화한다는 점에서, 입점비 거부는 필립 코틀러가 말한 가치 기반 마케팅Value-Based Marketing의 맥락에서 해석될 수 있다.[19] 단기적 수익보다 고객 만족을 우선시함으로써 고객 생애 가치Customer Lifetime Value를 장기적으로 극대화한다. 마지막으로, 공급업체 개입 없이 트레이더 조가 100% 진열권을 가지므로 앞서 소개한 리머치Re-merchandising, 즉 진열 위

19 Philip Kotler, Kevin Lane Keller 외, 《Marketing Management》, Pearson Education, 2016

치 변경 전략과도 쉽게 결합 될 수 있다. 고객의 매장 방문은 단순한 구매가 아닌 '새로운 발견의 장소'로 만드는 출발점이 된다.

이처럼 트레이더 조의 상품 입점 및 진열 전략은 유통 구조를 소비자 중심으로 재정의한 사례다. 단기적 판촉 이익을 포기하고, 자율성과 소비자 신뢰에 기반한 전략을 선택함으로써 가격 경쟁력, 브랜드 신뢰, 소비자 만족의 선순환 구조를 만들고 있다. 조 쿨롬 창업자의 '진정한 리테일러'가 되겠다라는 것은 단순히 물류적 과정이 아니다. 투명한 유통 체인을 통해 고객과 생산자를 연결하는 유통업의 본연적 역할을 강조한 것이다.

최소한의 재고, 적게 갖고 자주 판다

퇴근 후 오후 6시, 트레이더 조 매장을 가면 여기가 무엇을 팔려고 하는 곳인가 하는 의심이 들 정도로 매장 진열대가 썰렁할 때가 자주 있다. 샐러드 진열장에는 제품이 한두 개 정도 남아있고, 딸기와 블루베리가 있는 곳은 텅 비어 있다. 매일 신선하게 파는 빵도 한두 개 품목 정도만 남아있다. 치킨 진열장에서 가장 인기 있는 유기농 닭가슴살 선반이 텅 비어 있다. 미국에서 조류인플루엔자로 인해 달걀 파동이 있는 경우 트레이더 조 달걀 진열대는 영업시간 한두 시간이 지나면 이미 텅 빈다. 내가 고객이었을 때나 처음 알바생으로 일할 때는 이해가 어려웠다. 왜 물건을 충분히 들여오지 않는가? 재고 부족을 만들어 왜 판매 기회를 잃고 있는가? 1년 반 동안 트레이더 조에서 일하다 보니 빠른 재고 소진은 트레이더 조의 중요한 성공 전략이었다. 내가 재고가 없어서 안달하면 옆에서 함께 일하고 있던 매장 선임 매니저는 "오늘 못 산 사람은 내일 또 올 거예요!"라고 웃으면서 안심하라고 한다. 또한 내가 섹션리드가 되고 첫 주문을 맡게 되었을 때였다. 판매 극대화와 적정 재고 유지 모두 중요한 것을 아는 마케터로서 나는 캡틴에게 물어봤던 적이 있다. "매장의 수익 구조를 책임지는 캡틴의 입장에서 재고가 없어서 못 파는 상황이 더 싫은가요, 아니면 재고가 많아서 뒤에 있는 창고가 가득 차 있는 게 싫은가요?" 캡틴의 답은 명확했다. "주문은 매일 할 수 있고 바로 그 다음날 입고가 된다. 그러니 충분한 재고를 갖고 가려고 너무 노력하지 않아도 된다. 창고에 재고를 많이 쌓아두지 말자. 나는 창고가 빈 느낌일 때 기분이 더 좋다."라고 말했다. 물론 트레이더 조의 매장 운영은 독립적이여서 캡틴 마다 우선순위가 다를 수 있다는 말을 덧붙이기도 했다.

실제로 제품 재고 회전율은 트레이더 조의 강점이다. '적게 갖고 자주 파는' 전략의 힘이다. 트레이더 조는 약 12만 종을 취급하는 월마트의 3~4% 수준에 불과한 제품 수만 판매한다. 앞선 장에서 이미 설명했듯 적은 품목을 갖고 있지만, 단위 면적당 매출은 훨씬 높다. 이처럼 더 적은 제품만 취급하는 일은 재고 회전율을 크게 높이는데 기여하고 있다. 유통업체의 운영 효율성과 수익성을 평가하는 핵심 지표 중 하나가 제품의 재고 회전율Inventory turns이다. 이는 일정 기간 동안 재고가 얼마나 자주 판매되고 교체되는지를 나타내는 지표이며, 효율적 재고 관리는 비용 절감과 고객 만족도 향상에 기여한다. 재고 회전율은 다음과 같이 계산한다.

$$\text{재고 회전율} = \frac{\text{매출원가(COGS)}}{\text{평균 재고}}$$

높은 회전율은 재고가 빠르게 판매되어 자금이 효율적으로 활용된다고 해석할 수 있다. 반대로 낮은 회전율은 재고가 장기간 보관되어 자금이 묶이고 보관 비용이 증가하며, 상품의 신선도나 품질이 저하될 수 있음을 나타내 유통업체를 평가할 때 중요한 성공 지표로 작용한다. 트레이더 조 팟캐스트에 따르면 더 적은 제품만 취급하고 있는 트레이더 조 제품의 연간 평균 재고 회전율은 60회가 넘는다. 즉 1년이 52주이니 모든 것이 일주일 내에 다 팔리고 다시 물건이 들어온다고 해석할 수 있다.[20] 월마트가 8~9회, 홀푸드가 12~15회, 코스트코가 12~13회이니 트레이더 조의 재고 회전율 60회가 얼마나 대단한 수치인지 쉽게 가늠할 수 있다.

미국 대표 리테일의 연간 재고 회전율 비교[21]

소매업체	평균 재고 회전율 (연간)	주요 특징
트레이더 조	60회 이상	제한된 SKU, 고속 제품 회전, PB 중심
월마트	약 8~9회	방대한 제품군, 대규모 공급망
홀푸드	약 15회	고급 유기농 중심, 품목 다양성
코스트코	약 12~13회	회원제로 대용량 판매, 낮은 SKU

20 Trader Joe's Inside Podcast, <Episode 11: Sustainability>, 2019
21 실제 재고 회전율은 각 기업의 연간 보고서 및 산업 분석 자료를 기반으로 추정된 값

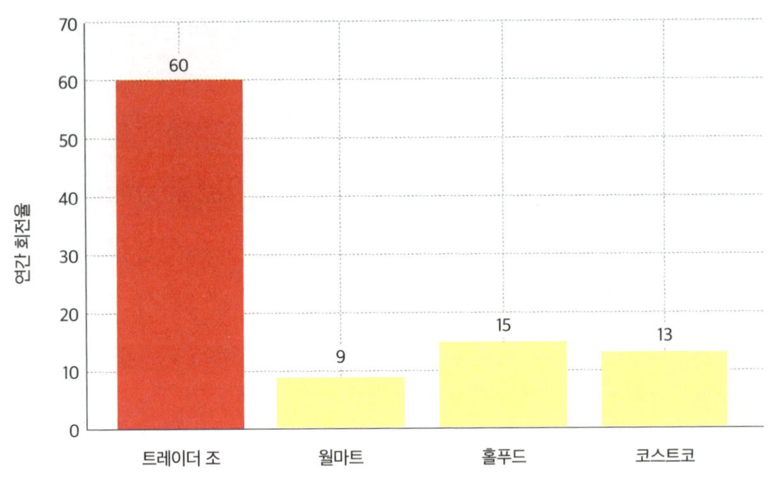

소매업체별 재고 회전율 비교 그래프

높은 회전율을 보인다는 것은 다음을 의미한다.

> ① 상품 신선도 유지 : 늘 새로운 제품이 입고된다. 신선도=고객만족=브랜드 가치이다.
> ② 낮은 재고 보관 비용 : 창고를 위해 많은 공간이 필요하지 않아 비용을 절감한다.
> ③ 빠른 고객 트랜드 반영 : 더 잘 팔리는 품목은 다음날 주문에 곧장 반영한다.
> ④ 불필요한 재고 손실 감소 : 공급망에 풀어 놓은 비용이 감소한다.

회전율이 낮은 기업은 재고의 과잉으로 인해 할인판매에 의존하거나 신선도가 떨어진 상품을 판매할 수밖에 없어 운영 효율이 급격히 떨어지며 브랜드 이미지까지 손상시킬 위험이 있다. 트레이더 조가 연간 60회 이상의 높은 회전율을 보이는 것은 그들만의 독특한 운영 방식 덕분이다.

이 책을 처음부터 읽은 사람이라면 트레이더 조의 제한된 제품 품목 수, 80% 이상 PB 제품 구성이 이를 가능케 한다는 것을 예상할 수 있다. 이를 위해 트레이더 조는 결코 품절, 단종을 두려워하지 않는다. 잘 팔리지 않는 제품은 진열대에서 과감히 내린다. 무엇보다 중요한 일은 매일

저녁 6시경 트레이더 조의 과일 진열대의 텅빈 모습

빠르게 공급되는 제품은 신선도를 유지하는 것이다. 오후 늦은 시간 진열장을 텅 비어 있도록 만드는 샐러드와 과일류는 오래 팔고 싶어도 장시간 팔 수 없다. 어떤 고객들은 진열장에서 제품을 고를 때 맨 뒤에서 꺼내는 고객들이 있다. 하지만 트레이더 조에서는 진열 순서에 상관없이 앞이든 뒤든 그날 아침에 들어온 경우가 대부분이다. 제품은 매일 새롭게 들어오며, 가장 훌륭한 신선도를 유지한다. 고객은 선도가 떨어진 제품을 구매할 확률이 낮아진다.

게다가 재고 회전율이 높다는 것은 단순히 재고를 잘 관리한다는 뜻에 그치지 않는다. 트레이더 조의 재고 회전 구조는 사회적, 환경적 이점도 갖는다. 먼저 낭비의 최소화이다. 재고가 쌓이지 않으므로 폐기 식품이 적다. 물론 판매되지 않은 식품은 지역 푸드뱅크에 신속히 기부된다. 또한 탄소발자국 절감에도 도움이 된다. 과잉 재고를 보유하고 있느라 필요 이상으로 운송하거나 저장하지 않아도 되므로 탄소 배출도 줄어든다.

트레이더 조는 온라인 판매를 포기하고 오프라인에 집중하면서도 높은 충성도와 수익성을 유지하는 보기 드문 유통 브랜드다. 그 중심에는 고속 회전 구조라는 단단한 운영 시스템이 자리하고 있다. 이 시스템은 단지 효율적인 재고 관리가 아닌 고객의 충성도와 환경적 책임, 브랜드 정체성까지 모두 동시에 이끌어내는 전략의 심장이라 할 수 있다.

영업 시작 전 모든 진열장이 아름답게 채워져 있고 하루 종일 크루들은 빈 진열장을 수시로 채워 넣는다. 물론 그 재고가 다할 때까지이다. 많은 제품이 바닥을 드러내는 저녁 시간은 그래서 장 보기 좋은 시간은 아니다. 트레이더 조에서 가장 장 보기 좋은 시간은 문을 연 그 즉시 오전이 가장 좋다. 그래서 트레이더 조의 오픈런은 1년 열두 달 계속되는 것이다. 이제 트레이더 조의 오픈런 발생의 의문이 조금 풀리지 않는가.

유연한 근무 제도와 이를 뒷받침하는 인력풀

"저 한 달 동안 한국에 다녀오고 싶은데, 근무에 빠져도 될까요?"

"네, 다녀오세요, 로이스. 한국에 눌러 앉으면 안돼요! "

트레이더 조에서 아르바이트하면서 한국에 다녀올 일 있어 매니저에게 물었다. 별것 아니라는 듯이, "물론이에요, 다녀오세요."라고 한다. 학기말 시험이 시작되면 학생 알바생들은 근무 일정을 한 달 정도 뺐다가, 방학이 되면 다시 돌아와서 일한다. 알바생이 이렇게 한 달 빠진다는 것은 일반 리테일 매장에서 결코 있을 수 없다. 보통 그만두라는 게 일반적이다. 이런 회사의 배려를 알고 있으니 장기 휴가를 다녀온 트레이더 조 크루는 감사한 마음으로 즐겁게 근무한다. 직원이 행복해야 고객에게 그 행복이 전달된다.

"직원이 애정하지 않는 한, 고객은 절대 그 회사를 애정하지 않는다."[22]

마케팅 전문가인 사이먼 시넥Simon Sinek의 말처럼 직원의 자발성과 감정이 브랜드 애착의 가장 강력한 자산이다. 결국 모든 것은 직원, 즉 사람에서 시작된다. 이렇듯 어디서나 사람이 가장 중요하지만, 리테일 매장에서는 고객을 접하는 직원이 무엇보다 중요하다. 특히, 고객 감동을 가장 중요하게 생각하는 트레이더 조는 창업 때부터 '직원이 만족해야 고객을 만족하게 대할 수 있다'는 철학으로 업계 최고의 급여와 의료지원 정책 등을 제공하고 있다.[23]

고객 만족 1위의 트레이더 조 크루들은 캐셔로 계산을 돕고, 제품을 아름답게 진열하고, 고객의 다양한 질문에 답하고, 레시피를 서로 공유하며 고객과 정감 있는 스몰톡을 나눈다. 고객들은 서로 좋아하는 신제품에 대해 얘기하고, 같은 동네 주민으로서 어젯밤 갑자기 전기가 나가서 냉장고 아이스크림을 다 못 먹게 되었다는 푸념도 서로 자연스럽게 늘어놓는다. 이런 직원들은 그야말로 트레이더 조 매장의 핵심이다. 신규 매장을 열 때 가장 중요하게 생각하는 것은 건물이나 주차장이 아니다. 트레이더 조 기준에 맞는 크루를 충분히 구할 수 있는가이다. 물론 그 신규 매장을 이끌어갈 캡틴과 중간 매니저(메이트)도 확보해야 한다.[24] 트

22 Simon Sinek, 《Leaders Eat Last: Why Some Teams Pull Together and Others Don't. Portfolio》, Penguin Books Limited, 2014

23 Coulombe 앞의 책, Chapter 16. Too, too Solid Stores

24 Trader Joe's Inside Podcast, <Episode 10: Here We Grow> (2018)

레이더 조는 다른 리테일 매장들보다 단위 면적당 훨씬 많은 매장 직원 수를 갖고 있다. 2018년 당시 트레이더 조는 가장 큰 매장을 뉴욕에서 오픈할 준비를 하고 있었다. 이를 위해 트레이더 조는 매장에서 일할 크루 200명을 뽑았다. 내가 일했던 마운틴뷰 매장의 경우 모든 시프트를 합쳐 약 150여 명이 근무했다. 이처럼 150~200명의 트레이더 조의 매장당 직원 숫자는 매장크기가 트레이더 조보다 세배 이상 더 큰 홀푸드 매장 직원수와 비슷한 숫자로, 트레이더 조에서는 한명이 책임지는 매장의 면적이 작다라는 의미이다. 업계 취합 자료에 따르면 트레이더 조는 다른 대표적인 유통 리테일에 비해 상대적으로 매우 작은 매장 면적 안에 높은 밀도의 직원을 배치하고 있다. 단위면적당 직원 수를 보면 트레이더 조 직원 수는 월마트나 세이프웨이보다 6~9배 이상 더 많다. [25]

미국 대표적 리테일의 매장 직원수 비교(출처: 여러 데이터 취합) [26]

브랜드	평균 매장 크기 (평당피트)	매장별 평균 직원수 (각종 자료 추정)	한 직원당 평당피트
트레이더 조	1,200	150~200	60
홀푸드	40,000	150~200	200
세이프웨이	56,000	100~150	373
월마트	182,000	300~350	520

이는 트레이더 조 직원들이 보다 긴밀하고 밀착되게 고객 서비스를 제공할 수 있는 환경임을 말한다. 특히, 트레이더 조 크루는 고객이 쇼핑을 하는 영업시간 동안 매장 안에 머물며 제품 진열을 하고 고객을 응대하

25 Progressive Grocer 매출자료, 개별 회사 회계자료, 매장당 직원수의 경우는 각종 기사 및 글라스도어와 레딧 커뮤니티에 올라온 자료 참고
26 앞의 자료

므로 고객이 매장에 들어서기만 해도 하와이안 셔츠를 입은 직원들을 여기저기에서 직접 볼 수 있다. 캐셔 마저 셀프 계산대로 바뀌면서 매장 안에서 유니폼을 입은 직원에게 도움을 받는 일은 이제 월마트나 세이프웨이 등 유통 리테일에서 구경하기 어려운 풍경이 되었다.

150~200여 명의 인력풀을 가진 트레이더 조 매장에서 크루 모두가 주 40시간씩 일하는 것은 아니다. 어떤 크루는 일요일 하루만 나오기도 하고, 어떤 크루는 일주일에 서너 번 오후에만 나오기도 한다. 고등학생은 방과후 4시 출근을 한다. 이렇게 주 8시간부터 40시간까지 본인의 형편에 맞게 일을 한다.

트레이더 조에서는 하루 전날 몇 명의 크루가 나오는지를 고려해 다음 날 업무 일과표를 짠다. 이 업무 일과표는 매시간 누가 나오는지, 어떤 일을 하는지 표로 그려져 있다. 하루에 병가Call in sick를 사용하는 사람 3~5명이 꼭 나오므로 이점을 이미 고려해 늘 서너 명 여유롭게 인력을 배치한다. 따라서 서너 명이 당일 연락해 병가를 사용하더라도 업무에 지장이 없다. 내가 일했던 매장에서는 업무가 유연하게 돌아가기 위해서 150명의 인력풀이 가동되며, 그중에서 매일 80~90여 명이 근무조로 배정된다.

급여 지급은 2주마다 이루어지므로 회사 행정을 위해 장기간 휴가의 경우 2~3주 전에만 휴가 계획을 매니저에게 알려주면 된다. 1년에 모든 휴가를 합쳐 120일까지 휴가를 사용할 수 있으니 3달까지 장기 휴가도 낼 수 있다. 몸이 아파 당일 병가를 쓰는 경우는 출근 2시간 전에만 알려주면 된다. 내가 갑자기 빠지면 다른 동료에게 업무가 전가될 것으로 생각해 미안해하지 않아도 된다. 충분한 인력풀을 확보해 운영하므로 크루는 본인들의 시간 형편에 맞게 일을 유연하게 할 수 있고, 또 최상의 컨디

션으로 일을 할 수 있다. 게다가 근무 교환 제도가 있어 크루들끼리 앱상에서 편리하게 시프트를 맞교환할 수 있고, 갑자기 인력이 더 필요한 경우 매장 매니저가 크루들에게 필요한 시간대를 알리면 시간이 되는 크루들이 그 시간대를 자원해서 추가로 일할 수도 있다. 추가된 시간만큼 급여를 더 받는 것이니 매장도 좋고, 일을 원하는 직원들도 좋다. 일요일과 공휴일은 시간당 10달러, 한화로 약 14,000원을 특별 시간 수당으로 지급하기 때문에 일요일과 공휴일 근무는 인기가 많다. 또 전 직원 영화의 날 행사를 하면, 근무해야 하는 직원 숫자를 해당 매장에서만 확보하기 어려운 때가 있다. 이럴 때는 주변 옆 동네 트레이더 조 매장에서 일할 수 있는 지원 근무 신청 제도 또한 운영하고 있다. 다른 매장에 가서 일하더라도 매장 분위기나 일하는 프로세스가 비슷해서 일하기에 어렵지 않다. 식사 시간은 무급이며, 하루에 4시간 이상 일하는 경우 주어진다. 식사 시간은 30분~60분 사이 원하는 만큼을 사용할 수 있다. 짧게 사용하는 사람은 30분, 또 집에 가서 밥을 먹거나 긴 시간이 필요한 경우는 60분까지 사용할 수 있다. 스타벅스에서는 식사 시간이 30분으로 고정되어 있었지만, 트레이더 조에서는 개인별로 필요한 만큼 여유로운 시간을 가질 수 있다.

일하는 환경을 유연하게 만들어줌으로써 많은 사람이 트레이더 조에서 일하기를 희망한다. 그 결과 지원자 또한 많아 충분한 인력풀을 가진다. 충분한 인력풀은 좋은 직원 채용으로 이어지고 또 좋은 직원의 채용은 일할 맛 나는 직장이라는 선순환이 자연스럽게 시작이 된다. 무엇보다 이 선순환의 시작점은 좋은 근무 환경, 높은 시급과 좋은 의료보험 등의 복지혜택이다. 경영학 대가인 피터 드러커는 비즈니스의 목적은 고객을 창출하고 유지하는 것이며, 고객을 창출하기 위해선, 가장 먼저 직원을 돌보는 것에서 시작해야 한다고 늘 직원의 중요성을 강조했다.[27] 이처럼 직원을 돌보는 것에서 고객 만족이 시작되고, 또 비즈니스 성공으로 이어진다는 시사점이 명확하다.

구글과 애플만큼 까다로운 직원 채용

급여, 복지, 근무 분위기 등 모든 것이 월등하게 뛰어난 트레이더 조는 아르바이트 구직자 사이에서 우스갯소리로 '알바계의 샤넬'이라고 불린다. 공식 웹 사이트에서 수시로 직원 모집 공고를 찾아볼 수 있다.

직업 모집 공고 부분에서 트레이더 조 매장에서 일하는 사람은 세 가지 직군이다. 크루Crew, 메이트Mate, 캡틴Captain이다. 이 용어도 전 세계를 누비며 제품을 제공하는 트레이더 조의 탐험적 철학과 연결되어 있다. 선원을 말하는 크루, 1등 항해사를 말하는 메이트, 그리고 배의 총책임자인 캡틴의 이름을 가져와 직책을 만들었다. 트레이더 조 매장에서 캐셔와 매장 진열 업무를 하는 직원인 크루들은 하와이안 꽃이 그려진 티셔츠 유니폼을 입고 근무한다, 알바생들도 이 직군에 포함된다. 트레이더 조 매장의 핵심 인력으로 캐셔 업무부터 상품 진열, 매장 디스플레이까지 전반적인 업무를 맡는다. 이들은 모든 고객이 즐겁고 친근하며 유익한 쇼핑 경험을 갖도록 돕는다. 하와이안 셔츠를 입고 일하는 중간 매니저인 사람을 메이트라 부른다. 크루들 중에서 뛰어난 역량을 보인 이

27 Peter F. Drucker, 《The Practice of Management》, HarperBusiness, 1954

들이 내부 승진으로 올라간다. 메이트는 현장에서 크루와 함께 일하며, 하루 업무 일과표를 짜고 인력 배분과 업무 배분을 하며, 크루의 성장을 돕는다. 메이트는 고객 불만 건과 교환 및 환불 처리도 담당한다. 매장의 총괄 책임자인 캡틴은 100% 내부 승진을 통해서만 임명된다. 대부분 15~20년 이상 트레이더 조에서 일한 메이트 중에서 뽑힌다. 매장의 모든 운영을 책임지고 있는 캡틴은 매장 수익을 리드하며 150명 넘는 직원들의 성장을 돕는다. 트레이더 조에서는 캡틴이나 메이트들도 매일 한 시간 이상 캐셔 업무를 직접 보며 매장 진열과 디스플레이 업무도 함께 한다. 메이트나 캡틴 같은 매니저들이 직접 더 무거운 카트를 끌고다니며 진열 업무를 하고, 계산대 옆에서 장바구니 포장을 도와준다. 가장 지저분한 곳의 청소도 도맡아서 한다. 정말 솔선수범하는게 이런 것이라는 사실을 실감한다. 이렇게 이들은 관리 감독만 하는 게 아니라 매장 일선에서 크루와 동일한 일을 함께 하며 팀을 이끌기 때문에 관료적이지 않고 수평적인 일터 분위기를 만든다.[28]

한 매장당 평균 150~200여 명의 크루가 일하고 있는 매장 채용은 수시로 일어난다. 학생들의 경우 개학하면 일을 중단하는 사람들이 많으므로 1~2월과 7~8월에는 특히 모집 공고가 많다. 트레이더 조의 시급은 최저시급보다 높고, 업계 시급과 비교해도 가장 높은 수준이어서 이미 다른 리테일 유통에서 일하고 있는 사람들이 늘 일하고 싶은 매장이다. 그런데 들어오는 과정이 결코 쉽지 않다. 트레이더 조에서 캐셔로 일하고 있던 어느 날, 한 중년 여성이 계산을 마친 후 내 쪽으로 몸을 기울여 물었다.

28 Trader Joe's YouTube Channel, <How to Make a Neighborhood Trader Joe's | Trader Joe's Grand Opening TimeLapse>, YouTube, 2024

"여기 인터뷰 어떻게 봤어요? 어렵지 않았어요? 나는 19번이나 떨어졌어요."

얼마나 트레이더 조에 오길 원하는지와 들어오는 게 쉽지 않은지 알 수 있다. 트레이더 조 커리어 웹페이지와 틱톡과 유튜브, 레딧 등의 소셜 미디어에도 트레이더 조에서 인터뷰하는 팁에 관한 내용이 많다.[29]

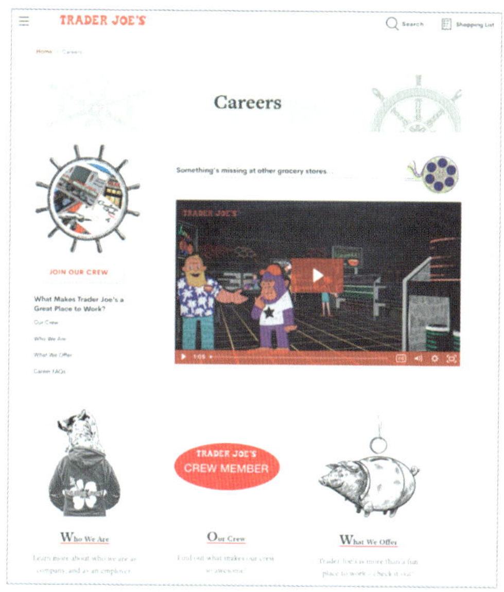

공식 웹사이트 채용 페이지 (출처-트레이더 조 홈페이지)

트레이더 조 채용 과정은 세 단계를 거치며, 전체 일정은 보통 2~3주 안에 끝난다.

29 Tiktok, <Questions at A Second Interview at Trader Joes> 외 다수

1. 지원서 제출: 온라인 또는 매장 방문을 통해 지원서를 제출.
2. 1차 인터뷰: 두 명의 '메이트'와 인터뷰로 지원자의 과거 경험, 사회성 여부, 고객 서비스 마인드를 평가.
3. 2차 인터뷰: 매장 책임자인 '캡틴'과의 인터뷰로 팀워크와 회사 문화 적합성을 중점적으로 평가.

트레이더 조 면접은 근무 시간과 과거 경험 유무만을 체크하는 통상의 아르바이트 면접과는 상당히 다르며 인터뷰 질문도 심층적이다. 트레이더 조에 대해 무엇을 알고 있으며, 왜 이곳에서 일하고 싶은지 상세하게 묻는다.

트레이더 조 면접 예상 질문

-고객이 제품에 불만을 제기했을 때, 어떻게 대응하시겠습니까?
-고객을 감동하게 한 어떤 예가 있는지, 또는 내가 고객으로서 감동 받은 적이 있는지요?
-바쁜 시간대에 업무는 어떻게 우선순위로 정하시나요?
-팀워크를 발휘했던 경험을 말씀해 주세요.

두명의 메이트와 함께하는 1차 인터뷰 질문들은 사회성 및 팀워크 등의 태도와 고객 응대 경험을 묻는 내용들이 많다. 이런 질문들을 통해 고객 중심 사고를 하는지, 팀워크 능력과 태도가 바른지 살펴본다. 이러한 인터뷰 질문을 하면서 다시 꼬리 질문을 이어간다. 특히, 이 두 질문 "근무할 때 고객을 감동하게 만든 어떤 예가 있는지, 또는 내가 고객으로서 감동을 받은 적이 있나요?"와 "트레이더 조의 제품 중 좋아하는 것이 있다면, 그 이유는 무엇인가?"는 빠지지 않는다.

캡틴과 하는 2차 인터뷰는 보다 자유로운 형식으로 다양한 질문이 오간다. "1년짜리 항해를 떠나는데 딱 세 가지를 갖고 간다면 어떤 것을 갖고 가겠느냐?"라는 오픈 질문을 하면서 면접자의 전체적인 커뮤니케이션 능력, 우선순위, 가치와 철학 등을 보기도 한다. 또 가장 후회했던 순간이 언제냐, 왜 그렇게 생각하냐의 질문으로 인생 철학을 얘기하기도 한다. 캡틴과의 인터뷰를 통해 면접자가 일을 잘 수행하는 것과 더불어 매장의 전반적 문화와 다른 크루들과 잘 어울리는지 등도 판단한다. 면접자는 본인을 100% 있는 그대로 드러내고 솔직하게 자신의 생각을 얘기할 수 있는 분위기로 1, 2차 인터뷰를 통해 트레이더 조의 가치관과 고객 응대에 맞는 직원을 채용하려고 노력한다.

트레이더 조의 채용은 브랜드 가치를 공유하고 고객에게 최고의 경험을 제공할 수 있는 인재를 선발하는 데 중점을 둔다. 이러한 사람 중심의 접근은 직원 만족도를 높이고, 고객에게는 차별화된 경험을 제공하여 기업의 성공으로 이어지는 것이다. 그러나 무엇보다 중요한 것은 직원들이 자신의 모습으로 일하는 것이다. 트레이더 조 현 CEO 브라이언 팔바움Bryan Palbaum은 "트레이더 조에서 일할 때 가장 중요한 것은 진정한 자신이 되는 것입니다. 우리는 직원들이 자신의 개성을 살려 일하길 바랍니다. 그것이 우리 매장의 분위기를 만들고, 고객에게도 전해집니다."[30]라고 말했듯이 크루들이 편하게 일을 할 수 있기를 진정으로 원한다.

이처럼 트레이더 조의 채용은 단순히 인력 충원 이상의 의미를 지닌다. 회사의 가치와 문화를 진심으로 이해하고, 그것을 몸으로 실천할 수 있는 사람을 찾는 과정이다. 일주일에 한 번 일하는 알바생일지라도 조

30 Trader Joe's Inside Podcast, <Episode 65: Q&A with Trader Joe's CEO and President>, 2023

직 구성원으로서의 태도와 품성을 본다는 점에서 트레이더 조의 채용은 깊이가 있고 진중하다. 이런 사람 중심의 접근이야말로 직원 만족도를 높이고 고객 경험을 차별화하며, 결국 브랜드 충성도를 높이는 선순환의 출발점이 된다. 그래서 트레이더 조에서의 채용은 '일하는 사람'이 아니라 '함께할 사람'을 찾는 여정이라고 말할 수 있다.

나의 트레이더 조 인터뷰

내가 트레이더 조 면접을 본 날은 일요일 오후 1시였다. 평소처럼 조금 일찍 매장에 들러 장을 봤다. 몇 가지 채소를 담고, 최근 새로 나온 핸드크림도 집었다. 계산대에 섰을 때 캐셔로 근무하고 있던 하와이안 셔츠를 입은 직원이 핸드크림을 보며 말했다.

"이거 진짜 좋아요. 제가 써봤는데 너무 부드럽고 향도 좋아요."

나도 활짝 웃으며 말을 이어갔다.

"저도 이거 정말 좋아해요. 벌써 세 번째 사는 거예요."

계산을 마치고 '브릿지룸'이라고 불리는 고객센터로 갔다. 하와이언 셔츠를 입고 있는 한 메이트에게 면접 보러 왔다고 하니 나를 인터뷰 장소로 안내해 주었다. 매장 옆 주차장의 나무 그늘 아래가 바로 면접 장소였다. 그는 근처에 있던 플라스틱 우유 상자 세 개를 엎어 놓더니 편하게 앉으라고 했다. 잠시 후, 하와이언 셔츠를 입은 또 다른 메이트가 숨을 헐떡이며 조금 늦게 도착했다. 방금 내 계산을 도와준 바로 그 메이트였다. 트레이더 조에서는 메이트가 캐셔 역할도 하므로 이런 우연한 상황이 생긴 것이다. 두 명의 메이트가 내 이력서와 질문지를 손에 들고 마주 앉아 1차 인터뷰가 시작되었다. 분위기는 격식 없고 편안했다. 그러나 질문은 결코 가볍지 않았다.
첫 질문은 "트레이더 조에서 가장 좋아하는 제품이 뭐예요?"였다. 이 질문은 단순히 제품을 아는지를 넘어서, 브랜드에 진정한 애정이 있는지를 확인하기 위한 것이다. 나는 "핸드크림이요."라고 대답하고, 방금 계산을 도와준 메이트를 바라보며, "방금 당신도 이 핸드크림을 좋다고 했잖아요. 저도 이 핸드크림 정말 좋아해요. 한국에 갈 때 친구들에게 선물하기도 딱 좋아요. 제품도 좋지만 무엇보다 저는 당신처럼 이곳 직원들이 고객들과 격 없이 이야기 나누는 분위기가 참 좋아요. 그래서 자주 오게 되고, 그 분위기의 일부가 되고 싶어서 지원하게 됐어요."라고 덧붙였다. 말이 끝나자 자연스레 웃음이 돌았다. 일부러 아부하려 했던 건 아니었지만, 진심이 묻어난 말이었다.
두 번째 질문은 "같은 일을 반복할 때 어떻게 스스로 동기를 부여하나요?"였다. 트레이더 조 크루는 반복적인 일상에서도 활기를 유지해야 함이 중요하므로 핵심적인 질문이었다. 나는 "제 생각에 여기 일은 세 가지 같아요. 업무, 동료, 그리고 고객이에요. 업무는 매일 비슷할 수 있어도, 동료와 고객은 하루하루 달라지잖아요. 특히 고객의 반응을 바로 눈앞에서 확인할 수 있다는 점이 큰 동기부여가 돼요. 예전 사무직으로 근무할 때는 내가 만든 결과물이 실제 사용자에게 어떻게 전달되는지 느끼기 어려웠거든요. 트레이더 조에서는 내가 직접 고객과 마주하고, 반응을 확인할 수 있다는 점이 정말 매력적이에요. 그리고 똑같은 일을 반복하더라도 더 나은 방식이 없는지 늘 생각하게 돼요."라고 했다. 곁들어 나는 맥주 매대에 걸려 있는 제품에서 초콜릿 대신 땅콩이나 육포를 배치하면 더 좋겠다는 제안도 했다. 메이트는 그 아이디어에 고개를 끄떡였다.
세 번째 질문은 "왜 트레이더 조에서 일하고 싶으세요?"였다. 나는 정리 해고를 통보받은 뒤 하고 싶었던 일들을 리스트로 적었고, 그중 가장 먼저 적은 것이 바로 트레이더 조였다고 이야기했다. 팬데믹 동안 외부와 단절된 시기에 이곳의 크루들과 나눈 짧은 인사가 유일한 소통이었고, 그 진심 어린 환대가 기억에 남아 크루가 되고 싶다는 생각을 하게 되었다고 말했다. 평생 사무실에서 일했지만, 육체적인 노동을 꺼리는 성격이 아니며, 다양한 배경의 사람들과 일할 수 있다는 점에서 기대가 컸다고 했다. 메이트들은 활짝 웃으며 공감의 뜻을 전했다.
네 번째 질문은 "주변 사람들에게 기대 이상으로 잘해준 적이 있나요?"였다. 이 질문은 트레이더 조의 면접에서 자주 등장하는 항목이다. 나는 회사 복도를 걷다가 바닥에 떨어진 휴지를 보면 그냥 줍고, 직원 휴게실이 지저분하면 스스로 닦는다고 말했다. 룸메이트와 살 때도 청소나 쓰레기 비우는 일은 내가 먼저 한다고 이야기했다. 특별한 보상을 바라는 건 아니고, 그냥 내가 할 수 있는 일이기에 한다고 했다. 메이트들은 이런 태도가 바로 이곳이 원하는 자세라고 했다.
네 번째 질문을 마치자 행동 특성 질문들이 이어졌다. "이럴 땐 어떻게 했습니까? 혹은 어떻게 하겠습니까?"라는 질문이다. 함께 일하는 사람과 성향이 맞지 않았던 경험, 고객의 기대를 충족시키지 못했던 사례, 까다로운 고객을 어떻게 응대한 경험, 매니저와 의견이 다를 때 이를 어떻게 풀어 나갔는지 등의 질문이었다. 구글이나 애플 등 대기업 면접에서 자주 나오는 방식이기도 했다. 다행히도 나는 이런 질문들에 익숙했고, 솔직하게 답을 이어갔다. 두 메이트는 '이렇게 자연스럽게 말하는 사람은 처음'이라며 감탄했다.
1시간 넘게 면접이 이어졌다. 그때 한 메이트가 시간이 괜찮다면 2차 면접까지 오늘 보겠냐며 캡틴을 부르러 뛰어갔다. 5분쯤 지나 캡틴이 도착했고, 1:1인 줄 알았던 2차 면접은 그 메이트 둘도 함께한 3:1로 진행되었다. 질문은 크게 다르지 않았지만, "인생에서 가장 후회한 일은?"이라는 질문에는 잠시 머뭇거렸다. 나는 '미국에 너무 늦게 온 것'이라고 대답했다. 영어 실력을 더 일찍부터 쌓았으면 하는 아쉬움이 남는다고 하니 캡틴과 메이트들은 그 정도면 충분하다며 웃었다. 2차 인터뷰에서 캡틴은 "배를 타고 멀리 항해 여행을 가는데 꼭 갖고 가고 싶은 세 가지가 무엇이며, 왜 그것을 골랐는지 이유를 설명해달라"라는 식의 좀더 포괄적인 질문을 던졌다. 정답이 있는 질문이 아니여서 편하게 얘기하면서 캡틴, 메이트들과 서로의 인생관을 알아가는 시간을 갖기도 했다.

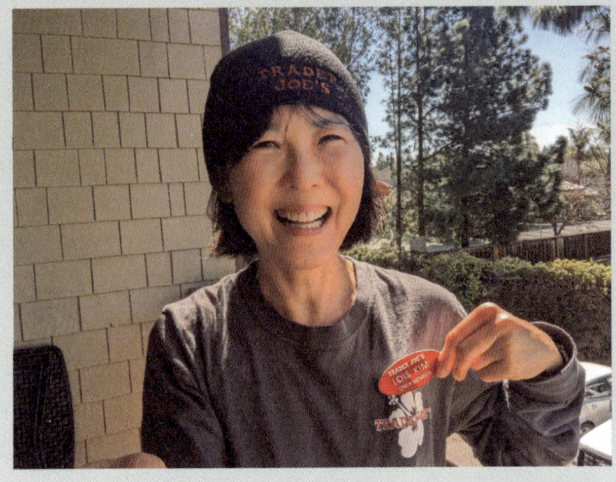

이후 트레이더 조에서 함께 일하게 된 크루들과 나눈 이야기 속에서도 공통된 점이 있었다. 트레이더 조 면접이 가장 까다로웠지만, 동시에 가장 나다워질 수 있었던 순간이었다는 평가다. 누군가는 10번 넘게 지원했다가 붙었고, 또 다른 크루는 처음 면접을 본 뒤 고배를 마셨지만, 다음 면접에서는 편안한 마음으로 진심을 전했고 합격했다고 했다. 트레이더 조는 이처럼 스펙보다 사람을, 답안보다 태도를 본다. 인터뷰 질문은 때로 유쾌하고 엉뚱하지만 결국 그 질문을 통해 그 사람의 가치와 진심을 읽으려는 것이다. 그래서인지 이곳에선 누구도 '좋은 답변'을 흉내 내지 않고, 그냥 자기 이야기를 한다. 그 자유로운 분위기 속에서 면접자도, 일하는 크루도, 고객도 진짜 자기 자신으로 존재할 수 있다. 그리고 아마 그것이 트레이더 조를 특별하게 만드는 진짜 비밀일 것이다.

트레이더 조 면접에서 중요한 건 회사에 대한 진심 어린 관심과 애정이다. 단순히 일자리를 구한다는 마음으로는 통하지 않는다. 매장에 들러 제품을 직접 사용해보고, 고객으로서의 경험을 말할 수 있어야 한다. 무엇보다도 솔직하고 진정성 있는 태도, 나만의 경험을 담은 이야기로 대답해야 한다. 인터뷰가 끝나기 전에 회사에 도움이 될 만한 제안을 한다면 큰 인상을 남길 수 있다. 두 번에 걸친 이 면접은 내게 기대감과 설렘을 주었고, 사실 구글이나 애플 면접보다도 더 깊은 인상을 남겼다.

테이스팅 패널,
맛의 연금술사

모든 점에서 특별한 트레이더 조를 특징짓는 두 가지는 고객 감동 접점에 있는 것은 바로 크루(직원)와 제품이다. 이곳의 전체 제품 80% 이상은 자체상품, 즉 PB이다. 다른 곳에서는 전혀 찾아볼 수 없는 PB 제품에 대해 고객들은 열광적인 지지를 보낸다. 고객의 지지는 마케팅 캠페인이나 가격 경쟁력 이전에 제품 그 자체에 그 이유가 있다. 트레이더 조의 제품개발은 창업 초기부터 강조되었던 부분이다. 창업자 조 쿨롬은 다음과 같이 말했다.

> "회사의 성공은 사람들이 즐겁게 먹는 것에 달려있다. 리테일 유통망으로 유명 브랜드 제품을 단순히 진열하고 파는 것이 아니라, 고객들이 '재미있게 경험하고, 흥미를 느끼며, 기꺼이 탐험할 만한' 제품을 제공해야 한다."[31]

창업초기부터 그는 제조업체 벤더[Vender]가 제안하는 모든 제품을 맹목적으로 받아들이는 대신 실제 고객이 즐거워할 만한 독특하고 고품질의 제품을 선별하는 데 주력하였다. 그 까다로운 제품 선별과 제품 개발의 맨 꼭대기에 트레이더 조의 '테이스팅 패널[Tasting Pane]'이 있다. 트레이더 조 제품의 연금술사들이다. 테이스팅 패널은 제품개발 과정의 심장과도 같은 역할을 하며, 고객에게 제공될 모든 제품이 반드시 거쳐야 하는

31 Coulombe의 앞의 책, Chapter 6. Good Time Charley

과정이다. 매장에 진열된 모든 제품은 입는 것이든, 먹는 것이든, 바르는 것이든, 혹은 강아지가 먹는 것이든 100% 테이스팅 패널을 거친다.[32] 트레이더 조 본사의 제품 마케팅 총괄 임원인 맷 슬론에 따르면 그 해 상반기에만 약 300개의 새로운 제품을 리뷰했고, 하반기에는 250여 개로 어마어마한 양의 제품이 리뷰를 기다리고 있다고 한다. 테이스팅 미팅마다 보통 10~12명 정도로 구성되는 테이스팅 패널에는 고객지원실, 매장지원팀, 매장에서 일하는 베테랑 캡틴, 메이트 등 고객의 요구를 가장 잘 알 만한 패널들로 이루어져 있다. 이들은 보통 15~20년 트레이더 조에 장기 근무한 직원들로 '트레이더 조다운 제품'을 잘 아는 사람들이다. 이는 매장 현장의 생생한 고객 피드백과 트레이더 조 브랜드에 대한 깊은 이해를 가진 인력들이 직접 평가에 참여한다는 것을 의미한다. 공정하고 객관적인 제품개발을 위해 개발팀은 이 테이스팅 패널의 결정권자로 들어가지 못한다. 이들은 테이스팅 미팅에서 제품을 소개하고 통과하지 못했을 시 패널의 의견을 반영하여 제품을 보완한 다음 테이스팅 미팅을 다시 준비한다. 이렇듯 모든 신제품 후보는 이 테이스팅 패널의 테스트를 통과해야만 매장에 진입할 수 있다. 테이스팅에서는 무엇보다 맛과 품질, 그리고 트레이더 조만의 독창성이 가장 중요한 핵심 평가 기준이다. 게다가 가격은 가장 저렴할 필요는 없지만 합리적이어야 한다. '트레이더 조답다'는 것의 의미는 맛있음을 넘어서 해당 제품이 트레이더 조의 '개성Personality'과 '브랜드 가치'에 부합하는지 평가하는 것이다. 독특함, 창의성, 재미, 품질, 그리고 합리적인 가격이라는 트레이더 조의 핵심 DNA를 반영해야 한다. 또한, 제품이 가진 이야기가 있어야 한다. 예를 들어

32 Trader Joe's Inside Podcast, <Episode 28: Trader Joe's Takes You Inside The Tasting Panel Today>, 2020

흥미로운 원산지, 독특한 재료 조합, 개발 과정의 에피소드 등으로 고객에게 매력적으로 다가갈 수 있는 스토리텔링이 가능한지도 중요하다. 이는 단순한 식료품을 넘어 '경험'을 판매하는 트레이더 조의 전략과도 연결된다.

트레이더 조의 테이스팅 패널은 점수제가 아니라 철저한 합의Consensus 기반으로 의사결정이 이루어진다. 보통 10~12명의 참석 패널 중에서 70% 이상의 찬성표를 받을 때만 통과되며, 통과가 안 된 제품들에 대해서는 보강 등의 의견에 따라 수정 반영 후 두 번째 테이스팅에 올라간다. 욕구와 기호가 각각 다른 패널들로부터 70% 이상의 찬성을 받는다는 것은 실제로 아주 까다로운 기준이다.[33] 테이스팅 과정에서 통과된 제품만이 최종적으로 개발되어 매장 진열장에 올라가 고객을 만날 수 있다. 어떤 제품이든 트레이더 조의 기준에 미치지 못하면 패널들은 과감하게 '불합격'을 선언한다. 수십 년간 축적된 트레이더 조만의 미식적 안목과 브랜드 정체성에 대한 확고한 기준이 있기 때문이다.

트레이더 조의 이런 테이스팅 패널 운영은 다른 유통 리테일과 차별화된다.[34] 다른 유통 리테일의 경우 테이스팅은 마케팅 부서나 바이어 중심으로 운영한다. 그러나 트레이더 조의 테이스팅 패널은 실제로 매장 경험과 제품 가치를 실감할 수 있는 구성원들이 중심이 된다. 그들은 단순한 감각적 평가를 넘어, '이 제품이 트레이더 조 제품처럼 느껴지는가?'라는 브랜드 감정 평가를 병행한다. 또한, 트레이더 조에는 공급업체들의

33 Trader Joe's Inside Podcast, <Episode 54: Trader Joe's Product Hacks, The Sequel>, 2023
34 Trader Joe's Inside Podcast,<Episode 28: Trader Joe's Takes You Inside The Tasting Panel Today>, 2020

영업 입점비, 마케팅 비용 제공, 영업사원 제공, 매장 진열 공간 구매 등이 전혀 없으므로 제품 최종 선택은 '고객이 만족할 것인가'가 유일한 기준이다.

트레이더 조 팟캐스트는 실제 있었던 몇 가지 테이스팅 패널 미팅을 그대로 보여주었다.[35] 각 미팅에서 상품 개발자와 카테고리 담당자(예를 들어 치즈 담당, 스낵 담당 등)가 10~12명의 패널들 앞에서 제품에 관해 설명한다. 제품에 들어간 성분, 원산지, 생산시설, 제품에 얽힌 이야기, 패키지 등을 설명하고 나면 패널들은 맛을 보고 평을 할 때까지 긴장 속에 기다린다. '할라피뇨 아티초크 디핑 소스'는 11명 중 11명이 찬성해 만장일치 통과되었고, '브로콜리 케일 버거'는 패널 12명 중 9명이 찬성해서 통과되었다. 반면 '파파덤칩'은 인도 요리에 기반한 제품으로 처음엔 너무 생소하다는 우려가 있었으나, 바삭한 식감과 독특한 맛, 그리고 글로벌한 스토리텔링 요소가 어필되며 출시 승인을 받았다. 다만 운송 중에 많이 부서지는 문제점이 지적되어 패키지에 대한 수정을 요청했다. '슈퍼 프리 호박 쿠키'는 무설탕의 건강 지향 제품이라 할지라도 맛이 없고 식감도 부족해 트레이더 조 고객의 기대를 만족시키기 어렵다는 이유로 70% 찬성을 못 받았다.

트레이더 조의 성공은 제품 개발 핵심에 위치한 독보적인 테이스팅 패널 제도 없이는 설명될 수 없다. 창업자 조 쿨롬의 '재미있게 먹는 경험'에 대한 철학을 계승하며, 이 테이스팅 패널은 매주 수많은 제품 후보 중 트레이더 조만의 독특함, 품질, 그리고 스토리텔링 가능성을 가진 소수

35 Trader Joe's Inside Podcast, 앞의 사이트 <Episode 54>

의 제품만을 엄격하게 선별한다. 현장 전문가들이 참여하는 내부 중심의 패널 구성, 브랜드스러움에 대한 확고한 기준, 그리고 과감하게 'No'를 말할 수 있는 권한은 다른 유통업체들과의 결정적인 차별점이다.

이러한 과정을 통해 탄생한 제품들은 고객에게 일관된 높은 만족감을 제공하며, 이는 강력한 브랜드 충성도, 폭발적인 입소문 마케팅, 그리고 업계 최고 수준의 평당 매출로 이어진다. 테이스팅 패널은 단순히 제품의 맛을 평가하는 것을 너머 트레이더 조의 브랜드 정체성을 유지하고, 고객과 감성적인 연결을 구축하며, 궁극적으로 기업의 지속 가능한 성장을 가능하게 하는 핵심 동력으로 작동한다.

기업 철학의 일관성과 진정성, 직원이 스며드는 곳

신입 직원이 트레이더 조 인터뷰를 통과하면 일주일에 한 번 일하는 알바생이든, 40시간을 일하는 풀타임 직원이든 모두 입사 첫날 하루 종일 오리엔테이션을 받는다. 이날은 트레이더 조 회사 철학과 비전에 알아가고 내가 근무하는 매장에 대해 알아간다. 하루하루 매장 운영 시스템도 숙지한다.

'매장이 곧 브랜드'라는 경영 철학답게 오리엔테이션의 하이라이트는 매장의 최고 매니저인 캡틴과 매장을 한 바퀴 같이 도는 일이다. 캡틴은 매장 곳곳을 돌며 하나하나 설명하고 또 일하고 있는 크루들과 인사하며 서로를 소개해준다(그 많은 알바생 포함한 모든 크루들의 이름을 다 외운다!). 매장을 돌면서 하와이안 셔츠 유니폼을 입은 캡틴은 바닥에 떨어진 휴지를 줍기도 하고, 장 보는 고객들과 반갑게 인사를 나누기도 한다. 고객들은 하와이안 셔츠 유니폼을 입은 그에게 제품 위치도 물어보고, 특정 제품이 창고에 가서 재고 있는지 확인해 달라기도 한다.(우리 매장의 최고 높은 분인 캡틴에게 말이다!) 그러면 그는 지체없이 고객에게 잠시 기다리라고 하고, 문의 하나하나를 바로 처리한다. 오리엔테이션 때 읽었던 회사의 가치 중 하나인 트레이더 조는 관료적이지 않다는 것을 캡틴의 행동을 보고 바로 느끼게 된다. 오리엔테이션에서 느낀 중요한 점은 회사의 가치나 비전은 문서나 액자에만 있는 게 아니고, 캡틴부터 알바생까지 모든 직원의 마음에 들어 있다는 것이다. 트레이더 조는 다음의 7가지 핵심 가치를 모든 직원들에게 늘 강조한다.[36]

-정직성Integrity
-제품 중심Product-driven
-탁월한 고객 서비스Wow customer experiences
-관료주의 배제No bureaucracy
-지역 기반의 전국 체인National chain of neighborhood grocery stores
-카이젠Kaizen
-매장이 곧 브랜드The store is our brand

창업자 조 쿨롬은 정직성Integrity을 "남에게 대접받고 싶은 방식으로 대하라(Treat others as you would like to be treated)"는 황금률에 비유했다. 이는 고객 응대뿐 아니라 직원 간 관계, 매장 내 협업에서도 똑같이 적용된다. 신입 직원 교육에서도 가장 먼저 전달되는 개념이 바로 이 정직성이다. 이는 단순한 도덕적 태도를 넘어 조직 전체의 문화이자 고객 신뢰의 기반이 된다. 트레이더 조의 직원들은 서로를 도와주려는 태도가 몸에 배어 있다. 종소리를 암호 삼아 빠르게 서로의 필요를 채워주는 협업의 종소

36 Trader Joe's Inside Podcast,<Episode 2: It's About Values>, 2018

리 시스템이 트레이더 조에서는 가능하다. 다른 유통 매장에서 근무하다 온 동료들이 많은데 트레이더 조만큼 동료들과의 협업 관계가 좋은 곳을 못 봤다는 얘기도 많이 듣는다.

이런 직원 만족은 결국 고객들을 '와우Wow'하게 하는 최고의 고객 서비스의 시작점이 된다. 트레이더 조의 직원들은 '비효율'로 보일 수 있는 행동에 주저하지 않는다. 예를 들어 고객이 1.99달러 특정 제품을 찾는다면 직원이 창고를 30분 넘게 뒤져 가져다주는 사례, 보행보조기를 끄는 시니어 고객과 함께 30분간 쇼핑을 돕는 행동은 매출에 기여하지 않아도 가치 실현으로 인정받는다. 이는 '고객이 우리에게가 아니라, 우리가 고객에게 충성한다'는 조직 철학의 구체적 표현이다.

또한, 관료주의가 없어 매장이 더 효율적으로 움직인다. 트레이더 조의 캡틴, 메이트, 크루는 모두 캐셔 업무를 돌아가면서 보며 고객 응대를 한다. 주차장이나 청소 담당이 따로 있지 않고 크루들이 제비뽑기로 돌아가며 맡는다. 위계적 명령체계를 최소화하고, 리더도 현장에서 고객과 직접 마주하며 리더십을 실현한다. 불만족 고객을 응대하는 일, 가장 더러운 곳을 청소하는 일, 가장 무거워서 다들 피하고 싶은 바나나 박스를 옮기는 일 등 힘든 일은 메이트들이 먼저 찾아서 한다. 트레이더 조에서는 단순 업무 이상으로 새로운 것을 배울 수 있는 기회가 많다. 매장마다 안전팀, 시식팀, 디스플레이팀 등의 자체 팀을 만들어 운영하며 누구나 그 팀에 들어가서 전문 스킬을 배울 수 있다. 자기개발을 원하는 크루들이 자발적으로 참여한다. 안전팀은 매장의 온도와 습도관리 등에 대해서 배우고 진열할 때 쓰는 칼과 지게차 등에 대한 안전 사용법 교육도 한다. 시식팀은 매장 내 고객을 대상으로 이뤄지는 시식을 기획하고 준비하는 팀으로 어떤 제품을 어느 시즌에 시식할 것인지를 결정한다. 매장 디스플레이팀은 가장 잘 보이는 매장 진열대에 어떤 제품을 올릴 것인지, 또 어떤 모양으로 진열할 것인지 등의 디스플레이 전략을 정한다. 디스플레이 연중 달력을 만들어 주요 행사 때 필요한 매장 진열을 책임진다. 매장 단위로 이루어지는 이런 일들은 매니저들이 정하는 탑다운Top down 방식이 아니라 알바생도 적극적으로 참여할 수 있다. 이렇게 안전팀, 시식팀, 디스플레이팀 등에서 일하면서 캐셔나 진열 등의 단순한 업무 이상으로 마케터로서 혹은 리테일 전문가로서의 핵심 지식과 경험도 맛볼 좋은 기회이다. 게다가 트레이더 조 안에서도 커리어 확장도 가능하다. 직원들의 성장을 독려하는 트레이더 조는 원하는 직원에 한해 미국 전역에 있는 600여 개 매장과 앞으로 새로 생기는 신규 매장으로의 이동 근무를 신청할 수 있도록 하고 있다.

트레이더 조는 실수를 비판하지 않고 실수 속에서 배워나가도록 한다. 나는 알바를 시작하고 얼마 안 되어 그날 아침에 들어온 딸기 박스가 가득 올려져 있는 플랫 카트를 실수로 넘어뜨렸다. 그날 들어온 모든 딸기가 매장바닥에 쏟아져 딸기를 못 팔게 된 사건이 있었다. 딸기를 바닥에 모두 쏟았을 때 가장 먼저 달려온 매니저는 내가 괜찮은지를 걱정했고, 딸기를 걱정하는 나에게 "사람이 더 중요하다. 딸기는 내일 또 들어온다"라며 나를 더 걱정했다. 주변에 있던 크루들은 빗자루를 들고 와서 매장 바닥에 쏟아진 딸기를 빨리 청소해 주었다. 물론 그 사건 이후 동료들은 내게 플랫 카트에 짐을 균형감 있게 싣는 법과 안전하게 이동하는 방법을 알려주고 익숙해지도록 같이 연습을 해주었다. 늘 배우고 개선과 향상(카이젠, Kaizen)을 강조한다. 트레이더 조 안에서는 커리어 성장과 확장 기회들도 주어진다. 이 때문에 트레이더 조에는 장기적으로 일하면서 크루는 메이트로, 메이트는 캡틴으로의 커리어 성장 계획을 갖고 있는 직원들이 많다.

미국 전역에 600개가 넘는 매장을 가진 트레이더 조는 '동네마트 Neighborhood store'가 되고자 한다. 즉, 가까이서 편안하게 장도 보고, 이웃도 만나고, 늘 대화가 있는 동네 가게를 말한다. 트레이더 조는 캡틴 중심의 자율적인 매장 운영방식을 지향하며, 각 매장이 본사의 지침만을 따르는 수동적인 단위가 아니라, 지역사회에 뿌리내린 개성있는 브랜드로 기능하길 원한다. '매장이 곧 브랜드'라는 철학은 개별 매장이 그 지역 고객에게 전달하는 경험 자체가 가장 강력한 마케팅 전략이라는 것을 반영한다. 각 매장은 지역 고객의 특성에 맞는 진열, 시식, 커뮤니케이션 방식을 자율적으로 설정할 수 있다. 이는 '지역 기반의 전국 체인'이라는 이중 구조를 실제로 가능케 한다. 동일한 기간에 20여 개의 트레이더 조 매장을 방문했는데 메인 진열대 진열 품목이 달랐고 시식코너 제품도 달랐다. 이렇듯 트레이더 조는 미국 전역에 존재하면서도 각 지역마다의 단골과의 관계를 기반으로 한 커뮤니티형 매장, 즉 동네 사랑방 같은 매장을 만들고 있다.[37]

이러한 트레이더 조의 살아 있는 철학은 진정성과 영업 성과를 동시에 낳고 있다. 트레이더 조는 핵심 가치를 명문화하는 데 그치지 않고, 이를 실무 운영 시스템, 직원 행동, 제품 전략, 조직 구조에 통합시켰다. 이로써 그들은 철학을 '살아 있는 전략'으로 바꾸었으며, 고객 충성도, 신뢰,

37 The Wall Street Journal, <Inside the Secret World of Trader Joe's>, YouTube, 2021 / CNBC, <Why Trader Joe's Is So Secretive>, YouTube, 2022 / BBC World News, <The Trader Joe's Phenomenon>, YouTube, 2023

반복 구매 등 비계량적 성과를 통해 그 유효성을 입증해 왔다. 트레이더 조가 고객 만족도 1위가 된 비결도 직원들이 이런 철학을 행동으로 옮기기에 가능했다. 유통 기업들이 기술과 데이터를 앞세우는 시대에 트레이더 조는 '철학의 일관성과 진정성'이 브랜드를 어떻게 차별화할 수 있는지를 보여주었다. 이런 철학이 크루를 통해 매일 행동으로 재현되는 매장을 방문하는 트레이더 조 고객들은 단순한 '쇼핑 경험'이 아닌 '대우받는 경험'을 한다. 그리고 고객들이 느끼는 이 가치는 궁극적으로 브랜드 충성도와 신뢰로 이어져 오고 있다.

트레이더 조의 협업을 부르는 종소리, 땡땡 (출처_저자의 중앙일보 칼럼)

땡땡땡!! 언제 종을 쳐본 적이 있었던가? 미국 슈퍼마켓 체인 트레이더 조에서 일하는 동안 자주 종을 쳤다. 트레이더 조의 계산대 앞에는 종이 하나씩 매달려있다. 캐셔들은 무슨 암호인양 종을 각기 다르게 울려댄다. 땡, 땡땡, 땡땡땡, 땡땡땡땡.

땡. 종 한번.
계산대에 고객들의 줄이 길어지니 계산대를 비운 사람은 바로 계산대로 돌아오라는 소리다. 트레이더 조는 계산대를 유기적으로 운영한다. 계산대가 10개라고 하면 좀 덜 바쁜 시간에는 5개 계산대에서만 캐셔가 일하고, 나머지 5명의 캐셔는 매장 곳곳에서 제품 진열 등 다른 일을 한다. 그러다가 바쁘다는 종소리 한번 땡하고 울리면 하던 일을 멈추고 재빨리 계산대로 달려와서 고객의 계산을 돕는다. 우리 매장에서는 계산대 앞에 두 명 이상 줄 서 있는 꼴을 못 본다. 고객들이 줄 서서 기다리지 않도록 캐셔들이 유기적으로 부지런히 움직인다.

땡땡. 종 두 번.
캐셔에게 뭔가 도움이 필요하다는 뜻이다. 예를 들면 고객이 달걀 10개들이 한 케이스를 샀는데, 케이스를 열어서 확인해보니 달걀 하나에 금이 가 있다. 이를 확인한 계산대 직원은 앞에 있는 종을 "땡땡" 두 번 울린다. 그 소리를 듣고 어떤 동료가 "Two bells!"라고 외치며 계산대로 달려온다. 캐셔는 새로운 달걀을 갖다 달라고 한다. 동료는 부리나케 매장 선반으로 달려가서 새로운 달걀 포장을 갖다준다. 사과를 계산할 때 멍든 것을 발견하면 캐셔는 또 종을 땡땡 두 번 울린다. 그러면 종소리를 듣고 달려온 동료가 새로운 사과를 갖다준다. 계산대 직원은 고객이 가장 좋은 제품을 사 가도록 제품을 스캔하며 하나하나 샅샅이 관찰한다. 집에 갔더니 달걀이 깨져있다던가, 사과가 멍들어 있다면 얼마나 속상했겠는가. 트레이더 조 캐셔는 고객 관점에서 고객보다 까다롭게 제품을 살핀다.

땡땡땡. 종 세 번. 종 세 번은 계산대 직원이 매니저가 필요하다는 소리다. 환불이나 교환을 요청하는 고객이 오면 종을 세 번 울린다. 매장에는 매니저가 서너 명이 일하고 있다. 세번 종이 울리면 매니저들은 해당 계산대로 부리나케 달려와 환불을 해준다. 트조는 묻지마 환불 정책을 갖고 있다. 이유 안 물어본다. 정말 다 먹고 온 과장 봉지를 갖고 와서 너무 매워서 먹기 힘들었노라 말하는 고객에게 환불해준다. 그 포장지에 매우 맵다고 쓰여 있었는데도 말이다. 너그러운 환불 정책으로 손해가 많이 날 것 같으나 그렇지 않다. 3달러짜리 제품 하나 환불하러 온 고객들 대부분이 카트 한가득 다시 쇼핑하고 간다. 신뢰가 있으므로 맘껏 쇼핑한다.

땡땡땡땡. 종 네 번. 아. 이건 보통 사건이 아니다. 매장에 일하는 모든 직원(거의 40명가량)이 하던 일을 모두 멈추고 즉시 계산대 쪽으로 와야한다는 종소리다. 모든 직원이 즉각 힘써야 하는 일이 벌어진 거다. 지난 1년 동안 딱 두 번 들었다. 한번은 추수감사절을 앞두고 쇼핑객들이 갑자기 쏟아져 각각의 계산대 대기 줄이 10미터를 넘어섰을 때다. 종소리가 네 번 울리자 매장 곳곳에서 일하고 있던 매니저들과 모든 직원이 계산대로 와 계산을 돕거나, 고객 장바구니에 물건 넣는 일을 했다. 또 한번은 매장 물건을 훔쳐 가려고 했던 도둑이 주변 고객에게 들키자 와인 세 병을 매장 바닥에 던져버리고 달아났다. 매장 곳곳은 산산조각 난 유리병 조각과 레드 와인으로 엉망이 되었다. 그런데 네 번의 종소리에 순식간에 달려온 모든 직원이 미끄럼 주의 푯말, 빗자루, 쓰레받기, 걸레, 와이퍼, 바닥 청소기 등을 갖고 와서 청소하더니만 정말 5분도 안 되어 매장에 무슨 일이 있었냐 싶게 다시 깔끔해졌다.

맨 처음 트레이더 조에 와서 이 종소리가 참 신기했다. 종이 울리는 즉시 동료들이 달려와서 도움을 주는 문화가 정말 특이했다. 자기가 맡은 일로 바쁜 상황인데도 동료들을 도우려고 다들 안달 난 사람처럼 보인다. 특히, 캐셔가 도움이 필요하다는 두 번의 종이 울리면 그 소리를 듣고 동시에 달려오는 직원이 서넛 된다. 물론 가장 빨리 외친 사람이 와서 도와주게 되어있다. 그러면 한발 늦어 허탕 친 동료들은 가장 빨리 외친 동료를 향해 엄지손을 치켜들면서 "You won!(네가 이겼다!)"하면서 돌아간다. 얼마나 아름다운 모습인가?

종소리가 처음에는 과학실험에 늘 등장하는 '파블로프의 개'가 연상되어 좀 웃기기도 했는데, 종소리 시스템이 너무 잘 작동하는 것을 보고선 감동했다. 이 종소리 시스템은 협업 문화의 정수를 보여준다. 내가 구글에 다니면서 가장 중요하다고 생각했던 것이 협업 문화였다. 나 혼자 일 잘할 수 있는 구조가 아니다. 내가 성공하기 위해서는 같이 성공해야 한다. 고객들에게 가장 좋은 서비스를 선사하기 위해서는 같이 협업해야 한다. 트레이더 조에서는 모든 직원이 시간대별로 캐셔 역할을 돌아가면서 하기 때문이다. 내가 도움이 필요할 때 달려와 주는 동료가 얼마나 고마운지를 안다. 그래서 나도 종소리를 들으면 질세라 하던 일을 멈추고 무조건 달려오는 거다. 남의 성공이 내 성공이 되는 기업문화가 있어야 기업이 성공한다. 20만 명에 가까운 거대 기업 구글이나 200명도 안 되는 작은 조직인 슈퍼마켓도 예외가 아니다. 트레이더 조는 고객만족도에서 2위와 상당한 차이를 보이는 1위의 위상을 갖고 있다. 그래서 수년째 비교 대상조차 없는 슈퍼마켓이 되었다.

아마존에서는 1초당 149건의 주문이 일어난다.

틱톡TikTok에서 하나의 브랜드가 전 세계로 퍼지는 데는 단 몇 초밖에 걸리지 않는다.

모든 것이 디지털 중심이 된 지금, 세계의 기업들은 아마존에서, 틱톡에서, 유튜브에서 고객을 쫓는다. 아니, 정확히 말하면 데이터를 쫓는다고 해야 할 것이다. 고객이 디지털에 남긴 발자국Digital Footprint을 신줏단지 모시듯 분석한다. 기업들은 알고리즘을 통해 클릭 수, 체류 시간 등을 바탕으로 정밀한 맞춤 추천을 쏟아낸다. 이제는 첨단 AI가 고객이 클릭하기도 전에 다음 선택을 예측하는 시대가 되었다. 모든 것이 디지털 안에 있다. 이러한 디지털화는 기업 규모를 막론하고, 모든 산업군에서 일상화되었다. 선박과 자동 차 산업부터 뷰티, 리테일, 스타트업까지 B2B이든 B2C이든 디지털이 중심이 된다. 사업을 시작하려면 홈페이지는 기본이고 앱은 필수이며, 원클릭 쇼핑과 AI 챗봇 고객 서비스까지 당연시된다. 모든 것이 디지털, 모바일, AI 중심으로 흘러가고 있다. 그런데 이 흐름에 역행하는 기업이 있다. 트레이더 조다. 정확히 말하면 역행이 아니라 중심을 놓지 않고 있다. 대부분 기업이 '기술의 흐름'을 쫓을 때 트레이더 조는 고객 경험과 감동이라는 '본질'을 지키는 데 집중한다. 이런 의미에서 트레이더 조는 다르다. 다르게 생각하고, 다르게 경영하고, 다르게 팔고 있다.

1967년, 창립자 조 쿨롬은 기존 식료품점과 차별되는 최고의 고객 경험을 제공하는 가게를 꿈꾸었다. 고품질이면서 합리적인 가격의 자체 브랜드 제품, 전 세계를 돌며 공들여 소싱한 정통의 맛, 경쟁사보다 훨씬 적은 수의 제품을 엄격하게 큐레이션 해 고객이 선택의 피로 없이 쇼핑할 수 있도록 한 전략을 무기로 삼았다. 제품에 대해 해박한 직원이 즉석에서 기대 이상의 설명과 안내를 제공하는 서비스, 그리고 직원이 진심으로 미소 짓고 행복하게 일할 수 있도록 뒷받침하는 경영 철학이 있었다. 창업자의 꿈은 1967년 캘리포니아 패서디나에 문을 연 1호점에서 실현되었고, 지금도 같은 자리에서 같은 철학으로 운영되고 있다. 60년 가까이 지난 지금도 미국 전역 600여 개 매장에서 동일한 고객 만족 서비스가 유지되고 있다.

트레이더 조는 온라인 쇼핑이 안 되어도, 배송이 없어도, 멤버십 프로그램도 없고, 할인 제도조차 없지만, 여전히 사람들을 열광시킨다. 주차장이 없거나 비좁고 계산대 줄이 길어도 고객은 기꺼이 기다린다. 불편한 매장을 자기 동네에 유치하고자 청원까지 벌이는 현상은 트레이더 조가 지난 10여 년간 미국 슈퍼마켓 부문 고객 만족도 조사ACSI에서 부동의 1위를 유지해 온 이유를 설명해 준다.

광고 전략가였던 마크 가디너Mark Gardiner는 그의 책 《Build a Brand Like Trader Joe's》(2012)에서 트레이더 조가 지속적인 성공을 거두기 위해서는 디지털을 활용해야 한다고 조언했다. 단지 오프라인 매장 경험만으로는 고객을 만족시키는 데 한계가 있으며, 웹과 앱 기반의 정교하고 편리한 서비스, 그리고 소셜미디어 활동을 강화하지 않으면 경쟁력을 잃을 것이라 주장했다. 그러나 13년이 지난 2025년, 트레이더 조는 여전히 불편한 오프라인 매장만을 고수하며, 본질을 지켜내고 있다.

트레이더 조가 60년간 놓지 않은 '본질'은 디지털의 편리함이나 AI 기술의 스마트함이 아니다. 그것은 가장 기본적인 경영의 원칙인, '좋은 제품과 탁월한 브랜드 경험의 제공'이다. 독창적인 자체 브랜드 제품과 위트 가득한 제품 이야기로 고객의 감성을 자극한다. 할라피뇨가 들어간 주스를 만들어내거나 김밥을 얼려보기도 한다. 베이글 위에 뿌려진 양념만 모아서 시즈닝을 만들어보기도 하고 재활용 장바구니를 미니 토트백 사이즈로 선보인다. 이렇게 참신하고 차별화된 제품은 고객의 일상에 신선한 경험을 제공하며, 고객은 어디에서도 살 수 없는 트레이더 조만의 제품에 대해 열광한다. 브랜드 팬덤이 형성되는 것이다. 매장에서는 직원과 느긋한 대화, 환한 미소, 생활 속 소통이 끊임없이 이루어진다. 캐셔는 친구에게 대하듯 레시피를 추천하고, 제품 주문은 데이터가 아닌 직원의 직관과 관찰에 따라 이루어진다. 고객 데이터가 아닌 사람의 감각과 경험으로 큐레이션하는 방식은 트레이더 조의 브랜드 철학을 그대로 보여준다.

어느 날 힘든 하루를 보낸 고객에게 직원은 꽃다발을 건네고, 달걀 박스를 열어 금이 간 곳은 없는지 꼼꼼히 살핀다. 흠 있는 과일이나 채소는 고객이 말하지 않아도 미리 교체해 준다. 글루텐 프리 쿠키를 찾는 고객에게는 대체할 수 있는 제품을 추천하며 직접 진열대까지 같이 걸어가며 안내한다. 이런 순간들은 고객에게 평생 기억될 감동의 브랜드 경험을 선사한다. 클릭 한 번으로 모든 걸 해결할 수 있는 시대에도, 사람들은 이 오프라인 경험을 위해 매장을 찾는다. 이런 것을 데이터가 할 수 있을까? AI가 할 수 있을까? 이렇게 트레이더 조는 고객의 감정 곁에 머무르는 법을 안다. 그리고 실천한다. 이것이 기업의 본질이고 기본이다. 시대가 변해도 최고의 고객 경험을 주는 공감 어린 경영 철학은 시대를 초월한다.

특히 디지털 네이티브인 MZ세대가 이 불편한 트레이더 조에 열광한다는 사실은 더욱 주목할 만하다. 아마존 프라임을 이용하고, 틱톡에서 정보를 얻고, 유튜브를 구독하는 이 세대조차도 트레이더 조에 가기 위해 줄을 서고, 사진을 찍고, 소셜미디어에 후기를 남긴다. 이들에게 트레이더 조는 단순한 쇼핑 공간이 아니라 '브랜드 경험의 성지'다. 오늘도 소셜미디어에서는 "이번 달 꼭 사야 할 트레이더 조 신상품" 리스트가 수천, 수만 건의 조회 수를 기록하며 확산한다. 전국 곳곳에서는 우리 동네에도 트레이더 조를 열어달라는 청원이 잇따르고 있다.

AI가 기본이 된 세상이다. 또 기술은 계속 진화할 것이다. AI커머스를 고민하는 기업들에게 트레이더 조처럼 아날로그로 돌아가자는 말이 아니다. 다만, 한 길만 있지 않다는 것을 떠올릴 수 있으면 좋겠다. 즉, 이처럼 다르게 접근할 수도 있다는 것을 트레이더 조를 통해 강조하고 싶었다. 마샬 골드스미스가 했던 말처럼 "여기까지 온 성공방식이 미래 성공을 가져다 주지 않는다(What Got You Here Won't Get You There)."를 상기해보자. 누구도 미래가 어떻게 될지 아무도 모른다. 그러나 고객이 느끼는 진심, 감동, 신뢰의 가치는 시대를 초월한다. 기업 성공의 본질은 결국 사람이며, 사람은 본질에 끌린다. 흐름 따라 가는 대신 본질을 늘 기억해야 하는 이유이다.

이 책을 마무리하며 아래와 같은 질문을 던져본다.

지금 우리는 어떤 경영을 하고 있는가?

비즈니스가 성공한 뒤에야 직원을 생각하려 하지는 않는가?

기술과 효율에만 몰두한 나머지 고객의 마음은 놓치고 있지 않은가?

브랜드 가치와 철학을 외치지만 정작 직원은 그 철학을 믿지 않는 것은 아닌가?

우리는 고객을 유지하고 있는가, 아니면 팬을 만들고 있는가?

우리는 고객에게 충성하고 있는가, 아니면 로열티 프로그램을 통해 고객에게 충성을 요구하는가?

빠르게 만드는 데는 능하지만 오래 기억되는 경험을 주지 못하고 있지는 않은가?

AI 시대에 중요한 것은 기술인가, 사람인가?

바로 지금, 생각해볼 때이다.

감사의 글

1년 반을 근무한 트레이더 조에서의 마지막 근무일.

평소처럼 새벽 4시부터 일을 시작했다. 두 대의 대형 트럭에서 짐을 하역하고, 새로 들어온 제품을 진열하고, 창고 정리하고, 정신없이 매장 청소를 마치니 9시가 가까웠다. 매장 오픈 시간은 늘 긴장된다. 벌써 매장 밖에는 오픈런을 위해 온 고객들이 줄 서 있다. 유리문 너머로 아는 단골들과는 눈인사를 나눈다. 9시 정각이 되어 오픈을 알리는 종을 치는 시간. 마지막 근무 날인 것을 기념하라며 동료들은 나에게 영업 시작종을 치라고 양보했다.

그날 하루는 유난히 빨리 흘렀다. 일하면서 틈틈이 동료들과 못다 한 이야기를 나누고, 단골에게 인사했다. 한 동료는 손수 준비한 점심 도시락을 갖고 왔다. 9시간 근무를 마치고 휴게실에 들어서자 100여 명의 직원 서명이 가득한 트레이더 조 캔버스백 두 개가 기다리고 있었다. 감동이다. 눈물이 핑 돌았다.

매장을 나오기 전 매장 직원과 일일이 포옹하며 인사를 나눈 후 주차장으로 향했다. 그런데 내 차가 랩으로 꽁꽁 싸매져 있는 게 아닌가? 어리둥절해서 주변을 둘러보니, 매복해있던(!) 매장 동료들이 활짝 웃으며 나타났다. 동료들은 나에게 '박스 커터칼'을 건네주며, "이 커터칼로 네 차의 랩을 벗겨라. 이게 너의 마지막 임무야!"라며 잊지 못할 서프라이즈

순간을 선사해 주었다. 1년 반을 같이 근무한 트레이더 조 매장 동료들은 16년을 넘게 일했던 구글 동료들만큼 진하고 응축된 우정을 나눠 주었다. 이런 동료애를 느낄 수 있는 마트가 과연 있을까?

트레이더 조와 함께한 나의 1년 반은 그 어떤 것과도 바꿀 수 없는 "찐" 경험의 시간이었다. 그 찐 경험은 따뜻한 동료들이 있어서 가능했다. 그날 팔아야 할 모든 딸기가 올려있는 작업 카트를 엎어서 망연자실했을 때, 피자 소스 병이 들어 있는 박스를 놓쳐서 매장 마루가 온통 뒤범벅되었을 때 가장 먼저 달려와서 내가 무사한지를 먼저 물었던 동료들이다. 커터칼로 박스를 따는 방법, 20kg 감자 박스를 요령 있게 드는 법, 200kg이 넘는 돌리 카트를 끄는 법, 포크리프트(지게차) 운전하는 법도 모두 동료들에게서 배웠다. 또 매니저가 되고서는 동료 매니저와 어떻게 매장을 이끌어가는지, 사람들과는 어떻게 소통해야 하는지, 매장에서의 위기 관리는 무엇이 중요한지 동료 매니저들에게 배웠다. 10년, 20년 동안 일해 온 동료 직원들은 1년도 채 안되 그들의 매니저가 된 나를 진심으로 축하해 주었다. 나의 서툰 부분을 늘 먼저 메꿔주었다. "로이스, 걱정하지마. 모든 것이 다 잘 될 거야."라며 자신감을 북돋아 주었다. 트레이더 조에서 만난 모든 동료에게 진심으로 감사드린다.

지난 50년 넘게 이런저런 마트에서 장을 봐왔다. 대형 마트건 작은 편의점이건 모든 매장에서 만나왔던 매장 직원분들께도 감사드린다. 특히 이번 여름 무더위에 쇼핑카트 정리하는 직원들의 온열 사고가 잇달았다. 40도 무더위가 이어지는 캘리포니아 땡볕에서 나도 카트 정리를 해봤기에 안타깝게 목숨을 잃은 매장 카트 담당자들 소식에 가슴이 더욱 미어졌다. 트레이더 조에서는 모든 직원이 무작위로 한 시간씩 돌아가면서 야외 매장 카트 정리를 담당한다. 카트 담당자를 위해서는 찬 생수가 공급되고, 카트 정리하면서 더울 때는 에어컨이 있는 매장 실내에 들어와 휴지를 줍는 일을 하며 땀을 식힌 후 밖에 나가서 카트 정리를 계속한다. 직원들이 건강하게 일할 수 있는 시스템과 문화가 있었다.

어떤 서비스이건 기업 성공의 시작은 행복한 직원이다. 트레이더 조의 경영철학인 '인간의 인간적 활용Humanistic Use of Humans'이 한국에서도 널리 도입되기를 바란다. 그리고 그 길을 선택할 분들께, 미리 감사드린다.